Wer hat an der Uhr gedreht?

Das Buch

Die Zeitrechnungen des Abendlandes wurden gründlich gefälscht. Zu dieser revolutionären These gelangt Dr. Heribert Illig durch kritisches Studium aller zur Verfügung stehenden Quellen: schriftlicher Zeugnisse, erhaltener Architektur und archäologischer Funde. Doch warum hatte jemand Interesse daran, fiktive Zeit in unseren Kalender einzufügen? Dieser und vielen anderen Fragen geht der Autor auf den Grund und kommt zu dem unglaublichen Schluß: Den Zeitraum vom 7. bis zum 10. Jahrhundert hat es nie gegeben.

Der Autor

Heribert Illig, 1947 geboren, promovierte über den Kulturhistoriker Egon Friedell. Der Privatgelehrte, freie Autor und Herausgeber der geschichtskritischen Zeitschrift *Zeitensprünge*, stellt in einschlägigen Publikationen immer wieder neue Fragen an die Geschichte. Seine Thesen über das erfundene Mittelalter, die er 1996 im gleichnamigen Buch erstmals einem größeren Publikum präsentierte, erregten gewaltiges Aufsehen und konnten bis zum heutigen Tag nicht widerlegt werden.

In unserem Hause ist von Heribert Illig außerdem erschienen:

Das erfundene Mittelalter

Heribert Illig

Wer hat an der Uhr gedreht?

Wie 300 Jahre Geschichte erfunden wurden

Econ Taschenbuch

Bildnachweis

Titelbild: J. Cornell, *The first Stargazers*, Charles Scribner's Sons, New York 1981.

Abb. 1: David Ulansey, *Die Ursprünge des Mithraskults*, Darmstadt 1998, S. 25.

Abb. 2, 3 und 7: Werner Papke, *Die Sterne von Babylon*, Gustav Lübbe Verlag GmbH, Bergisch Gladbach 1989, S. 248, 250, 268.

Abb. 4 und 5: Edmund Buchner, *Die Sonnenuhr des Augustus*, RM 1976 und 1980, S. 43,51.

Abb. 6: Dieter B. Herrmann, *11. August 1999 – Die Jahrhundertfinsternis*, paetec Gesellschaft für Bildung und Technik mbH, Berlin 1999, S. 5.

Abb. 8: Werner Papke, *Das Zeichen des Messias*, CLV – Christliche Literatur Verbreitung, Bielefeld 1995, S.30, 33.

Abb. 9: Franco Cardini, *Zeitenwende. Europa und die Welt vor Tausend Jahren*, Darmstadt 1995, S. 205.

Abb. 10: Arthur Koestler, *Der dreizehnte Stamm*, Wien 1977, S. 8.

Abb. 11: Alain Ducellier, *Byzanz*, Campus Verlag GmbH, Frankfurt am Main 1990, S. 13.

Abb. 12: Hirmer Fotoarchiv, München.

Abb. 13 und 14: Maria Grazia Siliato, *Und das Grabtuch ist doch echt*, Pattloch Verlag GmbH, Augsburg 1998, S. 186, 194.

Abb. 15: Bayerische Staatsbibliothek, München.

Abb. 16: AKG, Berlin.

Abb. 17 und 18: Seppelt/Löffler, *Papstgeschichte – von den Anfängen bis zur Gegenwart*, Kösel & Pustet, München 1933, S. 31, 127.

Abb. 19: Clot, 275.

Econ Taschenbücher erscheinen im
Ullstein Taschenbuchverlag, einem Unternehmen der
Econ Ullstein List Verlag GmbH & Co. KG, München
Originalausgabe
4. Auflage 2001

Umschlagkonzept: Büro Meyer & Schmidt, München – Jorge Schmidt
Umschlaggestaltung: Init GmbH, Bielefeld
Titelabbildung: AKG, Berlin
Satz: Josefine Urban – KompetenzCenter, Düsseldorf
Druck und Bindearbeiten: Ebner Ulm
Printed in Germany
ISBN 3-548-75064-8

Inhalt

Erfundener Karl – erfundene Zeit

»Nimm die Zahl aus den Dingen, und alles stürzt zusammen.«
Isidor von Sevilla[1]

Karl der Große hat seinen großen Auftritt. Jahr für Jahr werden Jubiläen gefeiert, Symposien veranstaltet, Ausstellungen präsentiert, Gedenkreden vorgetragen. Das wird bis zum Jahre 2014 weitergehen, bis zu seinem Todestag, dem 28. Januar. Der absolute Höhepunkt in der endlosen Reihe von Festivitäten: der 1200. Jahrestag seiner Kaiserkrönung, der an jenen glänzenden Auftakt abendländischer Geschichte erinnert, mit dem das Fundament eines Kaisertums gelegt wurde, das – später im »Heiligen römischen Reich deutscher Nation« – ein Jahrtausend lang unseren ganzen Kontinent bestimmt hat.

Dieses Krönungsjubiläum fällt symbolträchtig mit dem millenaren Jahr 2000 zusammen. Welch glückliche Entsprechung: Wir können das abgelaufene Millennium feiern, wir können uns der 2000 Jahre seit Geburt Christi erinnern, und wir können auch noch den Vater Europas, den allerchristlichsten Kaiser Karl hochleben lassen, indem wir ihn nach 1200 Jahren als Wegbereiter der europäischen Einheit lobpreisen.

In diesem Buch wird der Nachweis geführt, daß es keineswegs eine glückliche Fügung des Schicksals ist, wenn diese Jubiläen geradezu mediengerecht zusammenfallen. Es war keine außerordentliche Laune des Zufalls, die eine fast 500jährige Vorausberechnung bestätigt hat. Denn es handelt sich um ein erfundenes Ereignis, das exakt auf den prophezeiten Tag gelegt worden ist. Der gekrönte Herrscher hat niemals gelebt, so wenig wie der krönende Papst und die versammelten Zeitgenossen.

Um diese Fiktion zu erzeugen, mußten die Zeitrechnungen des Abendlandes gründlich umgekrempelt werden: Aus einer frühchristlichen, millenaren und damit endzeitlichen Berechnung ab Schöpfung unserer Welt wurde ein Millennium »nach Christus« geformt; darauf baute dann jenes zweite Millennium auf.

Um das Karlsphänomen aufzulösen, dringen wir in die Kalenderrechnung mit ihren kleinen und großen Rätseln ein. Wir werden feststellen, an welchem Tag das Millennium tatsächlich zu Ende geht, wir werden der Frage nachgehen, wieso wir so eisern nach Christi Geburt rechnen können, obwohl dieses Ereignis mal so, mal ganz anders datiert wird und sogar in seiner Faktizität bestritten wird. Und wir werden uns mit erfundener Zeit beschäftigen. Denn nur, wenn irgendwann einmal ein Zeitabschnitt auf unserer Zeitachse eingefügt worden ist, dem niemals reale Zeit entsprochen hat, konnten Karls Krönung im Jahr 800 und die Auffindung von Karls Mumie im Jahr 1000 nicht nur in glatter Jahrhundertrechnung verknüpft, sondern auch jeweils zum Abschluß eines Millenniums und zum Auftakt eines neuen Millenniums werden.

Wem die einleitenden Gedanken über die Zählung »nach Christi Geburt« zu alltäglich, zu profan oder auch zu stur-mathematisch sein sollten, der wird im zweiten Kapitel einem massiven Kalenderproblem begegnen, das unsere bisherige Zeitrechnung erheblich tangiert. Es wird nach langem wieder aufgeworfen und erstmals einer Lösung zugeführt. Dadurch geraten alle Vorstellungen über »unsere Zeit« gehörig ins Wanken. Denn zur absoluten Zeit und zur individuell empfundenen tritt erfundene Zeit, also fiktive Zeit, die als abgelaufene gleichwohl in den Geschichtsbüchern steht.

Wer die umfangreiche kalendarische Herleitung im zweiten Teil nicht schätzt, kann direkt zum dritten übergehen, in dem dieses mittelalterliche Problem von der geschichtlichen Seite und für alle möglichen Gegenden der Welt geschildert wird.

Im vierten Teil wird vertieft, daß ausgerechnet Kalender und Zeitrechnung weit entfernt von der postulierten Exaktheit sind – bei uns genauso wie bei Juden oder Moslems. Alle heutigen Kalender wurden auf rätselhafte Weise in dunklen Zeiten eingeführt – markanter Hinweis auf ein verbindendes Element, das bislang übersehen worden ist. Nur so konnte die Kaiserkrönung Karls zu einem fast überzeitlichen Ereignis hochstilisiert werden, dessen Datum als so ziemlich einziges des frühen Mittelalters in breiter Erinnerung geblieben ist.

Daraufhin wird in zwei Kapiteln geschildert, wie man ein Millennium erfindet, sowohl in Byzanz wie auch im späteren Deutschland. Das bringt uns endgültig in scharfe Konfrontation zur wichtigsten Stütze der Mittelalterforscher, zu den Urkunden. Ihre Verwalter sind entschiedene Gegner der hier vorgetragenen These; sie kommen mit ihren Einwänden und Gegenargumenten zu Wort. Die These der Phantomzeit wird seit nunmehr drei Jahren von Mediävisten, also von Mittelalterforschern, von Architekturhistorikern, Astronomen, Dendrochronologen und Physikern geprüft und attackiert. Nachdem die These *Das erfundene Mittelalter* bislang allen Angriffen standgehalten hat – sein Autor trotz manches Untergriffes auch –, wird sie im Text des öfteren als bewiesen behandelt. Das ist natürlich noch zu früh, signalisiert aber mit vollem Recht, daß das frühe Mittelalter ungeahnt problematisch ist und eine Herausforderung für uns Heutige darstellt.

Die millennare Vorgabe hat den Rahmen aufgespannt, in dem aktuelle Hoffnungen und Ängste keimen. Der Papst hat die Öffnung der heiligen Pforten und einen vollkommenen Ablaß angekündigt. Die Numerologen haben für Panik gesorgt. Die »Zahl des Tieres« aus der Apokalypse, die 666, ergibt verdreifacht die Jahreszahl 1998. Dementsprechend griff in den einschlägigen Kreisen die Angst um sich. Der optische Kehrwert, also die 999, dämonisierte das Jahr 1999. Die daraus resultierenden Endzeitsängste erhielten Rückhalt in handfesten Vorausberechnungen. Die Astronomen kündigten die »Jahrhundertfinsternis« am 11. 8. 1999 an, die Astrologen wiesen auf eine bedrohliche Quadratstellung, auf ein »Himmelskreuz« wichtiger Himmelskörper in der Zeit zwischen 6. und 13. 8. 1999 hin. Und die Katastrophenkünder hatten – durch eine Nostradamusweissagung geleitet – schon lange einen Polsprung der Erdkugel, einen furchtbaren Asteroideneinschlag und schreckliche Kriege vorhergesagt. Und selbst die Computerspezialisten schürten profane Angst vor dem Jahreswechsel von 1999 auf 2000. Weil so viele Computer und Mikrochips am simplen Zahlenwechsel scheitern könnten, wurden immer neue Szenarien durchgespielt, um Stromausfall, Wasserknappheit und Versorgungsengpässe zu beherrschen.

Da all diese katastrophischen Ängste vom Millenniumsdenken getragen und gespeist werden, ist es an der Zeit, seine Wurzeln freizulegen.

Zwei Millennien – aber keine 2000 Jahre?

Wir sprechen zunächst eine Banalität an. Dies ist notwendig, weil sich die Realität übers Banale hinweggesetzt hat. Seit der ersten Schulklasse können wir bis 10 zählen. Man hat uns – sicher mit einer gewissen Mühe – beigebracht, daß wir mit unseren Fingern bis 10 kalkulieren können. Sind alle Finger belegt, ist ein Zehner voll; übertragen gesprochen: 10 Jahre machen ein Jahrzehnt. Da unsere Zählung bei der kleinsten natürlichen Zahl, bei der 1, beginnt, ist erst mit der 10 auch der Zehnerblock abgeschlossen. Wir würden uns bedanken, wenn bei einer Zehnerkarte der letzte, zehnte Abschnitt fehlen würde.

Dieser mathematischen Logik folgend endigt ein Jahrhundert mit dem letzten Tag des 100. Jahres, ein Jahrtausend mit dem letzten Tag des Jahres 1000. Das ist schlichte Addition ohne jeden Nostradamus. Deshalb darf der passionierte Mathematiker erst am Jahresende des Jahres 2000 auf das nächste Jahrtausend anstoßen. Die Mathematiker werden dann ziemlich unter sich feiern. Denn alle anderen haben schon ein Jahr früher den Sekt kaltgestellt. Denn für die nichtmathematische Welt ist eines unumstritten: Das neue Jahrtausend beginnt in der Nacht vom 31. 12. 1999 auf den 1. 1. 2000.

Optik gegen Logik

Im Falle der Zeitrechnung setzen wir andere Prioritäten als schulbekannte Rechenregeln. Für uns beginnt ein neues Jahrzehnt, ein neues Jahrhundert mit dem ersten Tag, an dem sich die Zahl optisch möglichst weit verändert. Aus einer 199 wird eine 200, aus 1999 die runde 2000. Die »roaring twenties«, also die wilden Zwanziger, oder die Sechziger Jahre werden nach ihren Zehnerstellen benannt. Die Italiener gehen noch weiter, indem sie auch die Jahrhunderte so abgrenzen. Mit dem »Trecento«, dem »Dreihundert«, wird das Zeitintervall von 1300 bis 1399 bezeichnet. Im Deutschen spräche man für diese Zeit vom 14. Jahrhundert, wobei es leise Zweifel geben könnte, ob das Jahr 1400 noch zum 14. Jahrhundert gerechnet werden sollte. Italienisches und deutsches Intervall sind mit Sicherheit gleichlang; aber sind sie auch deckungsgleich?

Für das »Trecento« oder das »Cinquecento« spricht demnach die Optik der jeweils führenden Ziffer und die Doppelnull. Diese Rechnung eignet sich allerdings nicht für alle Jahrzehnte oder Jahrhunderte. Niemand weiß, wie wir in dieser Art demnächst weiterzählen sollen: Sprechen wir bald von den »Nullern«, wenn wir das Jahrzehnt von 2000 bis 2009 bezeichnen wollen? Werden die Italiener ganz unverkrampft von »zerocento«, von »Nullhundert«, sprechen? Auch mit »Zehnern« hatte sich bislang, das heißt am Beginn des gerade ablaufenden Jahrhunderts, niemand anfreunden wollen. Wird man trotzdem die Jahre von 2010 bis 2019 als die fulminanten »Teenies« ansprechen?

Ungeachtet dieser zukünftigen Benennungsschwierigkeiten waren längst alle Millenniumsparties auf den 31. 12. 1999 terminiert. Die Optik der Zahl schlägt die Mathematik um die entscheidende Länge: Die Veränderung von möglichst vielen Ziffern macht schon beim Autotacho Freude, um so mehr bei einem Wechsel, der gerade alle tausend Jahre einmal stattfindet. Dafür nimmt man gerne in Kauf, daß die drei Nullen für sich gesehen eher negativ besetzt sind. Schon die einzelstehende Null genießt wenig Beliebtheit und wird zur eindeutigen Charakterisierung benutzt. Noch weniger Ansehen genießt die Doppelnull. Despektierlich wird sie da und dort als Hinweisschild für Bedürfnisanstalten verwendet, womit schon fast alles gesagt wäre.

Programmierer mögen die Null noch weniger. Bei unachtsamer Handhabung breitet sie sich linksbündig und vielleicht gar noch kolonnenartig in Zahlenfeldern aus. Gegen dieses Übel ist eine kleine Prozedur entwickelt worden, genannt »Unterdrückung der führenden Nullen«. Es gehört zum jeweiligen Betriebsklima, ob sich damit auch dezente Kritik an hierarchischen Positionen äußert. Selbstverständlich haben die ProgrammiererInnen noch viel größere Probleme mit der Null.

Bekanntlich wurden in alten, verstaubten Programmen – zu dieser Gruppe gehört offenbar sogar noch Windows 95 – die Jahresangaben nur mit den letzten beiden Ziffern abgespeichert. Weil das Dividieren mit der Null Computer in die Knie zwingt, kämpften die Programmierer seit langem mit den Nachbesserungen. Für sie ist es Tradition, daß sie den Jahresultimo erst dann feiern, wenn die Programme ohne existenzgefährdende Abstürze laufen.

Alle anderen aber freuen sich. Wenn die doppelte oder gar dreifache Null im Datumsfeld aufleuchtet, dann wird die Null als Botin einer neuen Zeit gefeiert, dann wird aus diesem Aschenputtel eine vollrunde Prinzessin; dann ist es auch ganz gleichgültig, ob das Jahrtausend bereits voll ist. Gegen ein solch mächtiges Symbol würden die Mathematiker vergeblich Sturm laufen. Nüchtern wie sie sind, haben sie längst darauf verzichtet, ihre Position dem feierwütigen Volk nahezubringen. Die Psychologen aber fragen sich, warum nur in diesem einen Fall alle Welt vorzeitig altern will. Numerologie und eine entmystifizierte Kabbalistik – auf gut deutsch hintergründelnde Zahlenmagie – können hier Antworten liefern.

Akzeptieren wir also, unter Preisgabe mühsam gebüffelter Logik, daß wir das nächste Jahrtausend bereits einläuten, wenn vom alten erst 999 Jahre abgelaufen sind. Bekanntlich macht ein Promille wesentlich großzügiger, selbst wenn es nur als Differenz auftritt.

Wie aber steht es mit dieser Zählung von nicht nur 999 Jahren, sondern von 1999 Jahren? Ist diese eigentlich von Anfang an gesichert? Wer gewährleistet uns, daß in all den Jahrhunderten sauber gezählt, nichts unterschlagen und nichts hinzugefügt worden ist?

Der Bezugspunkt unserer Kalenderzählung ist hinreichend bekannt und wird regelmäßig wiederholt, wenn wir zum Beispiel vom Jahr 1492 oder 1999 nach Christi Geburt sprechen. Unser Kalender bezieht sich auf ein für das Christentum folgenschweres Ereignis, das innerhalb der römischen Kaiserzeit verankert worden ist.

Selten ist ein Anker schlechter gelegt worden. Denn die Geburt des Herrn wird nicht in Chroniken überliefert, sondern in religiösen Schriften, die durchaus anderen Gesetzen als denen der reinen Chronologie folgen. Nähern wir uns dem Problem Schritt für Schritt.

Soweit wir überhaupt wissen, hat ein römischer Gelehrter mit dem schönen Namen Furius Dionysius Philocalus den ersten Kalender geschrieben, bei dem sich Jahresangaben auf die Geburt Christi bezogen. Er war der spätere Kalligraph, also der »Schönschreiber« des Papstes Damasus I.[2] Gemäß unserer Zählung hat er im Jahre 354 den bedeutendsten christlichen Kalender der Spätantike geschrieben. Er zählte nach damaliger Gepflogenheit die Jahre ab der Gründung Roms (»ab urbe condita«), die in unserem Kalendersystem ins Jahr 754 vor Christus fällt. Aber nach dem Jahr »753« hat Philocalus, der auch als Filocalus auftritt, das alte Rom auf sich beruhen lassen und seine Rechnung auf christliche Jahre umgestellt. So wäre er der Stammvater unserer Jahreszählung. Aber das Wissen um ihn ist erstaunlicherweise nicht verbreitet, sondern erst jüngst von dem Mediävisten Arno Borst aus den Archiven geholt worden.[3]

Deshalb steht noch in allen Lexika ein Hinweis auf das deutlich spätere 6. Jahrhundert: Als erster habe ein anderer Dionys, nämlich Dionysius Exiguus, nach der Geburt des Herrn datiert. Noch 1991 bemerkte mit Hans Maier ein ehemaliger Kultusminister lapidar: »Und so leben wir noch heute in der Ära, die Dionysius Exiguus im Jahr 525 begründet hat.«[4]

Bevor wir uns diesem Mönch zuwenden, muß noch an Victorius von Aquitanien erinnert werden. Er verfaßte 457 im Auftrag des späteren Papstes Hilarius einen Osterzyklus, der in einer Spalte eine andere Jahreszählung, nämlich die nach der Kreuzigung Christi mitführte.[5] Die Zählung nach dem Leiden Christi ist immer wieder einmal benutzt worden, hat sich aber nicht durchsetzen können. Da die Kreuzigung so wenig wie die Geburt an ein Regierungsjahr des Augustus gekettet ist, wäre aus dieser Rechnungsart auch keine präzisere Ära entstanden.

Damit wieder zu Dionysius Exiguus und zu seinem 6. Jahrhundert. Sein Beiname läßt verschiedene Interpretationen zu: Es könnte mönchische Demut sein, die zu dem Beiwort »beschränkt« oder »unbedeutend« geführt hat. Es könnte auch schlicht sein Aussehen gewesen sein, das mit »klein« oder »schwach« beschrieben worden wäre; damals wurden rauhe Spitznamen selbst an Kaiser vergeben. Manche mutmaßen sogar, daß sich hinter Exiguus »der Kurzbeinige« und somit ein Mann aus Skythien verberge, während er für andere ein Grieche in Rom war. Wie immer sich das verhalten haben mag, auf jeden Fall hat er im Jahre 525 n. Chr. eine Ostertafel vorgelegt, in der die Ostertermine für die Jahre von 532 bis 626 vorausberechnet waren. Er empfand es dabei als empörend, mit Hilfe der Diokletiansära rechnen zu müssen. Diese damals geläufige Datierung benutzte den Regierungsantritt von Kaiser

Diokletian als Startpunkt für eine Jahreszählung. Dionysius erklärt in einem beigefügten *libellus,* also Büchlein:

»Da der erste Zyklus des heiligen Cyrill im Jahre 153 nach Diokletian beginnt und im Jahre 247 endet, [...] wollten wir unseren Zyklus nicht mit der Erinnerung an diesen Gottlosen und Christenverfolger verbinden, sondern haben es vorgezogen, zu Beginn die Zeit nach Jahren seit der Geburt unseres Herrn Jesus Christus zu notieren, damit der Anfang unserer Hoffnung uns vertrauter werde und die Ursache der Wiederherstellung der Menschheit, nämlich das Leiden unseres Erlösers, klarer hervortrete.«[6]

Nun können wir hier im Text getrost Datierungen »n.Chr.« bringen und ergänzen deshalb gleich, daß der Regierungsantritt von Kaiser Diokletian das Datum 29. 8. 284 n. Chr. bekommen hat. Für derartige Festlegungen mußte Dionysius den Geburtstag Jesu innerhalb der Chronologie verankern. Das war nur für den Tag und Monat leicht. Seit 274 war »Sol invictus« als unbesiegter Sonnengott von Kaiser Aurelian zum Reichsgott erhoben und der 25. 12. als dazugehöriger Feiertag des Sonnengottes festgelegt worden,[7] oder, anders formuliert: Damals wurde der Mithras-Kult für ein gutes Jahrhundert zur römischen Staatsreligion. Während gegen 200 n. Chr. Weihnachten am 18. November begangen wurde,[8] fixierte im Jahre 354 n. Chr., also im Jahr der neuen Ärabezeichnung durch Philocalus, der Papst, damals mehr für die Stadt Rom (»urbi«) als für den Erdkreis (»orbi«) zuständig, die Geburt Jesu auf ebendiesen 25. 12. Die Kirche übernahm hier wie in vielen anderen Fällen Daten und Bräuche des Heidentums, um Schwankende auf ihre Seite zu ziehen und vor Rückfällen zu bewahren. Bis zur Zeit von Dionysius Exiguus und seinen Berechnungen im Jahre 525 war Weihnachten als das neue Fest auch von den Patriarchen zu Konstantinopel, Alexandria und Jerusalem eingeführt worden, also von den gleichrangigen Konkurrenten des römischen Bischofs. Warum allerdings der Mithras-Kult den 25. 12. hervorgehoben hat, liegt bislang im dunkeln.

Viel schwieriger war die Festlegung des richtigen Jahres für Jesu Geburt. Im 6. Jahrhundert liefen bereits mehrere Daten um, sind doch die Angaben des Neuen Testaments zum Leben und Sterben Christi keineswegs eindeutig.

Für die *Geburt* wird keine Jahreszahl genannt. Laut Matthäus (2,1) ist Jesus zur Zeit des Königs Herodes in Bethlehem in Judäa geboren worden. Lukas berichtet uns von einer Volkszählung, die Kaiser Augustus befohlen hatte, als Quirinus Statthalter von Syrien war. Markus als ältester der Evangelisten gibt keine Details, während sie für Johannes ohnehin nicht wesentlich sind. Wir lassen deshalb die Festlegung der Geburt zunächst auf sich beruhen.

Von Lukas (3,1) erfahren wir, daß Jesus im 15. Jahr des Tiberius seine öffentliche *Lehrtätigkeit* begann. Damit ist der Zeitraum vom 19. 8. 28 bis zum 18. 8. 29 umrissen. Damals war er, ebenfalls nach Lukas (3,23), »ungefähr dreißig Jahre« alt. Johannes weiß wiederum, daß Jesus nach seiner Taufe keine drei Passahfeste mehr erlebte, sondern unmittelbar vor dem dritten gekreuzigt worden ist.[9]

Doch das alles erbringt kein sicheres Datengerüst, denn wir kennen trotz Lukas nicht das genaue Sterbealter von Jesus, das nach anderen Überlegungen gerne mit 33 Jahren angegeben wird. Mathematisch gesehen haben wir zu wenige Bestimmungsgleichungen für eine eindeutige Antwort.

Dementsprechend unterschiedlich fielen die Antworten aus. So setzt zum Beispiel der Jude Flavius Josephus, der im 1. Jahrhundert n. Chr. schreibt, die Volkszählung unter Quirinus in die Jahre *6/7 n. Chr.* Demnach wäre Jesus erst *nach* Christus geboren. Der christliche Gelehrte Clemens Alexandrinus, Leiter der Schule von Alexandria, der ungefähr von 150 bis 215 lebte, gibt ein früheres Datum. Für ihn wurde Jesus im 28. Jahr der Alleinherrschaft des Augustus geboren, also *2 v. Chr.* Dieses Jahr galt den frühen christlichen Schriftstellern als das richtige. Ihre Traditionslinie läuft vom 3. Jahrhundert, von Iulius Africanus und seiner ersten christlichen Weltchronik über Eusebius und den Hl. Hieronymus bis ins 12. Jahrhundert. Dieses Jahr wird auch von arabischen und Renaissance-Gelehrten des 16. Jahrhunderts wie Joseph Justus Scaliger, dem evangelischen Gegner der »jesuitischen« Kalenderreform, tradiert.[10] Erst im 17. Jahrhundert, unter dem Einfluß von Kepler, kam die seitdem am häufigsten vertretene Ansicht auf, daß Jesus 7 v. Chr. geboren worden sei. Abbo von Fleury (gest. 1003) hat schließlich errechnet, daß Auferstehung und damit auch Geburt Christi sogar 21 Jahre später angesetzt werden müßten.[11]

Dionysius ließ sich von der zu seiner Zeit herrschenden Lehre nicht beirren. Er sah das erste Jahr seiner Ostertermine als Basis für einen vollen Osterzyklus von 532 Jahren. (Dieser beruht auf der Kombination eines 19jährigen Mondzyklus und der richtigen Wiederkehr der 7 Wochentage bei 4jährigem Schaltzyklus.) Christi Geburt siedelte er genau einen Osterzyklus vor der Zeit an, für die seine Osterberechnung bestimmt ist, vor dem Jahre 532 n. Chr.

In gewisser Weise war dieses Ereignis für Dionysius Exiguus eine Art Fiktion außerhalb der irdischen Zeit. Denn seine Zählung legt die Geburt selbst in kein Jahr, sondern läßt ihr die »christlichen« Jahre folgen. Als später auch frühere Zeiten in bezug auf die Geburt Christi datiert wurden, entstand die fast unendliche Kette von Jahren »vor Christi Geburt«. Aber das Jahr von Christi Geburt selbst ist vergessen oder bewußt ausgeklammert worden: Vor dem Jahr 1 n. Chr. steht unmittelbar das Jahr 1 v. Chr. Somit kann jenes Ereignis, auf das sich unsere Jahreszählung bezieht, gar nicht auf der geltenden Zeitachse abgetragen werden: Es fällt in einen fiktiven Zeitraum zwischen dem 31. 12. 1 v. Chr. und dem 1. 1. 1 n. Chr. Wäre damals bereits die Null als Ziffer und Zahl bekannt gewesen, hätte man das Geburtsjahr mit »0« bezeichnen können. So einfach dieser Umstand ist, so rätselhaft scheint er manchem immer noch. So findet sich in einem aktuellen Buch über die Chronologie der

Vor- und Frühgeschichte folgender Eintrag. »0: Ein nicht genau zu bestimmendes Jahr. Es ist die Ursache unzähliger Irrtümer, wenn es um die zeitliche Einordnung vorchristlicher Geschehnisse geht.«[12]

Nur der zweite Satz ist richtig. Mangels eines Jahres »0« kann die zeitliche Distanz über die Zeitenwende hinweg nicht durch einfache Addition errechnet werden. So beträgt zum Beispiel der Abstand von Anfang 4 v. Chr. bis 7 n. Chr. nicht 11, sondern nur 10 Jahre. Das bedeutet aber auch, daß die daraus resultierenden »unzähligen Irrtümer« lediglich ein Abirren um genau ein Jahr bedeuten. Wieso aber das Jahr »0« ein »nicht genau zu bestimmendes Jahr« sein soll, weiß allein sein Verfasser Locquin. Divisionen mit der Null würden zu unbestimmten Größen führen und sind deshalb unzulässig, aber das Jahr »0« ist ganz exakt festgelegt: als nichtexistent.

Es hätte also gute Gründe für ein Jahr Null gegeben, was vielleicht die Null dramatisch aufgewertet hätte; allerdings war zur Zeit der Festlegung die Null weder als Ziffer noch als Zahl erfunden.

Immerhin kann sich an dieser Stelle ein Fehler eingeschlichen haben. Denn ein anderer Kalenderkundiger soll einen folgenschweren Eingriff vollzogen haben. Beda Venerabilis, verehrungswürdig wegen seines großen Wissens auch um die Zeitrechnung, wäre damals als Computist bezeichnet worden, weil die Osterrechnung mit »computus (paschalis)« bezeichnet worden ist. Er verlegte die Geburt Jesu aus der fiktiven Zwischenzeit in das Jahr 1 n. Chr. Damit wäre Bedas Jahr 1 n. Chr. das Jahr 2 n. Chr. von Dionysius. Beda hätte demnach klammheimlich das vereint, was bislang als getrennt erschien: Das heute so genannte Jahr 1999 n. Chr. wäre seit Beda das Jahr 2000, wie der Biophysiker, Wissenschaftshistoriker und Altorientalist Werner Papke herausgefunden hat.[13] Und damit würde die große Mehrzahl der Menschheit am richtigen Silvesterabend feiern, nur die Mathematiker kämen wirklich zu spät zum Zuge. Aber wer wird beschwören, daß damals alle Datierungen um ein Jahr verändert worden wären, wie Papke unterstellt? Wir werden sehen, daß den Gewährsmann Beda ohnehin ein besonders geheimnisvolles Dunkel umgibt, aus dem er nur durch Umdatierung in ein späteres Jahrhundert befreit werden kann.

Somit könnte hier das Buch fast zu Ende sein. Allerdings gibt es weitere und viel dramatischere Zweifel an unserer Jahreszählung. Schon jetzt läßt sich die düstere Prognose stellen: Unseren Feiern fehlt der ursprüngliche Anlaß.

Der Stern von Bethlehem

Wir erfahren aus der Bibel nicht nur unpräzise Jahresangaben, sondern auch astronomische Geschehnisse. Schließlich bezeugt der Stern von Bethlehem die Geburt des Hl. Kindes, und drei Weise aus dem Morgenland konnten dieses Zeichen richtig interpretieren (Matthäus 2, 1–12). Seitdem versucht man, diesen Stern von Bethlehem zu bestimmen. Am weitesten ist Konradin Ferrari d'Occhieppo gekommen.[14] Doch die Lösung gestaltet sich erstaunlich schwierig. In Frage kommen aus heutiger Sicht drei Möglichkeiten: eine auffällige Planetenkonstellation, eine Supernova oder ein Komet. Dazu hat Werner Papke eine instruktive Schrift veröffentlicht, der wir hier einen Abschnitt lang folgen.[15]

Große Konjunktion?

Im 17. Jahrhundert hat der große Astronom Johannes Kepler (1571–1630) vorgeschlagen, den »Stern« im Zusammenhang mit der sogenannten »Großen Konjunktion« der Planeten Jupiter und Saturn zu interpretieren. Konjunktion bezeichnet für die Astronomen nichts anderes als ein enges Beisammenstehen, im Idealfall das optische Einswerden von Planeten oder von Planeten und Sternen. Selbstverständlich geht es dabei nur um unsere Wahrnehmung, halten doch die Planeten untereinander und vor allem von den Sternen bedeutenden Abstand.

Kepler hatte 1604 das Glück des Astronomen gehabt, nicht nur eine derartige Begegnung selbst zu beobachten, sondern kurz darauf auch noch »ganz in der Nähe« eine Supernova zu entdecken. Insofern wirkte die Planetenkonstellation wie der Vorbote für eine äußerst rare Sternengeburt. Für Kepler, dem auch die himmlische Harmonie und die Astrologie am Herzen lagen, verwies die große Konjunktion nicht nur auf eine Geburt am Himmel, sondern auch auf eine himmlische Geburt auf Erden. Er fand bei Rückrechnungen heraus, daß sich diese beiden Planeten – für die Alten jene mit den allerlängsten Umlaufzeiten – im Jahre 7 v. Chr. dreimal begegnet sind. Dieses extrem seltene Ereignis tritt nur ungefähr alle 854 Jahre ein. Als Ort der Begegnung ergab sich das Sternbild der Fische. Da der Fisch seit alters her als Symbol für Jesus Christus gilt, schien ein klarer Bezug zur Heilsgeschichte hergestellt.[16]

Spätere Interpreten übergingen den neuen Stern und favorisierten statt seiner die dreifache Konjunktion als »Stern von Bethlehem«. Sie trugen damit dem Umstand Rechnung, daß eine solche Sternengeburt nur sehr selten beobachtet und in gar keiner Weise kalkuliert werden kann.

Diese Erklärung wird bis in unsere Tage vertreten, obwohl sie nicht mit dem biblischen Bericht harmoniert. Denn ein Stern ist nun einmal kein Planet, sprich ein Wandelstern, und er steht schon gar nicht für zwei Wandelsterne. Dreifache Konjunktion bedeutet, daß die beiden Planeten damals dreimal nacheinander dicht zueinandertraten.

Ist dies bei Planeten, die um dasselbe Zentrum kreisen, überhaupt möglich? Sollte nicht der schneller Kreisende den langsameren einholen und anschließend einfach hinter sich lassen? Gibt es neben diesem simplen Überholmanöver noch eine andere Bewegungsform?

Die »Anomalie« ergibt sich deshalb, weil unser Beobachtungsort ebenfalls um die Sonne kreist. Aus unserem irdischen Blickwinkel ziehen die äußeren Planeten keine einfachen Kreise, sondern laufen zeitweilig auch rückwärts. Auch die zwischen Sonne und Erde laufende Venus zieht Schleifen, weil ihre Bahnebene gegenüber der irdischen geneigt ist.[17] Gerade wegen dieser Eigenschaft wurden die Planeten schon von den ältesten Astrologen-Astronomen von den »normalen« Sternen separiert. Die Antike sah sie sogar von einem Dämon belebt, weil sie sich dem gleichförmigen Kreisen aller übrigen Sterne entziehen.

Langer Rede kurzer Sinn: Das Sich-Nähern, Beisammenstehen und Wieder-Auseinanderdriften zweier Planeten wäre in der Antike nicht als »Stern«, also mit einem Begriff in der Einzahl, angesprochen worden. Matthäus spricht viermal klar von einem einzigen Stern. Und Keplers ursprüngliche Variante konnte keine Vertreter finden, weil Sternengeburten in keinerlei Bezug zu dem regelmäßigen Wandeln der Planeten stehen, weil sie weder prognostizierbar noch rückrechenbar sind.

Mit der Tripelbegegnung scheiden auch viele Berechnungen aus, die andere Planetenkonstellationen bevorzugen. So berichtet Papke von einer dreimaligen Konjunktion des Jupiters mit dem Fixstern Regulus im Löwen.[18] Diese drei Nahbegegnungen würden uns für Christi Geburt auf die Jahre 3 und 2 v. Chr. verweisen und hätten den bedeutsamen Beiklang, daß Regulus im Löwen seit alters her als Königsstern gilt. Banalerweise begegnet Jupiter zu oft dem Löwen, als daß sich daraus Exemplarisches herauslesen ließe. So gab es im 1. Jahrhundert vor Chr. drei derartige Dreifachbegegnungen, ohne daß der ersehnte Erlöser erschienen wäre.[19] Das gleiche gilt auch für Begegnungen zwischen Jupiter und Venus. Eine solche geschah sowohl im Jahre 3 wie im Jahr 2 v. Chr., wobei die zweite Begegnung am 17. 6. 2 v. Chr. optisch als Verschmelzung zu beobachten war. Aber daran entzündete sich bei älteren wie jüngeren Sternsuchern nur wenig Phantasie.

Ein Komet überm Stall?

Aus diesem Grund ist trotz Kepler auch nach »wirklichen« Sternen gesucht worden. Das hieß lange Zeit: Kometenbeobachtung. Kometen sind im Altertum mit Sorge beobachtet und meist als Vorboten eines Unheils interpretiert worden. Sie wurden deshalb als »Desaster«, als »Unstern« bezeichnet. Von da her sollte die Ankunft des ersehnten Messias keinesfalls durch einen Kometen angezeigt werden. Selten genug wurden diese »Haarsterne« auch positiv gewertet. Als ein halbes Jahr nach der Ermordung von Julius Caesar, anno 44 v. Chr., ein Komet erschien, wurde dies von Ovid als Zeichen dafür genommen, daß die Göttin Venus die Seele Caesars in den Himmel erhoben habe. Aber Papke, dem wir hier weiterhin folgen, hat keinen aus damaliger Zeit berichteten Kometen mit der mutmaßlichen Geburt Jesu in Verbindung bringen können. Es gab immer wieder Versuche, den Halleyschen Kometen als den bekanntesten seiner Art überm Stall von Bethlehem leuchten zu lassen. Aber seine früheste Beobachtung ist im Abendland erst für 1066 dokumentiert: als Glücksstern für die Normannen, als Desaster für die Engländer. Er läßt sich auf dem 70 m langen Teppich von Bayeux, der wenige Jahre danach zur Erinnerung an den Sieg gestickt worden ist, noch heute begutachten.

Ging eine Supernova auf?

Papke geht statt dessen – wie einst Kepler – von einer Supernova aus, also von einem jähen Aufleuchten eines Sterns, der zuvor gar nicht sichtbar gewesen sein muß und nach ein paar Tagen oder Wochen wiederum gänzlich verlöschen konnte. Die Chinesen, von denen die ältesten derartigen Beobachtungen stammen, bezeichnen ein derartiges Himmelsobjekt prägnant als »Gaststern«. Papke schlägt eine Supernova vor, die »aus der Jungfrau« kam, sprich aus dem Sternbild Jungfrau oder, genauer gesagt, aus dem »Coma berenice«.[20] Er wollte so eine himmlische Entsprechung für die jungfräuliche Geburt des Herrn herstellen.

Dagegen spricht wiederum ein astronomisches Argument. Eine ausgebrannte Supernova verschwindet zwar für das menschliche Auge, nicht unbedingt aber für astronomische Instrumente. Wenn aber am fraglichen Himmelsort kein ausgebrannter Rest einer Supernova zu erkennen ist, dann kann sich diese Interpretation nur auf die Bibel stützen, aber nicht auf die naturwissenschaftliche Beobachtung von heute. So hilft die Archäoastronomie in diesem speziellen Fall nicht weiter. Sie hat es bei einer anderen Variante aber getan.

Denn für die Bestimmung der Lebensdaten Jesu gibt es noch zwei andere überlieferte Himmelsereignisse: die von Josephus berichtete Mondfinsternis am Tag nach dem Tod des Herodes und die Sonnenfinsternis zur Todesstunde Jesu. Diese wird als totale Finsternis geschildert. Eine solche findet sich im östlichen Mittelmeerraum nur am 21. 6. 19 und am 24. 11. 29,[21] soweit wir das heute korrekt zurückrechnen. Dabei wird dem »Uhrwerk« Sonnensystem ein sekundengenauer Gang unterstellt, der nicht selbstverständlich ist, sind doch größere Störungen durch extraterrestrische Einflüsse nicht auszuschließen.[22] Zu allem Überdruß kennen wir das Todesdatum von Herodes nicht, so daß auch hier die in Frage kommenden Mondfinsternisse erst mit den sonstigen Ereignissen abgeglichen werden müssen. Mondfinsternisse sind ungleich häufiger als Sonnenfinsternisse, außerdem viel häufiger total, also die gesamte Mondscheibe umfassend. Hier fehlt uns dringend die exakte Lebenszeit Jesu, die der Bibel nicht abzugewinnen ist, aber meist mit 33 Jahren angesetzt wird.

Die Vertreter des Keplerschen Vorschlags – Christi Geburt im Jahre 7 vor Christi – beziehen sich für Herodes auf eine Mondfinsternis vom 16. 9. im Jahre 5 oder vom 13. 3. im Jahre 4 v. Chr. Papke bezieht sich statt dessen auf eine Mondfinsternis im Jahre 1 v. Chr. und kommt so über das von ihm bevorzugte Sternbild Coma Berenice auf eine überaus exakte Geburtszeit Christi: auf den 30. August des Jahres 2 v. Chr., gegen 18.30.[23]

Dieter B. Herrmann läßt diese wohl bislang beste Rechnung nicht gelten, weil er als Astronom keinen Rest dieser gemutmaßten Supernova finden kann.[24] In seinem einschlägigen Büchlein kommt er 1998 zu dem klaren Befund, daß die biblische Erscheinung weder durch eine Planetenkonstellation, noch durch einen Kometen oder eine Supernova erklärt werden könne. Er riskiert jedoch nur ein ganz vorsichtiges Resümee: »Eine der Hinzufügungen [zum Matthäus-Bericht] könnte der Stern von Bethlehem sein, ohne dessen Vorkommen die Geburt des neuen Königs der Juden, des Erlösers und Messias, keinerlei Glaubwürdigkeit besessen hätte. Angenommen, es verhielte sich tatsächlich so, dann würden die jahrhundertelangen Versuche, eine reale astronomische Entsprechung für den Stern zu finden, der Jagd nach einem Phantom gleichkommen«.[25]

Es bleibt also dabei, daß Geburtstag und Geburtsjahr Jesu Christi nicht sicher bestimmbar sind. Das würde keinen jener Skeptiker wundern, die eine Person Jesus gar nicht als historische Erscheinung sehen. Sie finden so viele Ungereimtheiten in den Schilderungen seines Lebens, vor allem aber viel zu wenige Zeugnisse außerhalb der Evangelien für sein irdisches Leben, daß sie ihn als Fiktion einstufen. Die Resultate der »Leben-Jesu-Forschung« müssen wir an dieser Stelle zum Glück nicht bewerten, kommen aber dennoch zu einer sehr harten Feststellung: Ein Ereignis, das möglicherweise nie stattgefunden hat und deshalb mit einer gewissen Wahrscheinlichkeit ein fiktives ist, steht an einer Stelle auf der Zeitachse, an der niemals Zeit abgelaufen ist, also in einem fiktiven Zeitraum, weil ihm in Gestalt des Sterns von Bethlehem ein »Phantom« den Platz gewiesen hat.

Die Forschung hat sich mit dieser Anhäufung von Fiktionalitäten nicht zufriedengeben wollen; sie will die möglicherweise fiktive Geburt auf der realen Zeitachse definieren. Das ist bislang nicht eindeutig gelungen, so daß nach wie vor mehrere mögliche Geburtsjahre in Frage kommen. Ob all diese mühseligen Betrachtungen überhaupt einen Sinn machen können, wird uns im dritten Kapitel beschäftigen.

Wie konstruiert man die Zeitachse?

Der letzte Abschnitt scheint einen Widerspruch in sich zu enthalten: Wieso kann die Geburt Jesu auf der Zeitachse hin und her geschoben werden, wenn die Zeitachse an die Geburt geknüpft ist, also auf ihr fußt? Gerät nicht die Zeitachse ins Wanken, wenn das Ereignis im Stall von Bethlehem umdatiert wird?

Wir müssen zunächst ein wichtiges Faktum festhalten: Die Zeitachse, die unseren heutigen Tag mit früheren Ereignissen wie der Entdeckung von Amerika 1492 oder der Eroberung Englands durch die Normannen 1066 verbindet, ist kein Gottesgeschenk. Sie ist auch keine Naturkonstante. Menschlicher Geist hat sie konstruiert. Und menschliche Konstrukte können bekanntlich fehlerhaft sein. Dieses Buch will gerade darauf aufmerksam machen, wie wacklig ausgerechnet unsere »eherne« Zeitachse ist.

Prüfen wir diese Konstruktion, die schon in frühchristlicher Zeit begonnen worden ist. Wir haben bereits gehört, daß die Evangelien zum Teil versuchen, das heilige Geschehen mit der politischen Geschichte zu verbinden. Insgesamt ergibt das zumindest für die *Taufe Jesu* eine Reihe von Zuordnungen:

Lukas (3, 1–2): »Im fünfzehnten Regierungsjahr des Kaisers Tiberius, als Pontius Pilatus Statthalter in Judäa, Herodes Landesherr von Galiläa, sein Bruder Philippus Landesherr von Ituräa und der Landschaft Trachonitis und Lysanias Landesherr von Abilene war, als Hannas und Kaiphas das Hohepriesteramt innehatten«.

Die hier in Beziehung gesetzten Personen konnten im historischen Zeitablauf fixiert werden:[26]

- Tiberius regierte von 14 bis 37 n. Chr.
- Pilatus war römischer Prokurator in Judäa von 26 bis 36 n. Chr.
- Herodes Antipas, also nicht sein Vater Herodes d. Gr., regierte von 4 v. Chr. bis 39 n. Chr.
- Sein Bruder Philippus regierte 4 v. Chr. bis 34 n. Chr.
- Lysanias, Regent von Abilene, starb zwischen 28 und 37 n. Chr.
- Hannas wurde zwar bereits 18 n. Chr. abgesetzt, beeinflußte aber seinen Schwiegersohn Johannes Kaiphas, der das Amt von 18 bis 38 n. Chr. innehatte.

So läßt sich sagen, daß die Hauptaussage – das fünfzehnte Regierungsjahr von Tiberius – durch die fünf anderen Bezüge eindeutig bestätigt wird. Da Tiberius am 17. 9. des Jahres 14 zum Kaiser proklamiert worden ist, ergeben sich die Jahre 28/29 für die Datierung der Taufe.

Machtgeschichte als eigentliches Richtmaß

Damit ist eine erste Brücke zu den römischen Kaiserlisten geschlagen. Mit ihnen erreichen wir einen wesentlich festeren historischen Boden. Üblicherweise wurde im Tagesgeschäft vom Regierungsjahr des jeweils amtierenden Kaisers ausgegangen. Den Hofchronisten oblag es dann, aus diesen Regentendaten eine durchlaufende Sequenz zu bilden. So ging es durch die Jahrhunderte. Zwar wird Romulus Augustulus als der letzte weströmische Kaiser 476 gestürzt, sein allerletzter, partieller Nachfolger Syagrius zehn Jahre später, aber die oströmische Linie bleibt davon unbeeindruckt. Hier folgt Kaiser auf Kaiser, zunächst bis zum Jahre 1204. Zu dieser Zeit wird das christliche Byzanz von den allerchristlichsten Kreuzfahrern überfallen, ausgeplündert und für 33 Jahre von lateinischen Kaisern des Westens beherrscht. Aber das oströmische Kaisertum überdauert im Exil, in Nicäa auf der asiatischen Seite des Bosporus. So ist die durchgehende Abfolge gesichert bis ins Jahr 1453, als die Türken Konstantinopel einnehmen und zu ihrem Istanbul machen. So kennen wir heutzutage eine Kette von Regentschaften, die uns scheinbar präzise von Caesar und Tiberius bis ins 15. Jahrhundert bringt.

Das Endc des oströmischen Kaisertums fällt in eine Zeit, in der im übrigen Europa fast beliebig viele Adelsfamilien an der Macht sind. Es ist kein Kunststück, hier präzise Verbindungen zum zeitgleichen Habsburger Kaiserhaus, zum französischen Königshaus der Valois und zu vielen anderen Herrschern zu schlagen. Die Habsburger haben bekanntlich bis in unser jetzt ablaufendes Jahrhundert hinein regiert, so daß eine Brücke vom 1. bis zum 20. Jahrhundert geschlagen ist.

So ist unsere Zeitachse eisern zusammengeschmiedet worden, wie Historiker schwelgen könnten. Kritiker könnten ebensogut auch von Flickschusterei sprechen. Denn natürlich gibt es in diesen 2000 Jahren Zeitabschnitte, in denen die Überlieferungen dunkel und widersprüchlich sind. Nur ein Beispiel: Die byzantinischen Kaiser hatten das Bedürfnis, ihre Taten der Nachwelt zu überliefern. Wir kennen ihre Hofgeschichtsschreiber und Chronisten namentlich. Seltsamerweise bricht dieses Bedürfnis kurz nach 600 ab. Sei es, weil die Potentaten christliche Demut übten, sei es, daß sich düstere Geschehnisse einfach nicht so schönen ließen, wie man sich das gerne gewünscht hätte – auf jeden Fall erlischt die byzantinische Geschichtsschreibung für volle zwei Jahrhunderte. Erst im nachhinein wurde der Verlauf dieser Zeiten aufgezeichnet. Wer wollte seine Hand dafür ins Feuer legen, daß hier nichts als die Wahrheit geschrieben worden wäre, daß überhaupt mangels aktueller Aufzeichnungen Material zur Verfügung stand, um die Geschichte präzise zu rekonstruieren? Wir alle wissen, wie mühsam es ist, auch nur drei Monate später ein genaues Datum des eigenen Lebens zu bestimmen. Wir kämen in erhebliche Schwierigkeiten, müßten wir anhand unserer familiären Aufzeichnungen jahrhundertelang zurückliegende Daten neu bestimmen.

Aber wir wollen zunächst gerne glauben, daß all diese Klippen und Strudel gut umschifft worden sind. Schließlich gibt es auch eine durchgehende Liste aller Päpste von Petrus bis Johannes Paul II.; es gab kurzlebige Dynastien, die in chronologisch heiklen Zeiten zusätzliche Querbezüge gestatten, und es gibt astronomische Hinweise wie etwa aufgezeichnete Sonnenfinsternisse, die ebenfalls Rückrechnungen ermöglichen. Wir sehen die endlose Reihe von Chronikschreibern, die versucht haben, die Menschheit seit der Schöpfung mit Jahreszahlen zu versehen, wir sehen das Heer an Gelehrten, die sich seit Jahrhunderten mit der Historie abplagen. Die Arbeit scheint endgültig geleistet zu sein; Fragen der Chronologie bewegen heutige Historiker nur noch in Ausnahmefällen.

Augustus

Gehen wir also zunächst davon aus, daß die Zeitachse allemal bis zum Beginn der römischen Kaiserzeit, also zurück bis Augustus »nach menschlichem Ermessen« wohlgefügt ist. Dann sind die Lebensdaten für Gaius Iulius Caesar Octavianus, uns besser bekannt als Augustus, Großneffe und Adoptivsohn von Iulius Caesar, so definiert:

23. 9. 63 v. Chr.	Geburt
30. 8. 30 v. Chr.	Alleinherrscher nach Eroberung von Alexandria (so der Startpunkt der »Alexandrinischen Ära«)
16. 1. 27 v. Chr.	»Augustus«
19. 8. 14 n. Chr.	Tod

Seine Regierungszeit ist über die kaiserlichen Regentschaften direkt mit unserer Zeit verbunden. Der Abstand zwischen seiner Thronbesteigung und unserer Gegenwart gilt als fix. Würden wir heute noch nach seiner »Alexandrinischen Ära« datieren, gäbe es keinen Zweifel am Beginn dieser Zeitrechnung. (Das Wort »Epoche« wird vermieden, weil es doppeldeutig ist. Während im normalen Sprachgebrauch unter einer Epoche ein markanter, abgegrenzter Zeitraum verstanden wird, sprechen die Chronologen beim zeitlichen Startpunkt einer Ära von deren Epoche und öffnen so dem Mißverständnis Tür und Tor.)

Die Geburt Jesu

An diese »Kaiserzeit« müssen wir die Daten für das Leben Jesu anschließen. Wir haben gesehen, daß das für seine Taufe einigermaßen problemlos möglich ist. Sie gehört in die Jahre 28/29 n. Chr., auch wenn wir kein Tagesdatum nennen können. Für seine Geburt ist das schwieriger. Zu erinnern ist an:

Matthäus (2,1): »(...) geboren war zur Zeit des Königs Herodes.«
Herodes d. Gr. regierte, von den Römern eingesetzt, von 40 bis 4 v. Chr. Sein Todesjahr ist jedoch nicht tradiert, sondern kalkuliert. Andere Berechner verorten es im Jahre 2 v. Chr.

Lukas (2,1): »In jenen Tagen erging ein Erlaß von Kaiser Augustus.«
Augustus hatte die Alleinherrschaft von 30 v. Chr. bis 14 n. Chr. inne.

Lukas (2,2): Sie »fand statt während der Amtszeit des syrischen Statthalters Quirinus«.
Publius Sulpicius Quirinus hatte zwischen 12 v. Chr. und 16 n. Chr. verschiedene hohe Positionen im Osten des Reiches inne.

Diese drei »Gleichungen« grenzen die Zeit zwischen 12 und 2 v. Chr. ein, eine genauere Datierung, gar eine taggenaue, ist hieraus nicht zu bekommen. Der Anschluß an die römische Kaiserzeit bliebe im Ungefähren, wenn man nicht den Mut zu einer willkürlichen Fixierung aufbrächte. Philocalus entschied sich wie nach ihm Dionysius Exiguus für ein Geburtsjahr in leidlichem Einklang mit den unpräzisen Angaben des Neuen Testaments: Der erste Tag nach der Geburt Jesu hat ins 30. Regierungsjahr des Augustus zu fallen. Damit hat die christliche Ära eine weltliche Verankerung in der Regentenliste bekommen. Unsere christliche Zeitrechnung basiert nun auf dem 1. Januar des 30. Regierungsjahres von Augustus. Es gilt die Gleichsetzung:

30. Regierungsjahr von Augustus = 1. n. Chr., wobei um der Verständlichkeit willen der immer wieder veränderte Jahresbeginn einen Moment außer acht bleibe. Die Geburt Jesu hat nun ein historisches Datum – ungeachtet dessen, ob überhaupt und gegebenenfalls wann sie »wirklich« stattgefunden hat.

So kamen wir zu jenem Datum auf der Zeitachse, hier durch die Regentenliste vertreten, auf dem unsere Zählung »nach Christi Geburt« basiert. Von dieser »sicheren« Seite aus können nun beliebige Versuche unternommen werden, den eigentlichen Geburtstag Jesu präziser zu bestimmen. Doch ganz egal, aus welchen Gründen dieser korrigierte Geburtstag auf irgendeinen anderen Tag in irgendeinem anderen Jahr gelegt würde – der Beginn der christlichen Zeitrechnung bleibt an das 30. Regierungsjahr des Augustus gekoppelt. Das wirkliche Datum der Geburt Jesu kann dagegen vom Startpunkt der christliche Ära abgekoppelt werden – weshalb Jesus auch »v. Chr.« oder »n. Chr.« geboren worden sein kann.

Zeitvergleich

Wir betrachten zwei Beispiele, wie einstens die Synchronisierungen vollzogen wurden. Das erste stammt von einem anonym gebliebenen Minoriten, der gegen 1292 eine Chronik mit dem schönen Titel *Flores Temporum, Blüten der Zeiten* verfaßte. Zum vierten Zeitalter bemerkt er: »Sechstes Zeitalter. Jesus Christus wurde von der Jungfrau Maria in Bethlehem geboren. Seit Anfang der Welt waren 5199 Jahre vergangen, wie Orosius und Augustinus schrieben. Vor Jesus vergingen 5199 (= 200 - 1 + 5000) Jahre. Von

Abraham an 2015 Jahre. Von David an 480 Jahre. Von der Gründung der Stadt Rom an 752 Jahre.«[27]

Zwei Jahrhunderte später hat Hartmann Schedel 1493 in seiner berühmten Weltchronik noch einmal gezeigt, wie Ären miteinander synchronisiert worden sind. Er schreibt auf Blatt 95 in einem für uns krausen Deutsch, das wir hier nur unzureichend wiedergeben können: »Das sechst alter der werlt hat sich als unser herr Jhesus cristus geportt wz angehebt. in dem anfang des xlij. iars des keyserthumbs Augusti octaviani, in dem xxxi. iar des konigreichs herodis des außlendischen und in dem dritten iar 8.c.xciij. olimpiadische zal. «

Es folgen noch die Zeiten seit Gründung der Stadt Rom, seit der jüdischen Gefangenschaft, seit König David, seit Abrahams Geburt, seit der Sintflut Noahs und seit der Empfängnis von Johannes dem Täufer.

Schedel hat alle fürs Abendland wichtigen Zeitrechnungen synchronisiert: die politische Geschichte Roms, und damit auch Palästinas, die Rechnung in Olympiaden sowie die Zählung ab der Gründung Roms und gemäß den biblischen Generationenfolgen. Am interessantesten ist für uns der Bezug zu Augustus. Schedel spricht vom 42. Jahr seines Kaisertums, während wir gerade vom 30. Jahr seiner Alleinherrschaft gesprochen haben. Vermutlich geht es hier nicht um eine abweichende Definition, die Jesu Geburt 12 n. Chr. ansiedeln wollte, sondern um eine andere Bezugsgröße. Hier wird wohl auf das Jahr 42 v. Chr. gezielt, in dem der 21jährige Oktavian und Antonius bei Philippi über die Caesarmörder Brutus und Crassus siegen, womit die römische Republik endigt. Wir kommen bei dieser Interpretation von Schedels Rechnung auf das Jahr 1 v. Chr. für die Geburt Jesu, wo sie auch hingehörte, wenn man sie nicht in fiktiver Zeit zwischen den beiden auseinanderlaufenden Teilen der Zeitachse belassen will. Begreiflicherweise hatte der Nürnberger Humanist noch nichts von Keplers Rechnung zum Stern von Bethlehem gehört.

War das erste Millennium viel zu kurz?

Eigentlich könnten wir jetzt, von jedem Zweifel befreit, das 2. Jahrtausend beginnen lassen. Doch so einfach ist das nicht mehr, wie das noch vor zehn Jahren scheinen mochte. Der Verfasser hat ausgerechnet dort ein Problem aufgespürt, wo niemand – er selbst eingeschlossen – ein Problem vermutet hätte.

Wir bleiben bei unserer so wohlkonstruierten Zeitachse, nutzen aber nun eine Kontrollmöglichkeit, die vor über 400 Jahren eingebaut worden ist. 1582 wurde unter Papst Gregor XIII. eine Kalenderkorrektur durchgeführt; seitdem wird nicht mehr vom iulianischen, sondern vom gregorianischen Kalender gesprochen. Der Vatikan gab damals drei amtliche Druckschriften heraus: eine grundsätzliche päpstliche Bulle, einen Tageskalender für das römische Meßbuch und ein revidiertes Verzeichnis der jährlichen Festtage.[28]

Damals wurden zwei für unsere Fragen relevante Entscheidungen getroffen. Die Tageszählung sprang vom 4. 10. nicht auf den 5. 10., sondern gleich auf den 15. 10. 1582. Wegen dieser Auslassung gibt es auf der Zeitachse Daten für 10 Tage, denen keine reale Geschichte entspricht. Wir stoßen hier zum zweiten Mal auf fiktive Zeit, nachdem schon Jesu Geburt in einem zeitleeren Raum stattgefunden haben sollte. Auf das Warum der Reform kommen wir nach einem Umweg über Julius Caesar, den eigentlichen Erfinder und Begründer unseres Kalenders.

Zum zweiten wurde eine neue Schaltregel eingeführt. Um sie zu verstehen, gehen wir zurück zu Iulius Caesar. Er machte zum Jahresbeginn 45 v. Chr. dem kalendarischen Tohuwabohu der alten Römer ein Ende. Bis dahin hatte man die Jahre nach Mondzyklen gerechnet und den jahreszeitlichen Stand wenig beachtet. Nun wurden aber Pachtverträge, Verträge für Steuereinzieher und so manches mehr, was ein Staat seinen Bürgern zumutet, jahrweise abgeschlossen. Da lag es nahe, die zustandigen Priester mit einigem Edelmetall davon zu überzeugen, daß es schön wäre, wenn das Jahr ein paar Tage, besser noch einen Mondzyklus länger dauern würde. Und so geriet das Kalendergerüst ausgerechnet der nüchternsten, pragmatischsten Nation völlig aus den Fugen.

Caesar versicherte sich der Hilfe der besten damaligen Astronomenschule, der von Alexandria, und ließ von Sosigenes einen Sonnenkalender entwerfen. Zur Realisierung ordnete Caesar laut Joachim Ekrutt[29] »das längste Jahr in der ganzen abendländischen Geschichte« an: Das Jahr 46 v. Chr. bekam 445 Tage zugesprochen, damit die Frühlings-Tagundnachtgleiche endlich wieder in den Frühling fiel, und erhielt dafür den schönen Namen »annus confusionis«. Im zweiten Schritt wurde die Jahreslänge mit 365 $1/4$ Tagen festgelegt.

Es wäre schön, angenehm und praktisch, wenn sich die Jahreslänge in exakten Tagen, idealerweise auch noch in einer vielfach teilbaren Anzahl von Tagen, etwa in 360 oder 400 Tagen, ausdrücken ließe. Aber die Erdbahn ist nicht von Pedanten entworfen worden. Unser Heimatplanet zieht auf einer Ellipse um die Sonne und dreht sich während dieses Umlaufs um seine eigene Achse. Nach exakt 365 Tagen hat die Erde leider nicht die anfängliche Position zur Sonne. Es ist dann z. B. nicht 12 Uhr mittags, sondern erst gegen 6 Uhr. Die Erde muß also noch ein kleines Stück weiterziehen und sich dabei weiterdrehen, damit der Start- und Zielpunkt präzise erreicht ist.

Das hat zur Konsequenz, daß das Jahr nicht in ganzen Tagen dargestellt werden kann. Der Tagesanfang aber muß immer auf dieselbe Uhrzeit fallen, gleichgültig, ob wir ihn auf Mitternacht, Abenddämmerung oder Mittag legen. Ein im Lauf des Jahres sich verschiebender Tagesbeginn ist in keiner Kultur geduldet worden.

Die Jahreslänge oder Warum Schalttage?

Der ordnende Menschenverstand hat versucht, dieses Problem in den Griff zu bekommen. So kann er zum Beispiel statt der Sonnenposition die des Mondes hervorheben oder die Jahreslänge dadurch in ganzen Tagen angeben, daß er vier oder acht Jahre zu einer Einheit zusammenfaßt.

Das uns geläufige Ausgleichsmittel sind Schalttage. Es hat lange gedauert, bis der Mensch begriffen hat, daß sie möglich sind und wie mit ihnen umzugehen ist. So sollen die Ägypter zwar einen der ältesten Kalender haben – aber Schalttage haben sie nie verwendet, nicht einmal in hellenistischer und römischer Zeit. Alexandria war damals zur führenden Stadt der Wissenschaft geworden, doch sprach man bezeichnenderweise nicht von Alexandria in, sondern von Alexandria bei Ägypten. Das eigentliche Ägypten blieb traditionsgebunden. Als zwangsläufige Folge mangelnder Schalttage verschob sich der ägyptische Jahresanfang langsam durch die Jahreszeiten, um erst nach 1460 Jahren wieder auf dasselbe Datum zu fallen. 365 Tage pro Jahr sind eben nicht genug.[30]

Caesar ließ jedes vierte Jahr um einen Tag verlängern. So verteilte sich der zusätzliche Tag auf vier Jahre oder anders gesprochen: Alle vier Jahre waren Himmel und Kalender wieder im Gleichtakt. War drei Jahre lang das Kalenderjahr etwas kürzer als das Sonnenjahr, wurde dies im vierten Jahr durch ein etwas längeres Jahr wieder ausgeglichen. So errechnet sich ein Jahr mit einer Länge von 365,25 Tagen.

Annäherung des Kalenderjahres ans Sonnenjahr:

Kalender	Jahreslänge	Abweichung
Ägyptisch:	365d	- 20926s
Iulianisch:	365d + 6h	+ 674s
Gregorianisch:	365d + 5h + 49m + 12s	+ 26s
Astronomisch:	365d + 5h + 48m + 46s	

Aus der Tabelle wird der Fortschritt klar erkennbar. Eine jährliche Abweichung um fast 6 Stunden schrumpfte dank Caesar auf einen Fehler von gut 11 Minuten. Damit war das Herumirren der Jahreszeiten im Kalender beendet; der Kalender schien endlich ein getreues Abbild des Himmels, besser gesagt der jeweiligen astronomischen Situation zu sein. Für die antiken Römer war das Problem ausgestanden.

Der iulianische Fehler

Doch die nicht einmal 12 Minuten, kein Viertelstündchen pro Jahr, kumulierten allmählich, aber unaufhaltsam. Es läßt sich leicht errechnen, binnen welcher Zeit sich der Fehler zu einem vollen Tag addiert. Ein solcher zählt 24 Stunden oder 86 400 Sekunden. Diese Zahl, geteilt durch die 674 Sekunden, ergibt bei minimaler Aufrundung 128,2 Jahre. Demnach macht nach Ablauf von gut 128 Jahren die winzige Ungenauigkeit des iulianischen Kalenders einen vollen Tag aus. Dabei sollte nicht übersehen werden, daß die Erdbahn dabei als perfektes Uhrwerk gesehen wird, das über die Jahrhunderte sekundengenau läuft. Dies ist noch zu kommentieren.

Wir können weiterrechnen. Wann sind 10 Fehlertage erreicht? Nach ziemlich genau 1282 Jahren. Wir erinnern uns, daß Papst Gregor XIII. genau 10 Tage hat überspringen lassen.

Papst Gregors Reform

Der Papst aus Bologna wollte 1582 auch die Schaltregel ändern. Wie aber gleicht man eine nach Sekunden zählende Abdrift mit ganzen Schalttagen aus? Es kann nun einmal nicht im Sekundenbereich, sondern nur in ganzen Tagen korrigiert werden. Im iulianischen Kalender gab es alle vier Jahre einen Schalttag, also in 400 Jahren 100 Schalttage. Wenn wir 400 Jahre durch 128,2 Jahre teilen, erhalten wir als Resultat ≈ 3; das heißt: In einem 400-Jahres-Intervall werden im iulianischen Kalender etwa 3 Schalttage zuviel eingefügt. Die Konsequenz daraus: Das Kalenderjahr hinkt hinterm Sonnenjahr her, und ein jährliches Himmelsereignis rückt dadurch auf immer niedrigere Monatsdaten (Weihnachten fällt zum Beispiel nicht mehr auf den 25. 12., sondern nach 800 Jahren auf den 19. 12.).

Deswegen mußte die Schaltregel so modifiziert werden, daß nur noch 97 anstatt 100 Schalttage binnen 400 Jahren eingefügt werden. Dies gelang durch folgende Zusatzregel: Volle Jahrhunderte sind keine Schaltjahre, außer wenn sie durch 400 geteilt werden können. Das bedeutet z. B. für die Neuzeit: Die Jahre 1700, 1800 und 1900 waren keine Schaltjahre, obwohl sie durch 4 teilbar sind; aber das Jahr 2000 wird ein Schaltjahr sein, weil es nicht nur durch 4, sondern auch durch 400 teilbar ist.

Mit dieser Regel ist die Jahreslänge sehr genau an das astronomische Jahr angepaßt: das gregorianische Jahr zählt 365,2425 Tage und mißt damit nur noch 26 Sekunden mehr als das tatsächliche Sonnenjahr mit seinen 365,2422 Tagen. Bis sich dieser Fehler zu einem vollen Tag aufaddiert, also durch einen zusätzlichen Schalttag korrigiert werden muß, können wir noch mehr als 2 900 Jahre lang warten. Hier besteht – politisch gesprochen – kein akuter Handlungsbedarf.

Die zu kurz greifende Reform

Aber etwas anderes paßt schon längst nicht, ohne daß es irgendeinen Korrekturversuch gegeben hätte. Wir haben zuvor zwei Unvereinbarkeiten festgestellt: a) Papst Gregor hat im Jahre 1582 den Kalender um 10 Tage korrigiert. b) Ein Fehler von 10 Tagen entsteht im Laufe von 1282 Jahren. Caesars und Gregors Reform werden jedoch keineswegs nur von 1282 Jahren getrennt, sondern von 45 + 1582, also von 1627 Jahren. (Mangels eines Jahres »Null« dürften als Ergebnis eigentlich nur 1626 Jahre stehen; da aber Caesar zum 1. 1. des Jahres 45 v. Chr. ändern ließ, während Gregor XIII. erst im Oktober seines Reformjahres änderte, ergeben sich doch fast 1627 Jahre.)

Das ist ein prekäres Resultat: Obwohl 1627 Jahre vergangen sein sollen, ist nur ein Fehler aufgelaufen, der 1282 Jahren entspricht. In dieser lapidaren Formulierung bleibt allerdings außer acht, daß die Korrekturen von Caesar und Gregor nur in ganzen Tage erfolgen konnten. Auch wenn erst 9,51 oder schon 10,49 Fehlertage entstanden waren, hätte der Papst nur um glatte 10 Tage korrigieren können. Das heißt umgekehrt, daß eine Korrektur um glatte 10 Tage einen Fehler behebt, der ziemlich genau zwischen 1219 und 1344 Jahren aufgelaufen ist. Auch bei großzügiger Bemessung des Fehlerintervalls klafft bis zu den 1627 Jahren zwischen Caesar und Gregor noch mehr als ein ganzer Bauernschuh.

Wie läßt sich diese rätselhafte Differenz erklären? Zunächst gefragt: Was bedeutet sie? Das läßt sich in einem Satz sagen: Gregor hat Kalender und Himmel – einmal nicht päpstlich, sondern astronomisch gesehen – wieder in Einklang gebracht. Er wollte einen Fehler korrigieren, der seit Caesars Reform aufgelaufen war; er hat zuwenig korrigiert und trotzdem das richtige Ergebnis wiederhergestellt. Ein Wunder kraft Amtes?

Bevor wir sämtliche Grundlagen überprüfen, erinnern wir an Robert Musil, der bereits 1913 in *Der mathematische Mensch* ein ähnliches Phänomen für unsere ganze Gesellschaft beschrieben hat: »Und plötzlich, nachdem alles in schönste Existenz gebracht war, kamen die Mathematiker – jene, die ganz innen herumgrübeln – darauf, daß etwas in den Grundlagen der ganzen Sache absolut nicht in Ordnung zu bringen sei; tatsächlich, sie sahen zuunterst nach und fanden, daß das ganze Gebäude in der Luft stehe. Aber die Maschinen liefen! Man muß daraufhin annehmen, daß unser Dasein bleicher Spuk ist; wir leben es, aber eigentlich nur auf Grund eines Irrtums, ohne den es nicht entstanden wäre. Es gibt heute keine zweite Möglichkeit so phantastischen Gefühls wie die des Mathematikers. Diesen intellektuellen Skandal trägt der Mathematiker in vorbildlicher Weise, das heißt mit Zuversicht und Stolz auf die verteufelte Gefährlichkeit seines Verstandes«.[31]

Mit falscher Korrektur zum richtigen Ergebnis?

Was ist hier schiefgelaufen? Haben wir uns in der eigenen Logik verheddert? Irgendeine der getroffenen Voraussetzungen muß falsch sein. Fünf Möglichkeiten bieten sich an:

a) Die astronomische Jahreslänge ist kürzer als gedacht.
b) Die Erdumlaufbahn ist zwischenzeitlich gestört worden.
c) Augustus hat falsch eingegriffen.
d) Die Jahreseckpunkte wurden unter Caesar anders bestimmt als unter Gregor XIII.
e) Die Zeitspanne zwischen Caesar und Gregor XIII. ist kürzer.

Die astronomische Jahreslänge

Um mit dem Einfachsten zu beginnen: Die Erdbahn ist heute mit einer derartigen Präzision bestimmbar, daß wir mittlerweile die Erde daraufhin überwachen, ob sie gegenüber der errechneten Jahreslänge »vor-« oder »nachgeht«. Das kommt vor – in Abhängigkeit der Massenverteilung in unserem Planetensystem – und wird gelegentlich zu einem Stichtag mit einer Korrektursekunde ausgeglichen. Nun ist eine Sekunde aufs Jahr gesehen noch weit davon entfernt, auch nur ein Zehntel Promille der Gesamtdauer auszumachen, geht es doch lediglich um eine einzige von gut 31 Millionen Einheiten. An diesen mikroskopischen Abweichungen erkennen wir die derzeitige Genauigkeit des Uhrwerks Erde.

Wir haben auch – seit den großen Beobachtern Tycho Brahe (gest. 1601) und Johannes Kepler (gest. 1630) – so viele Beobachtungsdaten, daß wir die mikroskopisch kleine Abnahme der Erdgeschwindigkeit bei Rückrechnungen berücksichtigen können. Daraus ist keine Abnahme der Umlaufzeit zu erkennen, die an die Größenordnung jener 671 Sekunden per anno heranreichen würde, mit denen der iulianische Kalender falsch geht. Wir müssen uns jedoch vor einem Zirkelschluß hüten. Unsere heutigen Rückrechnungen werden mit Hilfe antiker Beobachtungen geeicht.[32] Mit Lektüre dieses Buches wird sich zeigen, daß hier zum Teil ältere Rückrechnungen und zweifelhafte Angaben einfließen, also möglicherweise falsche Eichmaße herangezogen werden.

Störungen der Erdumlaufbahn

Aus diesen Beobachtungen und Rückrechnungen ist nicht zu erkennen, daß die Erde im fraglichen Zeitraum einen derartig großen Stoß erhalten hätte, daß sie anders »ticken« würde. Gedacht ist hier durchaus an große Bahnbeeinträchtigungen durch außerirdische Massen. Die Astronomen und Kosmologen akzeptieren mittlerweile verheerende Einschläge im Lauf der geologischen Geschichte der Erde. Der Asteroideneinschlag, der den Sauriern den Garaus gemacht haben dürfte, wird allerorten diskutiert und mehrheitlich akzeptiert. Noch nicht akzeptiert sind solche Ereignisse während der historischen Menschheitsgeschichte, obwohl sie seit 1950 durch Immanuel Velikovsky in die Diskussion eingebracht worden sind.[33] So plausibel sie mittlerweile vor der Zeitenwende gemacht werden konnten, so wenig deutet auf noch jüngere Kataklysmen hin. Schließlich ginge es dann auch in dieser Epoche nicht nur um »übliche« Katastrophen in der Form von einzelnen Vulkanausbrüchen oder Springfluten, sondern um globale Geschehnisse, die das Leben auf unserem Planeten gefährdet hätten.

Hat Augustus falsch eingegriffen?

Es ist bekannt, daß die Schaltregel der iulianischen Reform nicht korrekt eingeführt worden ist. Die Mitglieder des römischen Priesterkollegiums konnten oder wollten nicht verstehen, daß *nach* drei Jahren ein Schaltjahr kommen solle. Sie machten jedes dritte Jahr zu einem Schaltjahr. So fügten sie in die 37 Jahre bis einschließlich 9 v. Chr. nicht nur 10, sondern 13 Schalttage ein. Bemerkt wurde das entweder durch aufmerksameres Lesen von Caesars Dekret oder bei der Justierung der augusteischen Sonnenuhr. Augustus handelte sofort: »Auf seinen Befehl wurden, beginnend vom Jahr 8 v. u. Z. bis zum Jahr 8 u. Z., die eingefügten zusätzlichen Tage in den Schaltjahren ausgelassen.«[34] So das Jahr 45 v. Chr. gleich ein Schaltjahr war, was aber nicht restlos gesichert ist, wäre im Jahr 9 v. Chr. das 13. Mal geschaltet worden. Dann entfielen die Schalttage der Jahre 5 und 1 v. Chr. sowie des Jahres 4 n. Chr., worauf im Jahre 8 n. Chr. erstmals Caesars Schaltregel korrekt zum Einsatz kam.[35]

Gelegentlich wird argumentiert, daß bereits damit die drei Fehlertage des iulianischen Kalenders – zwischen Caesar und Nicäa – korrigiert worden seien. Doch hat das eine nichts mit dem anderen zu tun. Es verlockt zwar manchen meiner Kritiker zu unterstellen, daß der Erlaß von Augustus niemals ausgeführt worden sei und deshalb die drei – niemals korrigierten – Tage zwischen Caesar und Nicäa hier klammheimlich doch korrigiert worden seien. Dafür müßte allerdings erst nachgewiesen werden, daß der Erlaß des Augustus niemals ausgeführt worden wäre. Und selbst wenn das gelänge, ginge der Schuß nach hinten los: Da drei Schalttage zuviel eingefügt worden sind, blieb die Tageszählung um drei Tage zurück, und die Frühlings-Tagundnachtgleiche fände nicht am 21. 3., sondern bereits am 18. 3. statt. Wir hätten denselben Effekt wie beim iulianischen Kalender insgesamt, bei dem auch zu oft geschaltet wird, weshalb die Frühlings-Tagundnachtgleiche bis 1582 auf den 10. 3. zurückfiel.[36] Wäre Augustus ein Kaiser ohne Amtsbefugnis und ohne ausgeführte Erlasse gewesen, hätte 1582 nicht vom 10. 3., sondern sogar vom 7. 3. auf den 21. 3. zurückkorrigiert werden müssen.

Unterschiedliche Jahreseckpunkte

Am ehesten scheint hier die Erklärung möglich, 1582, im Frühbarock, müßten doch ganz andere technische Hilfsmittel zur Verfügung gestanden haben als zu Zeiten der alten Römer! Seltsamerweise nur zum Teil. Europäische Ratio hatte bis dahin mechanische Uhren ersonnen, mit denen zum Beispiel die Tagundnachtgleiche durch einfache Zeitmessung von Sonnenauf- und -untergang bestimmt werden konnte. Aber noch immer war das Teleskop nicht erfunden, und Galileis Fernrohr von 1609 ist bekanntlich gerade in Rom nicht geschätzt worden. Insofern war das Instrument der Wahl immer noch der Schattenwerfer, also die Sonnenuhr.

Schattenwerfer und Lichtzeiger

Nach 1600 baute man auch Meßinstrumente, die gewissermaßen nach dem Umkehrprinzip funktionierten: Ein Lichtstrahl fällt im Dämmer eines großen Raumes auf ein metallenes Maßband. Je höher die winzige Lichtluke liegt, desto genauer wird die Tagesanzeige. Heute noch können wir in Santa Maria degli Angeli in Rom, in den Domen von Bologna oder Palermo die Hauptmeridiane dieser Städte sehen. Hier ließ sich alle Tage das zugehörige Datum direkt ablesen. Allerdings laufen derartige Anlagen wegen der Präzession überraschend schnell »aus dem Ruder«. Dieser Begriff bezeichnet eine Taumelbewegung der Erdachse, bei der binnen 25 920 Jahren, dem großen platonischen Jahr, die Verlängerung der Erdachse einen Vollkreis um den Himmelsnordpol beschreibt. Als eine Konsequenz daraus ändert sich der Einfallswinkel des Sonnenlichts und damit die Anzeige von Licht- oder Schattenwerfern. Wenn es uns gelingen würde, die antike Länge eines Schattens und die Höhe seines Werfers festzustellen und mit den heutigen Werten zu vergleichen, dann hätten wir eine Kontrollmöglichkeit für die hier im weiteren dargelegten Probleme.

Unter Augustus bevorzugte man die »Open-Air-Methode«. Er ließ vermutlich am 30. 1. 9 v. Chr.[37] auf dem Marsfeld nicht nur den Friedensaltar, sondern auch eine riesige Sonnenuhr einweihen, bei der ein kugelgekrönter Obelisk seinen Schatten auf die zugehörigen Meßlinien am Boden geworfen hat. Auch hier wirkt sich die Präzession aus: Bei einer Höhe des Obelisken von rund 30 m kommt es bereits nach etwa 60 Jahren zu einem merklichen Fehler.[38] So konnte es nicht überraschen, daß die Ausgrabung ein neugelegtes »Zifferblatt« erbrachte, das wahrscheinlich bereits in der Regierungszeit von Domitian (81–96) ausgeführt worden ist.[39] Das Werk von Augustus war bereits »verrückt«.

Caesars Kalenderspezialisten stand dieses gewaltige Hilfsmittel noch nicht zur Verfügung; wir können aber davon ausgehen, daß die Zeitmessung mit Hilfe eines Obelisken oder eines anderen Schattenwerfers ebenso aus Ägypten stammt wie Sosigenes selbst. Damals sind die Jahreseckpunkte per Schattenwurf und mittels Horizontbeobachtung der aufgehenden Sonne bestimmt worden.

Bauten der Megalithiker und der Pharaonen

Daß mit diesen einfachen Hilfsmitteln sehr genaue Messungen möglich sind, haben deutlich ältere Gebäude bewiesen. An vielen Megalithbauten ließ sich nachweisen, daß sie auf bestimmte Himmelspunkte ausgerichtet waren. Stonehenge ist als regelrechter »Computer in Stein« bezeichnet worden. Bei einem der berühmtesten Monumente, dem Grabhügel Newgrange nördlich von Dublin, fällt die Sonne zur Wintersonnwende durch einen speziellen Spalt bis in den hintersten Winkel der Kammer.[40] Bei einem der bekanntesten Pharaonentempel – dem Höhlenheiligtum Abusimbel von Ramses II. – fällt zweimal im Jahr Licht auf jene Götterbilder, die 50 m tief in der hintersten Halle postiert worden sind. Als man diesen Tempel vor dem aufgestauten Nil rettete, achtete man sorgfältig darauf, diese Situation zentimetergenau wiederherzustellen.

Ungeachtet dessen, ob die Megalithbauten nun dem 5., 4., 3. Jahrtausend angehören oder – wie der Verfasser[41] vertritt – erst dem frühen 1. Jahrtausend, ungeachtet dessen, ob der Ramses-Tempel ins 13. oder nach Meinung von G. Heinsohn und des Verfassers ins 6./5. Jahrhundert v. Chr. gehört:[42] Auf alle Fälle war es deutlich vor der Römerzeit und auch mit für uns primitiv wirkenden Mitteln möglich, genaue Justierungen und Himmelsmessungen vorzunehmen.

Wir dürfen also getrost davon ausgehen, daß die Römer des 16. Jahrhunderts n. Chr. genauso wie die Römer des 1. Jahrhunderts v. Chr. die Sonnwenden (Solstitien) und die Tagundnachtgleichen (Äquinoktien) präzise messen und im Kalender festlegen konnten.

Gleichwohl bleibt ein gewichtiger Einwand möglich: Der Frühlingspunkt, an dem der Jahreskalender »festgezurrt« wird, ist nicht automatisch der Tag der Frühlingsäquinoktie, sondern wird eigens festgelegt. Was ist darunter zu verstehen?

Frühlingsäquinoktie

Wie werden eigentlich die sogenannten Jahreseckpunkte festgelegt? Wer mit dem Schattenwerfer arbeitet, wird den Tag des kürzesten und des längsten Schattens bestimmen. Damit kennt er die beiden Sonnenwenden. Die Tagundnachtgleichen erschließen sich durch folgendes Phänomen: Die Schattenspitze durchläuft während eines Tages eine Kurve. Diese Kurve bildet im Winterhalbjahr eine Hyperbel, deren Äste vom Gnomon wegweisen. Im Sommerhalbjahr ergeben sich dagegen Kurvenäste, die zur Obeliskenseite hin weisen. Den Übergang von der konkaven zur konvexen Krümmung des täglichen Schattenwurfs bildet eine schnurgerade Linie, die nur an den beiden Äquinoktien durchlaufen wird.

»Eigentlich« hätte man bei Himmelskörpern, die sich in einer sauberen Kreisbahn bewegen, erwarten dürfen und müssen, daß die Jahreseckpunkte alle 365 : 4, also etwa 91 Tage zu liegen kommen. Hellenistische Beobachtungen bewiesen jedoch, daß die Teilung asymmetrisch ausfällt: 90 (oder 91), 92, 94 und 89 Tage. Wir erkennen daran, ob ein alter Grieche sorgfältig beobachtet oder vielleicht nur dividiert hat. Erst seit Keplers Bahngleichungen kennen wir die wissenschaftliche Begründung: Die Erde läuft auf einer elliptischen Bahn mit zwei Brennpunkten und bewegt sich je nach Bahnposition schneller oder langsamer.

Frühlingspunkt und Frühlingsbeginn

Nirgends steht am Himmel geschrieben, daß der Frühling genau zur Tagundnachtgleiche beginnen muß, die nach gregorianischer Definition auf den 21. März fällt (geringe Schwankungen wegen des Schaltrhythmus einmal ausgenommen). Denn es gibt auch die Möglichkeit, sich an den Sternen zu orientieren. Insbesondere sind die zwölf Sternbilder auf dem Tierkreis von Bedeutung, also jene berühmte und allgemein bekannte Abfolge am Himmelsäquator (Ekliptik). Binnen 24 Stunden kreisen sie, aus unserem Blickwinkel gesehen, einmal um die Erde. Da die Nacht nicht lang genug ist, sehen wir manche von ihnen nur im Winter, andere nur im Sommer. Jeden Monat steht ein anderes von ihnen bei Einbruch der Dämmerung am Horizont.

Nun sind diese von der Phantasie zusammengefügten Sternbilder weder gleich groß, noch leuchten ihre hellsten Sterne gerade an ihren »Außenseiten«. Insofern ist es reine Willkür, wenn man das Sternbild Widder genau zur Äquinoktie beginnen läßt. Genauso willkürlich gab es im Laufe der Zeiten auch andere Definitionen: nicht nur diese 0°-Angabe, sondern auch 3°, 5°, 8° (die »babylonische Norm«) oder selbst 15° Widder.[43] Anzumerken ist, daß die theoretische Sternbildbreite im babylonischen Kreisschema 360° : 12 = 30° ausmacht.

Noch komplizierter wurde es, als von Hipparch gegen 128 v. Chr. entdeckt wurde, daß sich – wiederum wegen der Präzession – die Sternbilder ganz langsam verschieben.[44] Es dauert 2160 Jahre, bis ein Sternbild an die Stelle eines anderen tritt. Die Astrologie trennte sich damals allmählich von der Astronomie: Die wissenschaftlichen Himmelsbeobachter registrierten auch diese Bewegungen geduldig und akzeptierten, daß es am Himmel nur sehr wenige Fixpunkte gibt. Die Astrologen schufen sich dagegen einen festen Halt: Sie schrieben einfach das Schema des 1. Jahrhunderts v. Chr. fest. An die Stelle der »wankelmütigen« Sternbilder setzten sie ihre Sternzeichen, die seitdem eisern ihre Plätze einhalten. So geht zum Beispiel im Spätsommer an der einstigen Stelle der Jungfrau mittlerweile der Löwe auf, doch die Astrologie nennt den vom Löwen Beschienenen weiterhin einen im Zeichen der Jungfrau Geborenen.

Kluge Köpfe sahen hier eine Möglichkeit, die These zu prüfen. Wenn zu Christi Zeiten das Fischezeitalter und in diesen Tagen – ein populärer Astrologe nannte das Datum 28. 1. 1998 – das Wassermannzeitalter begonnen hat, dann könne der Abstand nicht einfach von den errechneten 2160 Jahren auf rund 1860 Jahre gekürzt werden.[45] Dieser Einwand ist berechtigt. Da aber die Sternbilder von verschiedenen Völkern zu verschiedenen Zeiten aus verschiedenen Sternen komponiert wurden und der Frühlingspunkt innerhalb des fraglichen Sternbildes unterschiedlich festgelegt werden konnte, bleiben die Unsicherheiten zu groß. Hätten wir den Abstand zwischen der Geburt Christi und uns Heutigen um 300 Jahre falsch bestimmt, so ergäbe das eine Abweichung von ca. 4,5°. Aber dieser Wert liegt noch innerhalb der unterschiedlichen Festsetzungen für den Frühlingspunkt, die ja um bis zu 15° differieren.

Nachdem der gestirnte Himmel dem Betrachter mehr Rätsel stellt, als daß er präzise Daten präsentieren würde, wurden immer wieder die Äquinoktien und Solstitien zur Jahreseinteilung herangezogen. So finden wir seit vorchristlicher Zeit als Frühlingsbeginn und -punkt immer wieder den 21. März.

Das verspätete Osterfest

Auf jeden Fall waren die Jahreseckpunkte und besonders der Frühlingspunkt anno 1582 bekannt. Denn das Überspringen respektive Auslassen von Kalenderdaten hatte das Ziel, den Frühlingsbeginn wieder auf den 21. März zu legen. Die Tagundnachtgleiche war bis dahin auf den 10. 3. im Jahreslauf zurückgefallen, aber in der Zählung vorgerückt, weil der iulianische Kalender zu viele Schalttage enthielt. Da aber weiterhin der 21. März für den Frühlingsbeginn stand, konnte ein weiterer Vollmond aufgehen, nach dem dann das Osterfest fälschlicherweise ausgerichtet werden mußte.

Das Kirchenjahr enthält datumsbezogene Feste wie den ersten Weihnachtstag am 25. 12. oder den Heiligedreikönigstag am 6. 1., aber auch den Osterfestkreis, dessen Tage wie Karfreitag oder Christi Himmelfahrt immer auf bestimmte Wochentage fallen, aber auf ganz unterschiedliche Kalenderdaten.

Bestimmend ist die alte Regel: Ostern fällt auf den ersten Sonntag nach dem ersten Vollmond nach Frühlingsanfang. Bei einem Frühlingsanfang am 21. März samt Vollmond kann das Osterfest bereits auf den 22. März fallen, so dieser Tag ein Sonntag wäre. Als späteste Möglichkeit fällt der Ostersonntag auf den 25. April. (Die 35 möglichen Tage ergeben sich aus einem Mondmonat von ca. 29 Tagen und maximal 6 zusätzlichen Tagen bis zum nächsten Sonntag.) Bei einem Nachhinken der Kalenderzählung konnte Ostern faktisch in die Zeit der ersten Heuernte fallen, obwohl das Fest doch für das Wiedererwachen in der Natur stand. So merkte gerade die Landbevölkerung ab etwa 1200, daß Jahreszeiten und Kirchenfeste nicht mehr richtig übereinstimmten. Die beobachtenden Astronomen wiederum wußten es bereits seit gut zwei Jahrhunderten, da die Frühlingsäquinoktie längst nicht mehr auf den 21. März fiel, sondern auf immer frühere Tage. Die ältesten einschlägigen Beobachtungen gehen aufs 10. Jahrhundert zurück.[46]

Herbstäquinoktie am 23. September?

Es könnte alles so einfach sein. Wenn wir die jüngste Biographie von Augustus aufschlagen, finden wir einen klaren Satz zum Friedensaltar und zur Sonnenuhr des ersten Kaisers: »Die Bezugnahme auf den Altar zeigt sich darin, daß die Äquinoktiallinie der Uhr genau durch seine Mitte geht und damit auf Augustus hinweist, der an den Herbstäquinoktien, am 23. September, geboren wurde.«[47]

Die Identität von 23.9. und Herbstäquinoktie wird von Jochen Bleicken in seiner Augustus-Biographie auf der nächsten Buchseite noch einmal bekräftigt. Wenn das korrekt wäre, dann wäre der Sachverhalt eindeutig, da dem 23. September ein 21. März als Frühlingspunkt entspricht: Dann hätten wir am 23. 9. 63 v. Chr. dieselben Jahresdaten wie 1582; wir dürften getrost folgern, daß am 23. 9. 9 v. Chr. zur Einweihung von

Augustus' Sonnenuhr dieselben Jahreseckdaten galten wie auch am 1. 1. 45 v. Chr. bei Einsatz von Caesars Reform. Dann hätte der Papst den Zustand bei Einführung des iulianischen Kalenders wiederhergestellt. Die Konsequenz ist klar: Dann sind deutlich weniger als 1627 Jahre zwischen Caesar und Gregor vergangen; dann enthält die Zeitachse fiktive Jahrhunderte. Denn wir erinnern uns: Ein Korrekturtag steht für rund 128,2 Jahre der Fehleranhäufung. Wenn anno 1582 n. Chr. nur 10 statt 13 Korrekturtage notwendig waren, dann können auch nur rund 10 × 128,2 = 1282 Jahre zwischen beiden Kalenderreformen vergangen sein.

Doch unser ohnehin mühseliges Problem ist noch komplexer. So wies Buchner als Ausgräber der augusteischen Sonnenuhr korrekterweise darauf hin, daß wir zwar den 23. September als kaiserlichen Geburtstag aus mehreren Quellen kennen – so aus Diodor, Paterculus und Sueton – und auch wissen, daß sein Horoskop ein herausgehobenes war.[48] Aber ob die Herbstäquinoktie tatsächlich auf den 23. 9. gefallen ist, das hat uns die Antike nicht überliefert.[49]

Bleicken hat einen durchaus sinnvollen Schluß gezogen, den schon E. Buchner gezogen und mir auch mündlich mitgeteilt hat: Nur an den beiden Tagen der Äquinoktien läuft der Schatten auf schnurgerader Bahn genau auf den Friedensaltar zu, vielleicht sogar durchs Portal hinein. Unbestreitbarerweise ist diese Anordnung für die Äquinoktie ersonnen; ebenso unbestreitbar ist sie für den am 23. 9. geborenen Augustus ersonnen worden. So läßt sich mit an Sicherheit grenzender Wahrscheinlichkeit behaupten, daß kurz vor der Zeitenwende die Äquinoktie auf den 23. 9. gefallen ist. Nur eine Haaresbreite trennt uns von der absoluten Sicherheit.

Da aber diese absolute Sicherheit absolut tödlich wäre für unsere Chronologie, unsere Zeitachse und unser Jahr 2000 n. Chr., hat man dieses Haar nach Kräften gestärkt, getreu dem Motto, das Erich Kästner dem armen Damokles gewidmet hat:

»Die Nähe des möglichen Schadens liegt nicht in der Schärfe des Schwerts, vielmehr in der Dünne des Fadens.«

Rücken Caesar und Gregor XIII. zusammen?

Stärke war aus zwei Argumentationssträngen zu gewinnen. Einmal möchte man mit antiken Beobachtungen zeigen, daß das Datum des Frühlingsanfangs sukzessiv im Laufe der Jahrhunderte weitergewandert sei. Das hatten ältere Gelehrte ermittelt, und man war es hochzufrieden. Nun gibt es auch aktuelle Literatur zur wenig gepflegten Wissenschaft der alten Computistik, der Osterrechnung. Stellt man zu den alten Angaben Arno Borsts Studie über die Plinius-Rezeption bis ins hohe Mittelalter,[50] so läßt sich eine instruktive Tabelle erstellen:

Historische Angaben zu den Jahreseckpunkten

Jahr	Quelle	März	Juni	Sept.	Dez.
−6. Jh.	»Romulus« [Un 802]		26.*		
−5. Jh.	Euktemon [Un 748]	26.	27.	26.	26.
−5./4.	Demokrit [Un 748]	27.	27.	26.	26.
−4. Jh.	Eudoxos [Un 748]	28.	26.	26.	26.
−2. Jh.	Hipparch [Un 748]	23.*	26.	26.*	24.
−45	Ägyptisch [Bo 95, 211]	21.			
−45	Cäsar	?			
60	Columella [Bo 95, 78]	25.			
79	Plinius d. J. [Bo 95, 77]	25.	24.	24.	25.
457	Victorius v. Aquitanien [Bo 95, 70]	25.			
525	Dionysius Exiguus [Bo 95, 77]	21.			
551	Joannes Lydos [Bo 95, 79]	24.	25.	21.	23.
675	Dionys-Fortsetzer [Bo 95, 97]	25.	24.	24.	25.
703	Beda Venerabilis, alt [Bo 95, 100]	25.	24.		
730	Beda Venerabilis, neu [Bo 91, 33]	22.			
737	Fränkisches Lehrbuch [Bo 95, 114]	22.	21.	21.	22.
789	Lorscher Kalender [Bo 98, 264ff]	21.	20.	20.	21.

Jahr	Quelle	März	Juni	Sept.	Dez.
789	Lorscher Kalender [Bo 98, 275]		24.	24.	
793	Lehrbuch der Zeitkunde [Bo 95, 141]		24.		
809	Reichssynode [Bo 95, 155]	22.			
825	Dicuil (Ire) [Bo 95, 175, 187]	21.	20.	20.	21.
848	Wandalbert von Prüm [Bo 95, 183]		20.		
873	Glossae aus Laon [Bo 95, 187]	21.	20.	20.	21.
903	Helperich von Auxerre [Bo 95, 195]	21.	20.	20.	21.
961	Arib ben Sad al-Katib, Córdoba [Bo 95, 205]			16.	
990	Heriger von Lüttich [Bo 95, 211]	25. oder 21. 3.			
990	Schüler von Gerbert [Bo 95, 212]	16.			
1000	Abbo von Fleury [Bo 95, 218]	18.			
1054	Hermann der Lahme, Reichenau [Bo 95, 218]			18.	
1074	Bernold von Konstanz [Bo 95, 216]	16.			16.
1092	Sigebert von Gembloux [Bo 95, 228]	18.	17.	17.	18.
1115	Honorius Augustodunensis [Bo 95, 234]			20.	
1220	Robert Grosseteste fordert Kalenderkorrektur [Bo 98, 339]				
1266	Roger Bacon fordert Kalenderkorrektur [Bo 90, 68]				13.
1321	Johannes [Bo 90, 75]	21. gewünscht			
1582	Gregor XIII.	21.	21.	23.	21.

Legende: Bo = Arno Borst 1990, 1995 oder 1998; Un = Georg Unger

Fixe und variable Jahreseckpunkte

Welche Entwicklungen können wir innerhalb der Tabelle erwarten? Nehmen wir an, daß zu Caesars Zeiten tatsächlich der 21. März gegolten habe und der Himmel fleißig beobachtet worden wäre. Alle Jahre hätte man den Schattenstand geprüft und auf diese Weise bemerkt, daß der kalendarische Frühlingsbeginn allmählich an immer früheren Tagen im März zu beobachten ist. So erhielten wir eine Kette von Monatszahlen, die sukzessive vom 21. 3. bis zum 10. 3. führen würden, und hätten einen klaren Beweis für die Abdrift des iulianischen Kalenders.

Das hier präsentierte Bild sieht jedoch anders aus. Am Anfang stehen Werte aus alten Zeiten, die sich mit wachsendem Abstand »planmäßig« immer weiter vom 21. 3. entfernen. Dann finden wir den ägyptischen 21. 3., der aller Wahrscheinlichkeit nach von dem Alexandriner Sosigenes benutzt, und damit von Caesar als Maß aller Kalenderdinge gebraucht worden ist. Doch für Caesar fehlt uns wie für Augustus die definitive Angabe. Es bleibt nun fast ein Jahrtausend lang bei diesem 21. 3., der sogar als 22. 3. auftreten kann und damit in die falsche Richtung abdriften würde.

Dem steht als Konkurrenzdatum der 25. 3. gegenüber, der einmal auch als 24. 3. notiert worden ist. Dieser 25. 3. ist *nicht* das Resultat einer Abdrift des Kalenders, sondern stammt von einer grundsätzlich anderen, nämlich römischen Festlegung der Jahreseckpunkte. Beide Systeme werden zeitgleich eingesetzt. Als Beweise für diese beiden konkurrierenden Systeme und ihre gleichzeitige Gültigkeit stehen Beda Venerabilis, der Lorscher Reichskalender aus der »Karolingerzeit« und der Sherbourne Calender von 1060, in denen nach wie vor beide Frühlingsanfänge verzeichnet sind.[51] Auch die erste arabische Quelle verzeichnet verschiedene Frühlingsanfänge, wobei sie sich außerdem auf indisches Wissen bezieht.

Mit jenem Arib ben Sad al-Katib, den Borst so, aber auch Arîb ibn Sa'îd al-Kâtib schreibt,[52] dem Sekretär des Kalifen al-Hakam III. von Córdoba, stoßen wir offenbar auf den ersten Menschen des Mittelalters, der das Datum nicht einfach aus alten Computus-Büchern übernommen, sondern selbst den Himmel beobachtet hat. Anders ist nicht erklärbar, warum das langsame Zurückbleiben der Kalenderdaten nicht früher bemerkt worden ist. Wir kennen dafür auch eine schriftliche

Quelle. Anatolius von Alexandria legte gegen 275 ausdrücklich fest, daß für den Frühlingsbeginn nicht die astronomische Beobachtung entscheidend sei, sondern das Datum 21. 3.[53]

Arib verfaßte kurz nach 961 einen arabisch-lateinischen Kalender, steht also für ein sehr frühes Zusammenspiel zwischen islamischem und christlichem Denken. Er notiert für den 16. März: »Die Sonne tritt nach gängiger Erfahrung in den Widder ein; Tag und Nacht sind gleichlang, das ist die Tagundnachtgleiche im Frühling.« Für den 17. März gilt: »Frühlingsanfang nach Zeitrechnern, Sternkundlern, Hippokrates und Galen und weisen Ärzten.« Es gibt aber noch einen dritten Eintrag für den 20. März: »Eintritt der Sonne in den Widder nach Meinung der indischen *Siddharta,* und demzufolge Tagundnachtgleiche im Frühling.«[54] Hier hatte also ein Wissenschaftler nicht nur die Quellen seiner Vorläufer geprüft, sondern auch selbst den Himmel beobachtet. Das kam nach langen Jahrhunderten reiner Spekulation einer Revolution gleich. Als Zwischenergebnis läßt sich hier bereits festhalten: Die Karolinger waren – so es sie gegeben hätte und allen Lobreden auf ihre Astronomie zum Trotz – keine Beobachter, sonst hätten sie nicht mehr den 21. 3. hervorheben dürfen!

Bald nach Arib lassen sich auch die ersten christlichen Mönche »verleiten«, den Himmel zu beobachten. Und so rückt gegen Ende des 10. Jahrhunderts das Datum der Frühlingsäquinoktie auf den 18. 3. oder sogar auf den 16. 3. Daß die Zahl nicht noch niedriger geworden ist, zeigt jedoch, daß halb gläubig, halb kritisch zum Himmel aufgeschaut worden ist, sonst hätte das Datum damals bis zum 15. und vielleicht sogar 14. 3. vorrücken müssen. Immerhin bürgerte es sich im 11. Jahrhundert ein, den 16. 3. als »Equinoctium modernorum« zu bezeichnen.[55]

Ab etwa 1200 kam dann Bewegung in die Sache. Die alarmierenden Beobachtungen häuften sich. Offenbar lief der Himmel »aus dem Ruder«. Vermutlich um 1220 definierte Robert Grosseteste die Entstehungszeit seines *Compotos* damit, »daß die winterliche Sonnenwende jetzt ungefähr so viele Tage vor Weihnachten stattfinde, wie Jahrhunderte seit Christi Geburt vergangen seien«.[56] Da er nichts von einer Zeitkürzung weiß, geht er von rund 12 Tagen und damit vom 13. 12. als Tag der Wintersonnenwende aus, die demnach 8 Tage vor dem »eigentlich« geltenden 21. 12. stattfindet.

1266 legte der Theologe und Naturphilosoph Roger Bacon dem Lateran eine Abhandlung über die notwendig gewordene Kalenderkorrektur vor. Sie wurde bald von etlichen Gelehrten unterstützt. Doch die praktische Durchsetzung erwies sich als furchtbar mühsam. Die Theologen stritten darum, ob bei einer Kalenderkorrektur das Datum des Jüngsten Tages und damit Gottes Wille verfälscht werden würde; die Kaufleute sahen Probleme mit der Laufzeit ihrer Kredite und eine daraus resultierende Rechtsunsicherheit. So wurde nicht einmal die vom Konzil zu Konstanz 1414 beschlossene Reform durchgeführt. Der 1474, also viel später vom Papst beauftragte Regiomontanus alias Johann Müller starb schon nach zwei Jahren, so daß die Reform ein weiteres Jahrhundert liegenblieb. Dann ging von Gregor XIII. der Auftrag an den Arzt und Astronomen Giglio Lilio, der prompt 1576 starb. Doch dank des Mathematikers Christoph Clavius S. J. und anderer Mitarbeiter einer speziellen Kommission wurde die Reform endgültig vorbereitet und mit einer Bulle vom 24. 2. 1582 angekündigt.[57]

Als Quintessenz läßt sich sagen, daß die gregorianische Reform von 1582 mit guten Gründen auf den schon vor Caesar bekannten 21. 3. als Frühlingsäquinoktie zurückgriff. Allerdings bleibt auch bei dieser Betrachtung völlig unklar, warum Papst Gregor nur einen Teil des seit Caesar aufgelaufenen Fehlers korrigiert hat und trotzdem den 21. 3. in sein altes Recht setzen konnte. An diesem Rätsel scheiterten noch die selbstbewußten Kalenderreformer der französischen Revolution, die es monierten, aber nicht lösen konnten. Das liest sich in den Worten von Arno Borst so: »Der Diktator Julius Caesar habe mit Hilfe ägyptischer Astronomen lediglich die absurden Auswüchse der römischen Mondkomputistik beseitigt, nicht viel kompetenter als der königliche Schlächter und Dummkopf Karl IX. von Frankreich, der 1564 ohne vernünftigen Grund den Jahresbeginn von Ostern auf 1. Januar verlegt habe, und wenig konsequenter als der hochnäsige Papst Gregor XIII., der bloß für seinen Ruhm gesorgt und 1582 statt über 12 Tagen nur 10 weggekürzt habe.«[58]

Es wäre ein seltsamer Ruhm gewesen, den der Papst da gewonnen hätte: Aus Ruhmsucht falsch korrigiert und doch das Richtige getroffen! Der Revolutionskalender, vom Mathematiker Gilbert Romme entworfen, brach gnadenlos mit Stunde, Woche und Monatslänge, mußte sich aber wie alle anderen auch auf einen Jahreseckpunkt beziehen. Das entsprechende Dekret wurde am 24. 11. 1793 vom französischen Nationalkonvent beschlossen. Sein Artikel 1 lautet: »Die Ära der Franzosen zählt von der Gründung der Republik an, die am 22. September 1792 der vulgären Zeitrechnung (ère vulgaire) stattfand, an dem Tag, da die Sonne mit dem Eintritt in das Zeichen der Waage die wahre Herbst-Tagundnachtgleiche erreichte, um 9 Uhr 18 Minuten 30 Sekunden morgens nach dem Stand in der Pariser Sternwarte.«[59]

Daß nicht der 23. 9., sondern der 22. 9. genannt wird, erklärt sich aus der Schaltregelung. So fallen frühester und spätester Herbstbeginn im 20. und 21. Jahrhundert zwischen den 21. 9. um 23.00 und den 24. 9. um 6.00.[60]

Das Konstrukt »Nicäa«

Den Bezug zur astronomischen Gegebenheit herzustellen war schon für Lilio, den Astronomen von Papst Gregor XIII., wesentlich gewesen. Er konnte den Kalender nur dadurch neu justieren, daß er das aktuelle Datum der Frühlingsäquinoktie bestimmte. So ermittelte er damals den 10. 3. Um wieder zum 21. 3. zurückzukehren, mußte er ein Überspringen, also ein Auslassen von 10 Tagen vorschlagen. Er konnte selbstverständlich rückrechnen, daß er damit nicht den ganzen Fehler seit Caesar behob. Was war zu tun? In der Literatur zur Reform von 1582 findet sich angeblich der Hinweis, man habe wieder den Frühlingsbeginn des Konzils von Nicäa herstellen wollen. Dieses erste Konzil der Christenheit hatte 325 gegenüber von Konstantinopel stattgefunden. Die Rückrechnung ergibt das dringend gewünschte Resultat: 1582 ./. 325 = 1257 Jahre. So gelangte man tatsächlich in das oben errechnete Intervall zwischen 1219 und 1344 Jahren vor der gregorianischen Reform!

Was würde dies bedeuten? Wenn unter Kaiser Konstantin d. Gr., dem Leiter dieses Konzils, der 21. 3. gegolten hatte, dann wäre offensichtlich, daß Papst Gregor zur höheren Würde des katholischen Glaubens auf Kaiser und allererstes Konzil zurückkorrigiert hatte. Dann wäre doch alles klar!

Doch selbst damit wären noch nicht alle Klippen überwunden. Denn was war dann mit der Zeit zwischen Caesar und Nicäa? In diesen 369 Jahren mußten bereits 3 Fehlertage aufgelaufen sein. Wo waren sie hingekommen? Zwei Lösungen konnten vorgeschlagen werden, beide wurden vorgebracht, was allerdings beide verdächtig macht.

Lösung 1: Zu Caesars Zeit habe nicht der 21. 3., sondern der 24. 3. als Frühlingsbeginn gegolten. Dann wäre klargestellt, daß im 4. Jahrhundert der 21. 3. gegolten hatte *und* 369 Jahre vorher das Datum drei Tage später, auf dem 24. 3. gelegen hatte. Dafür hatte man vor einigen Jahrzehnten auch Anhaltspunkte in der alten Literatur gefunden. Wir wissen mittlerweile, daß genau solche Datierungen zu erwarten waren, da doch auch der 25. 3. und manchmal der 24. 3. als Frühlingsbeginn im römischen »Modell« notiert wurden. Sie können jedoch keineswegs dafür sprechen, daß alle 128 Jahre der Frühlingspunkt um einen Tag justiert worden wäre.

Lösung 2: Weil man in den ersten 350 Jahren bereits entdeckt hätte, daß der Frühlingspunkt von seinem ursprünglichen Datum wegdrifte, habe das Konzil von Nicäa eine Kalenderreform beschlossen, derzufolge der 21. 3. *erneut* als Frühlingsbeginn definiert worden wäre. Das wäre die eleganteste Lösung. Immer galt der 21. 3.: Unter Caesar, zu Nicäa und wieder in Gregors Pontifikat; nun mußte Gregor tatsächlich nur 10 Tage korrigieren, weil die ersten 3 Fehlertage schon im Jahre 325 korrigiert worden waren. Daraufhin fanden Gelehrte prompt Hinweise, daß auf dem Konzil eine solche Kalenderreform durchgeführt worden sei.[61]

Die Befürworter dieser Variante konnten jedoch Beweise nur konstruieren, nicht belegen. Es existieren noch Aktenabschriften dieses Konzils, aber aus ihnen ergeben sich keinerlei Hinweise auf eine Kalenderreform. Pedersen weiß von keiner Kalenderkorrektur.[62] Sie wäre schon von der Logik her – die hier freilich nicht unbedingt das letzte Wort hat – äußerst unwahrscheinlich. Denn eine Reform setzt voraus, daß man bereits drei Tage Fehlerabdrift erkannt hatte, die Ursache verstand und die Reform umgehend durchsetzen konnte.

Das wäre geradezu als Sensation zu werten, wenn man an die über 300jährigen Bemühungen denkt, die der Reform von 1582 vorausgingen, und an die über 300 Jahre, in denen sich dieser Kalender allmählich in der Christenheit durchsetzte. Möglicherweise ist nicht allgemein bekannt, daß die Umstellung bis heute nicht abgeschlossen ist. Die Sowjetunion hat ihn erst 1918 umgestellt, weshalb der glorreichen Oktoberrevolution von 1917 heute im November gedacht wird. Die griechische Kirche hat ihn 1923 umgestellt und sich dadurch eine Abspaltung eingehandelt. Die »Altkalendarier« bestehen bis heute darauf, daß die wahren Gläubigen dem alten iulianischen Kalender folgen müssen, demzufolge die Kirchenfeste 13 Tage später gefeiert werden. (Diese 13 Tage haben nichts mit den hier monierten 13 Tagen von 1582 zu tun, sondern resultieren einfach daraus, daß der iulianische Kalender seit 1582 weitere 3 Tage hinterherhinkt.)

Nun gibt es keinen Hinweis darauf, daß in der Spätantike der Himmel aufmerksam beobachtet worden wäre. Der größte Astronom des Altertums, Claudius Ptolemäus, lebte im 2. Jahrhundert n. Chr. und berichtet in seinem Sternenkatalog, dem von den Arabern so benannten *Almagest,* daß er persönlich Hunderte von Sternpositionen beobachtet hätte. Die Realität sieht jedoch anders aus. Allem Anschein nach hat Ptolemäus, damals in sicherer Kenntnis der Präzession, Daten aus älteren Sternenkatalogen einfach umgerechnet, denn an den Sternpositionen, die er uns berichtet, konnten gemäß heutigen Rückrechnungen diese Sterne nicht gestanden haben. Dies haben sowohl amerikanische wie russische Berechnungen ergeben, doch beide leider mit unterschiedlichem Ergebnis.[63]

Vielleicht, aber das ist nur Spekulation, rührt gerade von da her der Verzicht der späten Antike auf die Astronomie. Sie beobachtete den Himmel und konnte ihn nicht mit den Daten des Ptolemäus, ihrem wichtigsten Referenzwerk, in Einklang bringen. Vor die Wahl gestellt, entweder einen neuen Beobachtungskatalog zu erstellen oder einfach – ohne Rückgriff auf den Himmel – Ptolemäus zu vertrauen, entschied man sich für die »akademische« Lösung und betrieb eine Kümmerastronomie, die vom wirklichen Himmel abgekoppelt war. Wem das völlig ausgeschlossen vorkommt, sei auf Anatolius von Alexandria verwiesen (s. o.), der 100 Jahre nach Ptolemäus der astronomischen Beobachtung keinen Glauben mehr schenkte, sowie auf die Astrologie. Weil sie ihren Augen nicht traute und in himmlischen Kreisen wenigstens eine feste Bezugsgröße brauchte, hat sie bekanntlich die Position der Tierkreiszeichen kurz vor der Zeitenwende für alle Zeiten festgeschrieben.

Es gab also kurz vor dem Konzil von Nicäa keine Himmelsbeobachtung, die den Gedanken an eine Kalenderreform oder -justierung hätte nähren können. Es gibt aber auch keinen Hinweis darauf, daß das Konzil überhaupt mit der Materie befaßt gewesen wäre. Seitdem zum 400. Jahrestag der gregorianischen

Kalenderreform, also 1982, ein Kongreß im Vatikan getagt hat, wissen wir dazu Genaueres.[64]

Dort wurde vorgetragen, daß schon auf dem Konzil von Arles, 314, entschieden wurde, Ostern auf der ganzen Welt am selben Tag zur selben Zeit zu feiern. Nachdem dieses Konzil im Osten nicht anerkannt wurde, blieb die Entscheidung eine folgenlose Absichtserklärung ohne Vorschlag für den Tag und für die Berechnungsmethode. Von dem ersten gemeinsamen Konzil in Nicäa, 11 Jahre später, enthält der abschließende Kanon 20 nichts zu einer Ostertermin-Diskussion. Wir kennen lediglich einen Brief von Kaiser Konstantin, den er nach dem Konzil an die Kirche von Alexandria schickte, um darauf hinzuweisen, daß nun alle Christen Ostern an einem gemeinsamen Sonntag feiern würden.

»Der Disput über unser Heiliges Ostern ist beendet (...), so daß von nun an alle östlichen Brüder Ostern wie ihr feiern werden; jene, die bislang weder mit den Römern noch mit Euch noch mit jenen übereinstimmten, die den ursprünglichen Osterbrauch aufrechthielten.«[65]

Aber dieser Brief ist kein Hinweis auf eine Reform, sondern auf das genaue Gegenteil. Er bestätigt lediglich, daß es bis dato drei oder vier verschiedene Arten gab, den Ostertermin zu bestimmen. Er nennt weder den 21. 3. noch den 25. 3., geschweige denn ein von Konstantin für das gesamte Reich verbindlich angeordnetes Datum. Und daß ein neues Datum durchgesetzt worden wäre, ist angesichts des weiteren Gangs der Kirchengeschichte ausgeschlossen. Der 21. und der 25. März bestanden weiterhin nebeneinander, um bald auch noch Konkurrenz durch die irische Rechnung zu bekommen, die dazu führte, daß in bestimmten Jahren die Christen an drei verschiedenen Sonntagen ein Osterfest begingen. So im Jahre 387: die »Gallier« feierten am 21. März, die Römer am 18. April und die Alexandriner erst am 25. April.[66]

Hans Maier stellt denn auch ganz zurückhaltend fest, daß zu

Nicäa nur zwei Entscheidungen getroffen worden seien: die Festsetzung des Osterfestes auf einen Sonntag (gab es doch eine Gruppierung, die Ostern immer am 14. Nisan, und damit immer an einem bestimmten Datum feierte) und die Definition als ersten Sonntag nach dem ersten Frühlingsvollmond.[67] Wann aber der Frühling beginnt, ist *nicht* definiert worden.

In seinem jüngsten Werk hat sich dazu der größte lebende Kenner antiker und mittelalterlicher Kalender geäußert. Arno Borst meldet seinen Zweifel an der alten Geschichte an, indem er zur gregorianischen Reform bemerkt: »Die neue christliche Zeitrechnung sollte mit der alten, *angeblich* für das Konzil von Nicaea 325 gültigen und dort beschlossenen, auch astronomisch übereinstimmen.« Er wiederholt den Zweifel: Der astronomische Frühlingspunkt »lag zu Anfang des 4. Jahrhunderts wirklich ungefähr dort, wo ihn *angeblich* das Konzil von Nicaea 325 festlegte, wenige Stunden vor Beginn des 21. März«. Im 6. Jahrhundert hat dann Dionysius Exiguus den Frühlingsbeginn »nach dem *angeblichen* Befehl des Konzils von Nicaea mit der Tagundnachtgleiche *(vernale aequinoctium)* am 21. März [verquickt], deutete ihn also rein astronomisch, nicht einmal andeutungsweise biologisch«.[68] Acht Jahre früher hatte Borst noch keinen Grund, dieses dreifache »angeblich« einzusetzen.[69] So wird die Erkenntnis der angelsächsischen Spezialisten auch von deutschen Mediävisten geteilt.

Wir können also zuverlässig ausschließen, daß Nicäa für eine erste Reform des iulianischen Kalenders steht. Trotzdem galt in diesem Jahrhundert der 21. 3. als Frühlingsbeginn (nur im weströmischen Bereich galt daneben der 25. 3.). Er hat seit Caesar durchweg für den Frühlingsbeginn gestanden; dafür brauchte es weder eine Reform noch eine Revolution, sondern im Gegenteil Beharrungsvermögen. Insofern hätte zwar Gregor den seit Caesar auflaufenden Fehler erst ab Nicäa korrigiert. Doch diese Variante kann nicht richtig sein, weil sonst die drei Fehlertage zwischen Caesar und Nicaea niemals korrigiert worden wären und trotzdem Gregor den caesarianischen Zustand wieder herbeigeführt hätte!

Wir konnten obendrein ausschließen, daß zwar zu Nicäa der 21. 3., zu Caesars Zeiten aber der 24. 3. gegolten habe. Auch diese Verquickung von alexandrinisch-griechisch-ägyptischer Rechnung mit römischer Berechnung konnte nicht von Erfolg gekrönt sein, wie die Sonnenuhr des Augustus bewiesen hat.

Caesar ante portas

So bleibt nach einem langen Rundgang durch Computistik und astronomische Berechnungen nur ein Schluß: Der Abstand zwischen Caesar und Gregor kann auf keinen Fall 1627 Jahre betragen, sondern muß bei 10 × 128,2 = 1282 Jahren plus/minus 64 Jahren liegen. Die Jahreszahl 1582 als Ausgangspunkt genommen, errechnet sich so für Caesars letztes Lebensjahr ein pseudoexaktes Jahr 300, muß es doch mit einer Unsicherheitsspanne zwischen 236 und 364 »n. Chr.« angegeben werden. Nunmehr kommen wir benennungsmäßig ausgerechnet mit dem Zusatz »n.Chr.« in Teufels Küche. Selbstverständlich ist das Jahr 1582 genauso wie das Jahr 1999 mit dem Zusatz »n.Chr.« gekennzeichnet. Wir können diese Zahlen auch nicht einfach verändern, beispielsweise auf 1282 und 1699, da sonst die Verwirrung eine vollkommene würde. Also müssen wir auf der Zeitachse, die genauso wie die Himmelskonstellation in unserer Gegenwart fixiert bleibt – 2000 n. Chr. – sowohl Caesar als auch die Geburt Jesu und damit die Zeitenwende auf eine Zeit deutlich »nach Christi« verschieben. Zum Glück sind die Leser darauf vorbereitet, daß die Geburt Christi sehr wohl auf der Zeitachse verschoben werden kann.

Doch nun droht neues Ungemach. Bislang hatten wir den Fall, daß die christliche Zeitrechnung im Grunde an der west- und oströmischen Kaiserliste festgeschraubt war, also die Geburt Christi als historisches Ereignis ruhig auf dieser Zeitachse ein paar Jahre oder auch Jahrzehnte verschoben werden kann. Nun hat unsere Rückrechnung gezeigt, daß der Abstand zwischen uns und Caesar kürzer sein muß, als wir alle bislang gedacht haben. Wir haben also den Beweis geführt, daß irgendwo zwischen Caesar und Gregors Kalenderreform 1582 die scheinbar so sauber zusammengefügte Regentenliste einen massiven Fehler enthält, nämlich fiktive, überzählige Zeit. Nur wegen ihr liegt Caesar so weit weg von uns. Doch die astronomische Berechnung kann uns nicht exakt sagen, wieviel an fiktiver Zeit, sprich Luft in der Zeitachse steckt. Wir haben zunächst nur ein Unsicherheitsintervall von 236 bis 364 Jahren. Wie es sich genauer eingrenzen läßt, wo auf der Zeitachse diese virtuelle Zeit liegt, welche historischen Zeiten also zu erfundenen Zeiten werden, all das müssen wir mit anderen Überlegungen ergründen. Der Leser kann erleichtert aufatmen: Das mathematische Kapitel ist überstanden, die spannendsten Teile stehen bevor.

Von allzu dunklen Jahrhunderten

Wenn zu viele Jahrhunderte zwischen Caesar und Gregor liegen sollten, dann müssen sie für uns irgendwie bemerkbar sein. Welche Prüfmöglichkeiten haben wir? Als erstes erinnern wir uns an unsere Regentenlisten, die von Caesar bis 1453 und von dort weiter bis zur Gegenwart, von Petrus bis Johannes Paul II. laufen und durch fast beliebig viele Potentaten aller Herren Länder gestützt werden. Diese zentrale Stütze unserer Zeitachse scheint so gut gefügt, daß hier – nur aus ihr selbst heraus – kaum Zweifel vorzubringen sind, die einen raschen Umbau oder gar Abriß erfordern könnten.

Daneben gibt es aber genügend andere schriftliche Quellen, ob in Marmor gemeißelt, ob als Schriftzug auf Pergament, Papier oder Papyrus. Während eine Chronik relativ schnell geschrieben und erfunden ist – Beispiele kennen die zuständigen Wissenschaften zur Genüge –, sind die sonstigen Schriften einer Zeit längst nicht so schnell zu fingieren. Sie bürgen aber nur dann für eine Zeit, wenn sie ihr auch selbst entstammen. Eine spätere Abschrift bestätigt zunächst, daß sie *nicht* in der fraglichen Zeit geschrieben worden, sondern später entstanden ist; ob sie damals als Erfindung entstand oder als saubere Kopie, muß im einzelnen untersucht werden.

Schrift ist im allgemeinen viel geduldiger als Papier oder sonstige Materialien, auf denen sie niedergelegt wird. Tierhäute oder Papyrus können verrotten, Inschriftstafeln in Bronze können eingeschmolzen, solche in Stein können gestürzt werden, wenn auch das zugehörige Gebäude zu Bruch geht. Doch damit kommen wir zu den übrigen »Realien« einer Zeit. Wo Menschen leben, sollten auch Zeugnisse ihres Lebens überdauern, ob als schlichte Tonscherbe im Boden oder als Ruine in oder über der Erde. Die Archäologie hat in den letzten Jahrzehnten immer feinere Methoden entwickelt, so daß sie heute selbst Gegenstände nachweisen kann, die nicht mehr direkt auffindbar sind: Fein herauspräparierte Pfostenlöcher zeugen auch dann noch von einer Holzkonstruktion, wenn das ursprüngliche Fachwerkhaus längst zerfallen und vermodert ist.

Holz wird zwar vom Menschen bearbeitet, aber nicht erzeugt. Insofern kann auch die Natur selbst vergangene Zeiten belegen. Bäume tragen gewissermaßen ihren Fingerabdruck; wer ihre Jahresringe abzählt und mißt, kann ihr Absolutalter bestimmen. Und viele andere organische Materialien sind über die Radiokarbonmethode altersmäßig bestimmbar. Die Naturwissenschaften haben der Archäologie mächtige Hilfsmittel bereitgestellt, deren Wert leider zweifelhaft ist, wie noch festzustellen sein wird. Nicht zuletzt kümmern sich Natur und Mensch gleichermaßen um Zeugnisse stattgehabter Vergangenheit: Wo Menschen siedeln, wachsen häufig Siedlungsschichten nach oben. Wird ein Platz aufgegeben, treibt der Wind zusätzliche Wehschichten an, die der Archäologe sauber herauspräpariert.

Je emsiger die einschlägigen Spezialisten allerorten in die Tiefe dringen, desto überflüssiger scheint die Frage zu werden, ob irgendeine geschichtliche Zeit in Wahrheit nur eine erfundene gewesen sein könne.

Wo ist Luft in der Geschichte?

Im Bewußtsein dieser Kontrollmöglichkeiten betrachten wir die fraglichen Jahrhunderte konkret. Auf Caesar folgt die lange Reihe römischer Kaiser. Sie hatten fast alle das lebhafte Bedürfnis, sich in allen möglichen Formen zu verewigen. Geschah es nicht aus Ruhmsucht, dann aus praktischen Erwägungen. Ein gut gebauter Aquädukt, der die Wasserversorgung einer Stadt am Rhein oder in der spanischen Extremadura oder in Tunesien gewährleistete, konnte nicht nur die Ansiedlung ermöglichen, sondern auch dann noch überdauern, wenn die Erbauer abrückten und ihre Stadt verfiel. Insofern kennen wir Überreste des römischen Weltreichs aus Nordafrika, Vorderasien und halb Europa bis hinauf zum Hadrianswall an der Grenze zu den Pikten und Skoten. Das Westreich verliert zwar mit der Hauptstadtverlegung nach Konstantinopel 330 den Impetus öffentlichen Bauens, aber Kirchen werden weiterhin gebaut, auch nach den Einfällen der Westgoten (410), der Wandalen (455) und der Ostgoten (537).

Im seit 330 mächtig geförderten Ostreich sind nicht sämtliche Jahre durch Bauten belegt, aber wesentlich mehr als im Westen. So muß nur an die mächtige, doppelte Landmauer von Konstantinopel erinnert werden, die unter Theodosius in den Jahren 412 bis 424 errichtet worden ist; zusammen mit der Seemauer ist allein hier ein Volumen bewältigt worden, das dem der Cheopspyramide entspricht. Eine weitere, erstaunliche Blüte erlebte das Reich unter Iustinian (527–565). Er gewinnt noch einmal große Teile des Westreichs bis hin nach Spanien zurück, er verwirklicht noch einmal ein gewaltiges Bauprogramm. Uns allen ist die Hagia Sophia, die Hauptkirche Konstantinopels, bekannt; weniger bekannt ist, daß Iustinian nicht nur diese Kirche, sondern fast beliebig viele Bauten, ob Kirchen oder Befestigungen, auf europäischem wie auf kleinasiatischem Boden hat errichten lassen. Wir haben zusätzlich in Prokops Bautenkatalog auch noch eine zeitgenössische Schriftquelle für die meisten dieser Bauten vorliegen, die von den Bauhistorikern und den Archäologen genau geprüft worden ist. Diese Prüfung ist eindeutig zugunsten von Iustinian I. und seiner Zeit ausgefallen. Und so können wir die Bautätigkeit von Byzanz in reicher Fülle bis 565, in einzelnen Bauten bis ins frühe 7. Jahrhundert verfolgen. Dann allerdings tappen wir im dunkeln.

Wie sieht es am anderen Ende der fraglichen Zeit aus? Gregor XIII. lebte in einem Rom, in dem die Peterskuppel eines Michelangelo und eines Giacomo della Porta emporwuchs. Die Stadt hatte sich seit der Rückkehr der Päpste in den letzten hundert Jahren mit prachtvollen Gebäuden sonder Zahl geschmückt. Gerade der Kirchenbau, aber auch der Profanbau führt uns in Europa vom Frühbarock über die Renaissance in nicht enden wollender Fülle durch die Gotik und die Romanik zurück bis ins späte 10. Jahrhundert. Erst davor wird es schütter: Zwischen 1000 und 955, als die ständige Gefahr ungarischer Überfälle gebannt werden konnte, belegen immer weniger Kirchen ihre Zeit. So kann man getrost sagen: Wer diese ab ca. 980 dichte Abfolge sprengen wollte, bräuchte außergewöhnliche Argumente.

Verglichen damit öffnet sich vor 955 ein fast leerer Raum und eigentlich auch eine leere Zeit. Wir stoßen hier auf die sogenannten »Dunklen Jahrhunderte« oder auch »dark ages« des frühen Mittelalters. Damit ist kein moralischer Tiefstand gemeint, sondern eine Düsternis, die einfach von viel zu wenigen Zeugnissen, seien sie schriftlicher oder sonstiger materieller Art, erhellt wird.

Es ist aber klar erkennbar, daß die vier Jahrhunderte zwischen – grob gesprochen – 600 und 1000 nicht »en bloc« eine Dunkelzone bilden. Wenn wir uns Altmeister Ferdinand Gregorovius anvertrauen, der sich in seiner *Geschichte der Stadt Rom im Mittelalter* gerade diesen schwierigen Zeiten gestellt hat, so zeigt er uns eine dreigeteilte Dunkelheit. Zunächst findet er trotz plündernder und brandschatzender Westgoten und Vandalen gegen 500 noch alle Gebäudlichkeiten erhalten.[70] Im sechsten Jahrhundert entstehen erstmals Kirchen aus antiken Gebäuderesten.[71] Nach 530 verfällt die musivische Kunst, also die Fähigkeit, Kuppeln und Wände mit Mosaiken zu verkleiden.[72] Nach der Eroberung durch die Ostgoten 546 und nach der Reokkupation durch Byzanz 552 gehen in Europa die Lichter aus. Für die Zeit ab 560 stellt Gregorovius dann fest: »Das alte Rom ging mit immer größerer Schnelligkeit in Trümmer [...] die Geschichte der Stadt ist gleich nach der Beendigung des Gotenkrieges und während der Statthalterschaft des Narses in ein tiefes Dunkel gehüllt.«[73]

Das Wirken des Hl. Benedikts, der 547 gestorben sein soll, aber mittlerweile als fromme Fiktion erkannt ist,[74] »eröffnet die finstern Jahrhunderte, die wir jetzt zu schildern haben«.[75] Nach 600 »lag Rom als ausgebrannte Schlacke der Geschichte am Boden. Wir wissen nichts von den inneren Zuständen der Stadt; kein Dux, kein Magister Militum, kein Präfekt wird irgend genannt, und vergebens suchen wir nach Spuren des bürgerlichen Lebens und der städtischen Gemeindeverfassung.«[76] Das Buch der Päpste, selbst so wortkarg wie nur möglich, ist »jetzt die einzige spärliche Quelle unserer Geschichte.«[77]

Karl als Blitzstrahl

Der düstere Schleier hebt sich erst mit jenem fränkischen König, der im Jahre 800 – angeblich gegen seinen Willen – in Rom zum mächtigsten Kaiser Europas gekrönt worden ist. Er soll von 742 bis 814 gelebt haben. »Die Erscheinung des großen Karl konnte jetzt einem Blitzstrahl verglichen werden, der aus der Nacht gekommen, die Erde eine Weile erleuchtet hatte, um dann wiederum die Nacht hinter sich zurückzulassen«.[78]

Da er 774 die Langobarden in Italien besiegt und päpstliche Rechte wieder einsetzt, hätte die erste Dunkelzeit Roms von ca. 560 bis 774 gedauert, also gute zwei Jahrhunderte. Sie wird von einer zweiten Dunkelzeit gefolgt, betont doch Gregorovius im selben Atemzug, daß die eigentliche Karolingerzeit zumindest in Italien nach 40 lichten Jahren wieder jäh abbricht. Das gilt für Bauten genauso wie für Aufzeichnungen. Nach 823 sind die

»Zustände Roms [...] in so tiefes Dunkel getaucht, daß die Geschichte der Stadt nur fragmentarisch in solchen Ereignissen sichtbar wird, die mit dem Reiche zusammenhängen«.[79]

So bleibt es das ganze 9. Jahrhundert, weil selbst die wichtigsten Annalen aussetzen. »In Rom selbst wurde das unschätzbare Buch der Päpste, welches mit dem Leben Stephans V. abgebrochen war [gest. 817], im X. Jahrhundert fortgesetzt, und zwar in der Form kurzer Tafeln, die man Kataloge nennt. Da nicht einmal mehr von Bauten und Weihgeschenken zu erzählen war, so verzeichnen sie nur kurz Namen, Abstammuug, Regierungszeit der Päpste, mit Hinzufügung ärmlicher Berichte von einzelnen Ereignissen. Nichts zeigt so klar die Barbarei Roms im X. Jahrhundert als diese Fortsetzung des berühmten *Liber Pontificalis*, welcher in seine ersten Anfänge zurücksinkt.«[80]

Wie wir schon festgestellt haben, regt sich in diesem 10. Jahrhundert, nach den Verheerungen Italiens, Deutschlands und selbst Frankreichs durch Ungarn, Wikinger und Sarazenen, wieder die Bautätigkeit; auch der erhaltene Schriftbestand vermehrt sich. So läßt sich ein dreiphasiges Schema darstellen:

560–774 zwei erste dunkle Jahrhunderte

774–820 die »karolingische Renaissance«

820–955 eine zweite Dunkelzeit.

Beginn und Ende der fraglichen Zeit lassen sich im europäischen Westen schwerer eingrenzen, weil in beiden Fällen die Grenzen ohnehin in geschichtlichem Dämmerlicht verlaufen. Präsentieren sich Anfang des 7. Jahrhunderts etliche Merowingerpotentaten, deren einziges Trachten darauf abzielt, sich wechselseitig auszurotten, scheinen im 10. Jahrhundert die Ungarn im Boden »verankerte« Zeugnisse weitgehend verhindert zu haben.

Der byzantinische Baustopp

Das byzantinische Reich bietet mehr Stoff und Inhalt. 43 Jahre nach dem Tod Iustinians I. entsteht das letzte öffentliche Baudenkmal der Spätantike. Der Kaisermörder Phokas, von 602 bis 610 selbst auf dem Kaiserthron, suchte Verbündete. Er fand nur den römischen Bischof Gregor, der von der Nachwelt den Heiligenschein, die Bezeichnung »der Große« und die Hervorhebung als einer der vier lateinischen Kirchenlehrer erhielt (ein Teil seiner Schriften mußte ihm mittlerweile abgesprochen werden).[81] Als Zeichen dieser Verständigung wurde 608 auf dem Forum zu Rom die Phokas-Säule errichtet, die als schlichtes Baurelikt, also ohne vergoldete Kaiserstatue, noch heute zu besichtigen ist.

In Byzanz finden wir zwischen 580 und 611 noch folgende Bauten: in Kleinasien die Kimesiskirche in Nicäa, die heutige Cumani camii in Antalya, die Klemenskirche in Ankare und die Kirche des Hl. Nikolaus in Myra; in Syrien die Sergiusbasilika in Babiska und in Jordanien die Kirche des Genesios in Gerasa.[82] Danach erlischt die Bautätigkeit genauso wie das städtische Leben in den 1500 Städten des Reiches für mehr als 200 Jahre. Dies liest sich bei Cyril Mango so: »Man kann keine irgendwie gesicherten Angaben über die Entwicklung der byzantinischen Architektur in der Zeit zwischen 610 und 850 machen. Natürlich wurden Arbeiten an Zweckbauten, etwa Befestigungs- und Wasserversorgungsanlagen durchgeführt [...] Andererseits sollten wir dieser Periode nur mit großer Vorsicht Kirchen zurechnen, die unter dem Gesichtspunkt der baulichen Entwicklung nach dem 6. Jh. und vor dem 10. Jh. anzusetzen sind. Diese Betrachtungsweise kann sich, vor allem, wenn sie sich auf den Vergleich von Grundrissen stützt, als außerordentlich irreführend erweisen. Zwei Beispiele sollen das deutlich machen: Die Hauptkirche des Choraklosters (Kariye Camii) in Konstantinopel hat man lange auf das frühe 7. Jh. datiert, während sie in

Wirklichkeit nicht vor dem 11. Jh. entstanden ist. Ebenso hat sich herausgestellt, daß die unter dem türkischen Namen Kalenderhane Camii bekannte Kirche, die man unbedenklich auf die Mitte des 9. Jhs. datiert hatte, ins späte 12. Jh. gehört. Die Zahl der Kirchen, die einigermaßen sicher den zweieinhalb ›dunklen Jahrhunderten‹ zugewiesen werden dürfen, ist außerordentlich klein.«[83]

Insoweit kann ich mich wegen der »dark ages« auf Cyril Mango berufen. Aber dieser Byzantinist sieht ihr Ende schon gegen 830. Denn da er sich mangels Besserem auch mit schriftlichen Quellen zufriedengibt, läßt er die baulose Zeit vor Theophilos (829–842) und Basileios I. (867–886) endigen. Von diesen beiden Kaisern haben sich Bautenkataloge erhalten. »Theophilos scheint sich, wenn man von der Ausbesserung der Stadtmauern auf der Seeseite absieht, ausschließlich mit dem Bau von Palästen befaßt zu haben.«[84]

Bezeichnenderweise kennt man nur eine einzige Subkonstruktion, die ihm möglicherweise zugerechnet werden kann. Etliche Bauten sind in den Zusammenstellungen beschrieben, die Konstantin VII. Porphyrogennetos veranlaßt hat. Wir müssen offenlassen, ob er von realen Bauten des 6. Jahrhunderts oder von imaginierten Palästen spricht, wenn dabei »eine Atmosphäre wie in ›Tausendundeine Nacht‹ entsteht. Theophilos war nicht umsonst ein Zeitgenosse Harun al-Raschids«, stellt denn auch Mango fest.[85] So bleibt es bei den archäologisch nicht bestätigten Hinweisen auf Paläste.

Das Bautenverzeichnis von Basileus I. nennt die Restauration von 31 Kirchen in Konstantinopel und seinen Vororten, dazu 8 Kirchenneubauten. Diese Neubauten kann die Archäologie nicht bestätigen, was für die Ausbesserungsarbeiten ohnehin gilt. Basileus' bedeutendste Kirche Nea Ekklesia ist Ende des 15. Jhs. »verschwunden«, die erhaltenen Schilderungen erinnern »an die älteren Beschreibungen Prokops und Paulus Silentiarius' von Justinians Sophienkirche«.[86] »Die Lokalisierung der Nea ist bisher ungewiß.«[87] Wirkliche Baureste sind im gesamten byzantinischen Reich erst wieder im 10. Jahrhundert zu finden: »Beginnen wir mit zwei datierten Bauten, der Nordkirche des Klosters des Konstantin Lips (Fenari Isa Camii) von 907 und der des Myreleion-Klosters (Bodrum Camii) von etwa 920.«[88]

Die Datierung des früheren Baus – mögliche Deutung auch 908[89] – ist mit Kaiser Leo VI. (gest. 912) verknüpft, die des späteren mit Kaiser Romanos I. Lakapenos (920–944). Danach greift der neue Impuls auf den Athos über, der nun zum heiligen Berg und zu jenem Gottesstaat wird, der seitdem das Herz orthodoxen Christentums bildet: 961 wird die große Lawra gegründet, im selben Jahrhundert noch die Klöster Vatopedi Karyes und Protaton.[90] Für Griechenland insgesamt lassen sich folgende Zahlen angeben:

»Heute sind noch über 250 byzantinische Kirchen in Griechenland erhalten, eine Anzahl, die für eine überschlägige Statistik durchaus ausreicht. Von der Gesamtsumme gehören 53 der frühbyzantinischen Periode an (meist ausgegrabene Ruinen); eine, die Hagia Sophia in Thessaloniki, stammt aus dem Dunklen Zeitalter; vier gehören ins 9. Jh., etwa 15 ins 10. Jh., 33 ins 11. Jh. und 49 ins 12. Jh.«[91]

Angesichts der maximal fünf Bauten in fraglicher Zeit stellt sich uns die Baubilanz für Byzanz so dar: Ein Abbruch unmittelbar nach 611 ist klar erkennbar und unbestritten; das Vakuum erstreckt sich über mehr als zwei Jahrhunderte. Die Bauten von 829 bis 886 haben nur papierenen Charakter. Der durchaus zögerliche Wiederbeginn nach den »Dunklen Jahrhunderten« fällt ins frühe 10. Jahrhundert. Die wenigen Kirchenreste, die dazwischen registriert werden, verdienen eine neuerliche Überprüfung, nachdem Mango selbst darauf hingewiesen hat, wie viele Bauten bereits die »dark ages« verlassen mußten.

Somit ist jetzt, ausgehend von der Bausubstanz im christlichen Abendland, ein Rahmen für die »Dunklen Jahrhunderte« gesteckt, der in grober Rechnung von 610 bis 910 reicht. Würden wir hier auch weitere Aspekte byzantinischer Entwicklung betrachten, begegneten wir zum Beispiel bei Niemitz einer sehr effizienten Verwaltungsreform, die sich gleichwohl über die ganze Dunkelzeit erstrecken muß, Massenumsiedlungen, die damals niemanden störten, und einem Bilderstreit, den die Zeitgenossen übersehen haben müssen.[92]

Kaiser Karl der Fiktive

Selbstverständlich gilt dieser Rahmen so nur für den Osten. Im Westen gab es – wir erinnern uns an den Blitzstrahlvergleich von Gregorovius – zwischen zwei Dunkelepochen eine absolut hellstrahlende Epoche: die Zeit der Karolinger. Ohne immer zu strahlen, reicht ihre Zeit, auf heute deutsches Gebiet bezogen, von 751 bis 911, auf heute französisches bezogen bis 987. Ihre eigentliche Blütezeit geht mit der Herrschaft des großen Karls einher, mit den 46 Jahren von 768 bis 814, während bereits unter seinem Sohn Ludwig, später »der Fromme« genannt (814–840), viele Reformansätze zurückgenommen oder aufgegeben worden sein sollen.

Wie steht es um Kaiser Karl? Bislang hat diesem Heros noch niemand auch nur einen Zacken aus seiner Krone gebrochen. In den Jahren 1999/2000 feiern ihn fünf Ausstellungen: in Barcelona, Brescia, Paderborn, Split und York. »Charlemagne – The Making of Europe« machte ihn geradewegs zum Stammherrn unseres Kontinents. Wir können uns hier ersparen, alle jene Leistungen aufzuzählen, die man ihm zugeschrieben hat – das ergibt sich bereits aus den über 100 Charakteristika, die mein Register in *Das erfundene Mittelalter* aufführt. Eine Biographie von Jack London erhielt einmal den Titel *Seemann im Sattel.*[93] Ähnlich paradox könnte der große Karl apostrophiert werden: Theologe im Sattel oder Gelehrter auf dem Kriegspfad oder Volkskundler am Gericht oder Bauherr bei der Kalenderreform oder Feldherr bei der Grammatikübung.

Fast nach Belieben könnten wir so fortfahren, ohne den »Kontinent Karl« zu erschöpfen. Wem meine Darstellung zu pointiert erscheint, halte sich an eine ebenso aktuelle wie professorale Aussage: »Das Treffen Karls des Großen mit Papst Leo III. in Paderborn im Jahre 799 zählt zu jenen Ereignissen abendländischer Geschichte, die gewaltige politische, soziale, wirtschaftliche und kulturelle Veränderungen mit entsprechender Langzeitwirkung zur Folge hatten. Ohne die Paderborner Begegnung hätte es im Jahr darauf keine Kaiserkrönung und dann kein deutsches Kaisertum, keinen mächtigen Papst in Rom und keine mittelalterliche Gesellschaftsordnung mit dem ständigen Dualismus von weltlicher und geistlicher Macht, kein Europa im heutigen Sinne gegeben.«[94] Die Kernspaltung mußte da nicht mehr explizit angesprochen werden.

So schön es ist, einen omnipräsenten und omnipotenten Ahnherrn zu haben – von ihm sollen nicht zuletzt zwei Prozent aller Mitteleuropäer leiblich abstammen[95] – so hinterfragenswert ist diese Persönlichkeit. Selbstverständlich ist »Riesenwuchs« kein Kriterium für mögliche Fiktionalität. Aber zumindest ist er suspekt.

Die Beweise gegen Karl, gegen seine Bauten und sein Reich, gegen seine Kunst und Herrlichkeit, sind in meinem Buch »Das erfundene Mittelalter« versammelt, so daß summarisch darauf verwiesen werden kann. Aber die Methodik des Ansatzes soll angesprochen werden.

Wie alle Hochkulturen ist uns das Mittelalter besonders in seiner schriftlichen Ausprägung präsent. Hunderttausende von Urkunden, eine Fülle von Chroniken, Annalen, Berichten, Verbrüderungsbüchern und anderen Zeugnissen auf Pergament künden von der damaligen Geschichte, vom täglichen Leben, von den Freuden und Ängsten, vom Banalen und vom Erhabenen. Die Wissenschaftler berufen sich vorrangig auf diese Kronzeugen einstigen Lebens. Seltsamerweise übersehen die meisten von ihnen völlig, daß alle anderen Zeugnisse jener Zeit, alle

Bauten, Ruinen oder Fundamentreste, alle archäologisch ans Tageslicht gebrachten Scherben, Münzen und Alltagsreste, alle Preziosen und Prachtbücher unser Urkundenwissen nicht nur in willkommener Weise bereichern, sondern auch überprüfbar machen.

Mit diesen beiden scheinbar so schlichten Grundgedanken »Architekturhistorie contra Quellen« und »Archäologie gegen Urkunden« habe ich die Vergangenheit einer genauen Sichtung unterzogen. Und ich stellte mit Erstaunen fest, daß dieser Leitgedanke keineswegs bei den Mediävisten, insbesondere bei den Erforschern des frühen Mittelalters, gang und gäbe wäre. Bislang 44 Spezialisten haben in über 50 Diskussionsbeiträgen, etwa Rundfunkinterviews, Zeitungsbefragungen, Filmbeiträgen, wissenschaftlichen Befragungen oder öffentlichen Streitgesprächen zu meiner Grundthese Stellung bezogen. Die klassischen Vertreter ihrer Zunft sind überzeugt, daß die Urkunde eigentlich immer recht hat, selbstverständlich auch im Zweifelsfall. Archäologische Entdeckungen sind zwar für Ausstellungen eine erfreuliche Anreicherung, werden aber zur Korrektur der grundsätzlichen Sicht einstiger Zeiten selten herangezogen.

Nur so war erklärbar, daß die Debatte im Grunde so unfruchtbar blieb und oft genug ins unangenehm Persönliche abglitt. Derartige Auseinandersetzungen sind schnell referiert. Zunächst stellt mein Kontrahent fest, daß ich von der kritischen Urkundenprüfmethode keine Ahnung hätte und außerdem die Urkunden nicht gelten lassen würde. Daraufhin betone ich, daß mich der Inhalt von Urkunden sehr wohl interessiere, vor allem dann, wenn sich ihre Aussagen auch heute noch nachprüfen lassen. Wenn beispielsweise Karl der Große im Jahre 775 im französischen Saint-Denis eine Kirche habe weihen lassen, dann sollte doch der Bauarchäologe in der Lage sein, Überreste dieser Kirche aufzuspüren. Schließlich handele es sich um die Nekropole der Merowinger wie der Karolinger, schließlich ist der Ort genau bekannt, weil mittlerweile ein gotischer Dom darübersteht. Insofern dürfe man doch Fundamentreste, Gräber und anderes erwarten, wenn unter dem Boden des heute präsenten Baus gegraben werde. Doch die Erwartungen trügen allzuoft.

Darauf kam nicht nur einmal eine Antwort wie diese: »Ich werde mich da zurückhalten. Ich bin kein Kunsthistoriker und werde mich zu den baugeschichtlichen Dingen nicht äußern.« Bei derselben Diskussion pflichtete der zweite Gesprächspartner bei: »Ich möchte mich auch nicht en détail in diese architektonisch-architekturgeschichtlichen Fragen einlassen, aber daß da ein großer chronologischer Verschiebebahnhof stattfindet, das kann man sehr leicht feststellen. Aber das ist nicht mein Hobby.«[96]

Hier läuft jede weitere Diskussion ins Leere. Wenn die Fachleute derart spezialisiert sind, daß sie einfach nicht mehr übers Pergament hinausschauen, dann kann das so gewonnene Gesamtbild allenfalls Stückwerk sein, so reich die Details auch sein mögen. Insofern wird seit über drei Jahren gegeneinander gefochten, ohne daß meine Generalthese oder wesentliche Details von ihr widerlegt worden wären.

Der Leser ist nun lange genug auf die Folter gespannt worden, so daß diese Generalthese endlich vorgestellt wird. Sie lautet in möglichster Kürze: Das frühe Mittelalter ist zum größten Teil eine Erfindung des eigentlichen Mittelalters; die Zeit von 614 bis 911 ist ein fiktiver Zeitabschnitt, eine Phantomzeit!

Betrachten wir diesen im ersten Moment aberwitzig wirkenden Gedanken im einzelnen. Im Zuge der Ausführungen zur Kalenderrechnung ist aufgedeckt worden, daß in unserem Kalender ein Widerspruch steckt, der nur dadurch gelöst werden kann, daß man einen Zeitabschnitt von mehreren Jahrhunderten als niemals geschehen, als späteren, künstlichen Einschub begreift – irgendwo zwischen Caesar und Papst Gregor XIII. Mit diesem Anstoß habe ich diese Phantomzeit – der treffende Ausdruck stammt von H.-U. Niemitz – innerhalb des frühen Mittelalters dingfest gemacht. Ich habe nachgewiesen, daß die Karolingerzeit im engeren Sinne, daß die 46 Jahre unter Karl dem Großen trotz ihrer angeblich gewaltigen Evolutionen auf architektonischem, staatlichem, religiösem, kunsthistorischem Gebiet nichts hinterlassen haben, was als Beweis für wirklich vergangene Zeit gelten könnte. Deshalb bilden die beiden längst bekannten Dunkelzeiten des 7., frühen 8. und späten 9. Jahrhunderts zusammen mit der dazwischenliegenden Karlszeit nun ein kontinuierliches Dunkel. Hatte die Kalenderrechnung ein fragliches Intervall von 236 bis 364 Jahren ergeben, schlug ich nun als Arbeitshypothese eine Leerzeit von 297 Jahren vor.[97] Sie war nicht aus der Kalenderkritik zu gewinnen, sondern in empirischer Näherung. Sie speist sich aus Überlegungen zu den »Realien« in Europa. Vor allem der Bestand an Architektur und ihren Resten gab Anlaß, die Nahtstellen nahe bei 610 und 910 zu suchen. Weitere Prämissen gibt die politische Geschichte vor.

So ist es zum Beispiel ein Faktum, daß Nordmänner nicht schon immer in der später nach ihnen genannten Normandie siedelten. Ihr Eintreffen und ihre Verträge mit dem »französischen« Herrscher sind mithin ein notwendiges Faktum. Dieses Ereignis läßt sich vielleicht verschieben, aber nicht eliminieren. Ist das bislang genannte Datum – Herbst 911 – richtig? Da bislang kein triftiger Grund für eine Verschiebung vorliegt, ist hier ein Hinweis für das Auftauchen aus der Dunkelheit gewonnen.

Eine neue These muß auch die Frage beantworten können, wieso im Osten plötzlich Sachsen und nicht mehr Franken regieren. Hier ist zunächst zu fragen, ob damals Franken existiert haben, ob sie das römische Reich in ihrer Region beerbt haben und ob sie sich sukzessive nach Südfrankreich, Bayern und Norditalien ausgedehnt haben. Dies war zu bejahen, weil schon frühe byzantinische Chroniken Kenntnis von ihrem Dasein und Hiersein haben, weil es vor allem beachtliche Gräbergruppierungen in ihrem Gebiet gibt, die zu Recht eine eigenständige Bezeichnung wie »merowingisch« verdienen.

Wenn also die Franken in Frankreich, Deutschland und selbst Italien herrschten – hier sind immer die heutigen Bezeichnungen gemeint, die damals noch keinerlei nationale Voraussetzungen hatten –, dann muß es einen Machtübergang zu jenem Volk der Sachsen gegeben haben, das die nordöstlich angrenzenden Gebiete beherrschte, aber nur selten in Konflikt mit den Römern gekommen ist. Es ist ein durchaus seltsamer, »anomaler« Machtübergang von den Franken zu den Sachsen überliefert: Der Frankenkönig läßt auf dem Sterbebett ausgerechnet den Sachsenherzog als seinen ärgsten Feind bitten, die Macht zu übernehmen. Dieser Übergang von dem Franken Konrad I. auf den Sachsen Heinrich den Vogler sollte nicht leichtfertig aus der Historie »gekippt« werden. Da er 918 stattgefunden haben soll, bleibt er in meinem Szenario als notwendige Geschichte erhalten.

Natürlich könnte sich dieses Geschehen auch ganz anders abgespielt haben, zumal bis zum Sieg auf dem Lechfeld, 955 gegen die Ungarn, das Geschichtsdunkel nur ganz allmählich weichen will. Aber es ging nicht darum, mutwillig einfach die Geschichte auf den Kopf zu stellen, sondern bedächtig Spreu vom Weizen zu sondern, indem prachtvolle Erfindungen von sehr prosaischen Tatsachen separiert werden.

Für das Jahr 614 sprechen zwei räumlich voneinander getrennte Ereignisse. Im Westen gab es fast immer mehrere Merowingerkönige, die in Austrien, Neustrien und Burgund saßen, sich teils befehdeten, teils als Kampfgenossen akzeptierten; dazu traten irgendwann auch noch die Hausmeier in Gestalt der Pippiniden, die den »faulen Königen« die Regierungsgeschäfte abnahmen, während diese langhaarig auf Ochsenkarren durch ihr Reich kutschiert wurden. Ungeachtet der Stichhaltigkeit all dieser Geschichten können im 10. Jahrhundert nicht diverse merowingische Herrscherlinien neben den neuen Königen gelebt haben. Bei dieser Sicht der Dinge fiel das Jahr 613 auf. Damals hatte gerade Chlothar II. als buchstäblich einziger des königlichen Geschlechtes alle anderen – mit Brunhilde an der Spitze – beim mörderischen Treiben überlebt. Dieser Alleinherrscher mußte 614 in Paris hinnehmen, daß ihm der Adel Rechte abtrotzte, wie sie auch im 10. Jahrhundert bekannt waren. Demnach könnte der Franke Konrad I. (911–918) der »letzte Merowinger« gewesen sein. Im Westreich hätte ein fränkischer Hausmeier als erster Karl, genannt »der Einfältige«, für knapp 80 Jahre eine nach ihm benannte Dynastie gründen können. Das mittlere Reich, Lotharingen, wäre nie selbständig gewesen, sondern immer ein Herzogtum, das mal zum Osten, mal zum Westen gehört hätte.

Im Osten ereignete sich 614 etwas ganz anderes: Byzanz verlor die heiligste Reliquie des Reiches. Einst waren die drei Kreuze von Golgotha mit Gottes Hilfe von der Kaiserinmutter Helena wiedergefunden worden; seit fast 300 Jahren wurden sie in Jerusalem verehrt. Nun rollten persische Armeen das byzantinische Reich von der Ostflanke her auf, indem sie binnen weniger Jahre Ostanatolien, Mesopotamien, Syrien, Palästina, Ägypten und die Nordküste Afrikas, durchweg byzantinischer Besitz, eroberten. In Jerusalem erbeuteten sie die heiligste Reliquie der Christenheit, das Kreuz Christi. Die Rückgewinnung mitten im härtesten Verteidigungskrieg, weit entfernt im Herzen des Perserreiches, wirkt nicht nur wegen der Engelsvision des Kaisers Herakleios ausgesprochen märchenhaft. Hier ist ein Riß zu spüren, nach dem das Reich zwar sein Kreuz wieder hat, aber ansonsten einen ziemlich virtuellen Eindruck macht. An diesen Geschehnissen fiel weiter auf, daß es für eine direkte Fortsetzung im 10. Jahrhundert eine plausible Denkmöglichkeit und ein Motiv gab. Beides wird weiter unten dargelegt.

Summa summarum kam hier ein versuchsweiser, heuristischer Ansatz zum Zuge. Er ließ sich mit dem rechnerischen Ansatz verknüpfen, wobei die Eckdaten weiterhin geprüft werden. Es dürfte auch eine Art Zeitsaum geben, innerhalb dessen der ursprünglich direkte Übergang vom sogenannten frühen 7.

zum ebenso sogenannten 10. Jahrhundert so weit verändert worden ist, daß nunmehr im Frankenreich eine wundersam rasche Hochblüte und ihr ebenso schnelles wie gründliches und endgültiges Verwelken eingefügt werden konnte. Denn das ist von vornherein klar: Wer einen politischen und kulturellen Höhepunkt in eine geschichtlich mediokre Zeit einfügen wollte, der mußte von Normalnull zu diesem Klimax hinaufführen, aber auch wieder auf Normalnull zurückfinden. Jedem Höhenflug mußten also Ungarn, Wikinger, Slawen oder Sarazenen folgen, die Europa wieder auf das Niveau der Zeit um 600 »zurückbombten«.

Insgesamt war so die Arbeitsthese gereift: Die Zeit von 614 bis 911 ist eine im Mittelalter erfundene Zeit. Der tatsächliche Abstand zu unserem Bezugspunkt »Geburt Christi« beträgt im Jahr 1999 nicht 1999, sondern nur 1702 Jahre. Da schlecht auf einen Februar 614 ein Juli 911 folgen konnte, habe ich auf Ende August 614 bis Anfang September 911 präzisiert.[98] Doch wird dadurch unzulässige Genauigkeit vorgetäuscht, wissen wir doch nicht, inwieweit die Ränder paßgenau aneinanderstoßen und nicht vielmehr von dem Zeitsaum verwischt und verunklärt werden, hinter dem sich die direkten Bezüge verbergen. Schließlich konnten Personen des späten 6. Jahrhunderts nicht mehr in realer Zeit des nunmehr 10. Jahrhunderts gestorben sein, sondern mußten in der fiktiven Zeit begraben werden. Umgekehrt werden nun die Protagonisten des 10. Jahrhunderts in der fiktiven Zeit eines 9. Jahrhunderts geboren. Das verlangte zwangsläufige Veränderungen, die in die Realzeit ausstrahlen könnten.

Fiktives Franken

Wir wollen kurz Revue passieren lassen, was in Franken an »Unmöglichkeiten« zutage trat. Beginnen wir mit dem Faktischen. In Karls Reich sind – nach Ausweis der Urkunden – 313

Großbauten errichtet worden. Von diesen Pfalzen, Klöstern und Kirchen hat sich eine beängstigend geringe Anzahl an Überresten erhalten: etwa sieben Pfalzen, so der aktuelle Stand bei Günter Binding,[99] vielleicht ein Dutzend Kirchen. Und bei diesen wenigen Fällen ist ohnehin häufig strittig, was tatsächlich karolingischer Überrest ist. Nie jedoch hatte es um die Aachener Pfalzkapelle irgendeinen Streit gegeben. Diese kurz vor 800 vollendete Kirche steht in ursprünglicher Pracht und galt immer als Grablege des großen Karls, auch wenn die Gruft oder das Grab dreimal in Vergessenheit geriet und seitdem nicht einmal von Bauarchäologen wieder aufgefunden werden konnte.

Dieser vermeintliche Zeitzeuge wäre gerade mit seiner Oktogonkuppel und den vielfältigen Gewölben im Sechzehneck und auf den Emporen ein singuläres Meisterwerk, weil ohne jeden Vorläuferbau aus dem Nichts heraus entstanden. Ein Geniestreich, für den jedoch keine adäquate Bauhütte, überhaupt keine Steinbautradition bereitstand. Daß ein solches Juwel keinen direkten Nachfolger gefunden hat, ist zwar nicht unverständlich, aber doch schwer zu verstehen. Wirklich gravierend ist, daß rund zwei Dutzend spezieller Aachener Baueigentümlichkeiten trotz ständiger Präsenz so gründlich vergessen wurden, daß sie im Zuge der romanischen Architekturentwicklung Stück für Stück ein zweites Mal erfunden werden mußten. Sie treten zwischen 1000 und 1080 erneut in die Entwicklungsgeschichte ein, in den meisten Fällen auf einem schwächeren Niveau als im angeblich viel früheren Aachen.

Aachens Mittelgewölbe ist erst nach 1100 in Speyer übertroffen worden, die Vielfalt der Aachener Wabenkreuzgrat-, Schrägtonnen-, sphärischen Zwickel- und spiralig ansteigenden Tonnengewölbe nimmt die gesamte Vielfalt romanischer Wölbtechnik bis 1050 vorweg. Als Resultat ergab sich, daß Aachen entweder ein wundersamer Findling innerhalb der Architekturgeschichte bleibt oder als romanischer Bau akzeptiert wird, der dann sowohl die dringend vermißten Vorläufer als auch Parallel- und Nachfolgebauten bekommt.

Damit verliert die Aachener Kaiserpfalz, der Sitz von Karl dem Großen, sein spirituelles Zentrum genauso wie die Eigenschaft als spätere Krönungskirche; das Karolingerreich der Franken verliert sein Herz. Das deckt sich mit dem Befund, daß Aachen als Ansiedlung, nicht nur als Pfalz, sich überhaupt erst im 11. Jahrhundert zu regen beginnt. Wer dieses Herz lieber in Saint-Denis hätte schlagen lassen, weil die dortige Grablege der Merowinger und Karolinger zu speziellen Erinnerungen im dortigen Kloster führte, muß akzeptieren, daß unter der gotischen Kathedrale weder eine karolingische noch eine merowingische Kirche nachzuweisen sind. Die schriftlich verbürgten Bauherren Dagobert I., Pippin d. J. und Karl d. Gr. hätten allenfalls dürftigste materielle Spuren hinterlassen.

Hier in Aachen hätte die Kritik der Mediävisten und der Architekturhistoriker gegen mein Thesengebäude am besten ansetzen können: Hier ist das ganze Bauwerk gut erhalten und gut dokumentiert, sein Verschieben um Jahrhunderte sollte leicht parierbar sein. Das Gegenteil war der Fall. Die Architekturhistoriker zuckten entweder mit den Achseln, oder sie sprachen wie Jan van der Meulen sofort von einer spätantiken oder auch ottonischen Kuppel.[100] Als karolingisch wollte sie kaum einer verteidigen. Max Kerner legte wenigstens ein altes Stück Holz aus dem vermoderten Aachener Ringanker vor, das wir noch prüfen werden. Und Rudolf Schieffer als Präsident der *Monumenta Germaniae Historica* fand die Prüfung der Aachener Pfalzkapelle und die dazu angestellten Vergleiche nutzlos. Sie »sind für das Kernthema des Buches, die Historizität Karls und seines Zeitalters eigentlich belanglos und mögen von Kunsthistorikern nachgeprüft werden«.[101] Nachdem Karl als Bauherr untrennbar mit diesem Bau verbunden ist, würde das Fehlen dieses Baus selbstverständlich seine Vita berühren.

Doch dieser schwere Verlust ist zu verschmerzen, weil diesem Reich auch sonst alles Lebensnotwendige fehlt. Bislang blieb unverstanden, warum selbst die vorhandenen Römerstädte damals keine Kontinuität zeigen, warum dieses Reich ohne Städte, ohne Straßenwesen und ohne Fernhandel, ohne Messen und überregionalen Handel auskommen konnte. Bezeichnend dafür ist auch der Karlsgraben, der angeblich damals eine Schiffsverbindung zwischen Donau und Rhein eröffnen sollte, allerdings in seiner Anlage und mit den Fundstücken in keiner Weise für, sondern nur gegen die Karolingerzeit zeugen kann. Eine Phantomzeit kann sich einfach nicht im Materiellen niederschlagen.

Erst jetzt wird die rätselhafte Entwicklung der Bevölkerung verständlich, die stark zurückgegangen sein soll, während gleichzeitig das Reich aufblühte und obendrein die Kraft für ununterbrochene Kriege hatte. Genauso kräftig sollen laut schriftlicher Berichte Wirtschaft und Geldwesen aufgeblüht sein, während Archäologen und kritische Urkundenprüfer nur ein Land ohne Handel und Wandel erkennen, in dem das Geld vergessen wurde, weil der Naturaltausch alle Bedürfnisse befriedigte. Die Karolingerzeit wäre demnach die einzige Kunstrenaissance gewesen, die aus einem maroden Bauernstaat erwachsen wäre.

Angesprochen wurde auch das Rätsel, daß die Wikinger im 9. Jahrhundert nicht nur England, sondern auch den ganzen mit Flußschiffen erreichbaren Kontinent regelmäßig brandschatzten, ohne daß die Verwüstungen oder irgendwelche Wikingergräber oder -lager archäologisch nachgewiesen werden können.

Im künstlerischen Bereich löst sich das Rätsel der mannigfachen doppelten Anfänge: Die Bronzekunst muß nicht mehr um 800 blühen, obwohl die vergleichbaren Arbeiten alle erst später als 1000 datiert werden. In der Freskomalerei entfällt das verzweifelte Suchen nach konsistenten Datierungen im 6. bis 10. Jahrhundert; statt dessen zeigt sich nun der einigermaßen nahtlose Übergang direkt vom 6. zum 10. Jahrhundert. Die Buchmalerei, die genauso wie die Bronzekunst nach den Karolingern völlig abgestorben sein soll, muß keinen zweiten Aufschwung demonstrieren, sondern karolingische und ottonische Buchmalerei fallen in eins. Hier ist die Ausstrahlung zur irischen Buchmalerei zu bemerken, die mit der karolingischen stilistisch verknüpft ist, die aber – gerade in ihrem absoluten Spitzenwerk, dem *Book of Kells* – zur Karolingerzeit das Lapislazuliblau niemals aus dem Hindukusch hätte importieren können. Der zweite Aufschwung bleibt auch der Bauplastik erspart, der nunmehr erst ab dem späten 10. Jahrhundert zu beobachten ist. Die Fülle der auf Karl zurückgeführten Preziosen hat ohnehin niemals für sein Dasein um 800 gezeugt, sondern für spätere Zeiten.

Selbst im Bereich von Sprache und Schrift, die doch fast allein für ein kulturell aufblühendes Franken sprechen, konnten etliche Rätsel gelöst werden. So braucht man sich nicht mehr zu wundern, daß die deutsche Sprache erst zu entstehen scheint, nachdem ihre Benennung als »teodisc« längst geläufig ist. Es bleibt auch nicht mehr unverständlich, warum Althochdeutsch eine über hundertjährige Beleglücke enthält; hier ist ein Teil der Originale wegen Karl viel zu früh einregistriert worden. Dem Altsächsischen bleibt aus demselben Grund eine dreihundertjährige Lücke erspart, das Altfranzösische muß nicht mehr eine zweihundertjährige Entwicklung mit viel zu wenigen Belegen durchlaufen.

Ein Gipfel in Wolken

Dessen ungeachtet werden der Karolingerzeit immer weitere Gipfelleistungen zugetraut. So hat sich Arno Borst in zwei mächtigen Bänden dafür ausgesprochen, das Entstehen wissenschaftlicher Literatur, die Wiederaufnahme der Plinius-Rezeption und eine Kalenderreform bereits in der Karolingerzeit anzusiedeln.[102] Nach dreißigjährigem Zögern hat er sich dazu durchgerungen, die Verschriftlichung der wissenschaftlichen Welt nicht mehr bei 1130 zu sehen, sondern kurz vor 800.[103]

Bislang war man der – etwa von Ivan Illich vertretenen – Meinung, erst im 12. Jahrhundert seien Texte so gestaltet worden, daß sie nicht nur ein gebetsmühlenartiges Ablesen erlaubten, sondern wissenschaftliche Arbeit. Durch bessere Gliederung, Zwischentitel, alphabetische Register und anderes mehr fand die Scholastik zu ihrer Ausdrucksform. Weil Borst genau diese Gestaltung schon beim Lorscher Reichskalender von 793 beobachtet, soll diese Modernisierung der Literatur um mehr als 300 Jahre in die Vergangenheit rücken. Daß dieser scheinbar erste Impuls nach 814 erlischt, daß Europa noch eine lange Zeit ohne diese Neuerungen auskommen muß, kann Borst freilich nicht motivieren.

Dieselbe Verdopplung mit dazwischenliegender Leerzeit kreiert er im Falle von Plinius. Dieser römische Naturforscher aus dem 1. Jahrhundert n. Chr. soll mit seiner kompletten Ausgabe im karolingischen Aachen bereitgestanden und stellenweise auch zitiert worden sein. Nach Karl d. Gr. legte sich Staub auf dieses Werk, seine Präsenz wurde ab da ignoriert. Erst Ende des 10. Jahrhunderts wird erkennbar, daß das Abendland – erneut? – diese wertvolle Quelle heranzieht.[104]

Schließlich sieht Borst im Lorscher Reichskalender eine ganz neue Art der Darstellung mit einer computistischen Intervallzone, einer liturgischen Festzone und einer gelegentlich besetzten astronomischen Terminzone.[105] Daraus leitete er eine Reform ab, die den einst von Beda Venerabilis im frühen 8. Jahrhundert gesetzten Impuls über lange Jahrhunderte hinweg bis hin zur gregorianischen Kalenderreform getragen hätte. Doch auch in diesem Fall trägt der Impuls keineswegs, sondern erlischt wie alle anderen Errungenschaften der »karolingischen Renaissance«, um entweder unter den Ottonen oder unter noch späteren Kaisern einen neuerlichen, nach meiner Meinung ersten Aufschwung zu nehmen.

Wegen dieser »Zündaussetzer« – man verzeihe den respektlosen Vergleich – wurde hier eine Renaissance auffällig, die hortete, statt zu säen, und die sich deshalb von Jacques Le Goff die Frage gefallen lassen mußte: »Ist eine geizige Renaissance denn überhaupt möglich?«[106]

Die Technikgeschichte bleibt von ähnlichen Ereignisverdoppelungen nicht verschont. So mußte festgestellt werden, daß eine epochale Revolution jäh ins Stocken geriet. Die Steigbügel – anfangs einfache Schlaufen an einem Pferdegurt – sicherten einen viel besseren Sitz im Sattel und erlaubten damit auch die Verwendung der Lanze. Da sie leicht zu kopieren sind und kein besonderes Know-how verlangen, sollten sie sich sehr rasch ausgebreitet haben. Und so haben sie die Byzantiner rasch, gegen 600, von den Awaren übernommen. Aber der Weg in den Westen erwies sich als sehr mühselig. Obwohl die schwere Reiterei, die in keinem Fall auf den Steigbügel verzichten konnte, bis zu drei Mal in der fiktiven Zeit erfunden worden sein soll, sprechen die archäologischen Funde dafür, daß sich erst ab dem 10. Jahrhundert der Steigbügel im Frankenland ausgebreitet hat. Warum fränkische Ritter so lange zur Nachahmung brauchten, warum die Chroniken gleichwohl von schwerer Reiterei schon bei Karl Martell berichten, warum die Steigbügel in der Buchmalerei des 9. Jahrhunderts auftauchen, aber in der des frühen 10. Jahrhunderts fehlen, blieb im herrschenden Geschichtsbild unerklärbar.

Steigbügel wurden hierzulande aus Eisen gefertigt. Das vielfach eingesetzte Eisen soll nun ein Spezifikum der Karolingerzeit gewesen sein: Karls eisenstarrende Heere mit den berühmten Schwertern, verbesserte Landwirtschaft mit eisernen, asymmetrischen Pflugscharen lassen sich aus den Berichten herauslesen. Die Archäologie konnte bislang nichts bestätigen – der einzige Einwand hierzu stammt von Ludwig Wamser, der jüngst in Karlsburg tonnenweise karolingisches Eisen gefunden haben will.[107] Seine Datierung entstammt aber sicher dem als karolingisch eingestuften Kontext.

So zeigt sich das fränkische Karolingerreich trotz aller Anstrengungen als ein äußerst fundarmes Land. Nun ist ein Grund dafür erkennbar: Erfundene Zeit hinterläßt außer Buchstaben keine Spuren. Mit dieser revolutionären Erkenntnis war es möglich, weitere angebliche Funde aus dieser Epoche als Fehlzuordnungen festzustellen und zu anderer Zeit in einen wesentlich »passenderen« Kontext einzufügen. Der nicht übermäßig große »Rest« muß gleichfalls in andere Jahrhunderte rükken.

Die Leere in der Alten Welt

Wer davon hört, daß das Frankenreich sein Dasein im wesentlichen auf Papier geführt hat, gibt zu Recht eine Alternative zu bedenken. Könnte es nicht sein, daß die damaligen Jahrhunderte in Wahrheit eine rechte Umbruchzeit waren, in der Mitteleuropa nichts auf die Beine gebracht habe? Damals hätte vielleicht eine Art Räuberhauptmann gelebt, der erst später zu jenem Vater Europas hochgejubelt wurde, als den wir Karl den Großen heute zu kennen glauben. Insofern könne aus dem Fehlen fränkischer Herrlichkeit gar nichts geschlossen werden.

Hinzu tritt ein zweiter Einwand, der scheinbar mit dem ersten wenig zu tun hat. Demnach wird – mit vollem Recht – darauf hingewiesen, daß ein lokales Franken-Vakuum wenig darüber aussagen könne, was sich sonst in der Welt abgespielt habe. Außerdem sei es völlig unvorstellbar, daß sich alle Welt zusammengefunden habe, um gemeinsam die Uhr vorzudrehen. Eine derartige Aktion übersteige jede Vorstellung.

Fangen wir mit der gemeinsamen Umdatierungsaktion an.

Müssen wir eine solche unterstellen? Ganz sicher nicht auf der ganzen Welt. So gilt etwa für den amerikanischen Doppelkontinent, daß sämtliche dortigen Ereignisse erst ab 1492 mit unserer Geschichte synchronisierbar sind. Vor Kolumbus gibt es bislang keine Querverbindungen, die es erlauben würden, Datierungen auf beiden Seiten des Atlantiks in Verbindung zu setzen und so miteinander abzugleichen. Obwohl wir zum Beispiel den Kalender der Mayas kennen, hat kein Jahrhundert und Jahrtausend vor 1492 n. Chr. – ob nach kleiner oder großer Rechnung der Mayas – einen konkreten zeitlichen Bezug zur Geschichte der Alten Welt. Die Zeitachse der Mayas reicht also von 1492 in die graue Vergangenheit zurück. Wird die europäische Geschichte, wie hier vorgeschlagen, um rund 300 Jahre gekürzt, wird die europäische Geschichte vor dem Jahr 911 n. Chr. *jünger* gegenüber der Maya-Zeitachse. Mangels Querverbindungen bleibt dies aber ohne direkte Folgen. Es sollte allerdings darauf hingewiesen werden, daß zu ägyptischen Zeiten solche Querverbindungen belegbar werden, wenn man die gesamte Chronologie der Alten Welt kritisch prüft, wie es G. Heinsohn und ich unternommen haben.[108]

Im Gegensatz zu Amerika, dem noch viel später entdeckten Australien und zu großen Teilen Afrika ist die sogenannte Alte Welt – Europa, Nordafrika und große Teile Asiens – sehr gut untereinander synchronisiert, also zeitlich gleichgeschaltet. Das bedeutet aber nicht, daß allerorten gleichzeitig an der Uhr gedreht worden sein müßte, im Gegenteil. Wählen wir als konstruiertes Beispiel den Iran. Dieses Land hatte mit dem christlichen Westen immer Kontakt und eine eigene Zeitrechnung, die mehrmals umgestellt worden ist. So führten Iustinian I. und Chosrau I. gegeneinander Krieg, etwa 540 um den Besitz von Antiochia. Ab 1071 wird das byzantinische Inneranatolien von den türkischen Seldschuken attackiert. Wenn nun in Byzanz zwischen Iustinian I. im 6. Jahrhundert n. Chr. und dem bald folgenden Konstantin VII. drei Jahrhunderte eingeschoben wurden, dann rückte der letztere samt seinen Gegenspielern ins 10. Jahrhundert. Je nach Wachsamkeit im Iran resultierten zwei Möglichkeiten. Im einfachsten Fall bemerkte man gar nicht, daß damit der direkte Bezug zwischen 6. und einstigem 7. Jahrhundert auseinandergerissen worden war und behielt so eine jahrhundertelange Lücke zwischen beiden Potentaten. Diesem Phänomen werden wir noch in Jawa begegnen. Bemerkte man die Lücke, dann wurde sie – auch hier herrschte die Angst vor dem Vakuum – mit Geschichtsschreibung ausgefüllt. Es wurde meist so lange an den Chroniken gedreht und gezogen, verdoppelt und umdatiert, bis eine derartige Lücke einigermaßen geschlossen war. Dabei wurde selbstverständlich zu dem Nachbarn geschaut, wegen dessen Kalendersystem die Anpassung erfolgte. Und sicherlich wurde dann auch das Entstehen des einen oder anderen Gebäudes in die erfundene Zeit verlegt.

Derartige Abgleiche waren mühsam: Auf beiden Seiten konnten die Kalendersysteme umgestellt oder die Bezugspunkte gewechselt worden sein, auf beiden Seiten konnten die Jahresanfänge immer wieder umdatiert oder auch in unterschiedlichen Jahreslängen gerechnet werden. So ist dem Islam das kürzere Mondjahr eigen, das gegenüber dem Sonnenjahr schneller voranschreitet; in Indien gab es zahlreiche, in sich widersprüchliche Chronologien.

Nun galten und gelten die christliche und vor allem die ihr zugrunde liegende jüdische Zeitachse als Maßstab bis in älteste Zeiten. Große Geschehnisse oder das Auftreten großer Persönlichkeiten prägten diese Geschichtssicht; deshalb wurde immer wieder versucht, etwa die Sintflut und vor allem die Lebenszeit Abrahams als verbindliche Ankerpunkte festzusetzen. Daran mußten sich buchstäblich die anderen Zeitsysteme messen lassen, zumal sich die europäische Expansion seit dem 15. Jahrhundert die fremden Zeitsysteme anpaßte, nicht umgekehrt.

Auf diese Weise erfolgten Abstimmungen, die nicht weiter hinterfragt werden mußten. Erst als im 19. und 20. Jahrhundert die Archäologen ausrückten und nach Bodenspuren dieser rätselhaften drei Jahrhunderte suchten, konnte auffallen, daß diese Zeit erschreckend dünn belegt ist. Was für die Historiker unverständlich war, ist aus unserer Sicht sofort zu begreifen: Künstlich erzeugte Zeiträume können keine Funde über oder unter der Erde hinterlassen haben. Wir konsultieren deshalb die Archäologen, inwieweit sie außerhalb Mitteleuropas die fraglichen Zeiten mit Funden abdecken können.

Island – Westmännerinseln

Beginnen wir am nordwestlichen »Ende« von Europa. Island war zwar vielleicht schon im Altertum als Thule bekannt, aber eine dauerhafte Landnahme ist erst aus Wikingerzeiten bekannt und wird der Zeit von 874 bis 930 zugeordnet. Im 10. Jahrhundert zog es vorwiegend norwegische Siedler in diese hohen Breiten. 930 wurde mit dem Althing eine gesetzgebende und richterliche Körperschaft geschaffen, die gegen 1000 das Christentum übernahm. Diese wenigen Daten kennen wir aus schriftlichen Quellen, die fast durchweg 300 bis 400 Jahre jünger sind.

Den Archäologen waren die Anfänge der Besiedlung lange kein großes Anliegen. Erst in den 80er Jahren suchte man gezielt nach den frühesten Ansiedlungen auf Island. Die Ausgrabungen von Margarét Hermanns-Auðardóttir konzentrierten sich auf die Westmännerinseln (Vestmannaeyjar) vor der Südküste.[109] Nahe einer sehr guten Quelle kam ein Gehöft mit mehreren Häusern zum Vorschein. Die Befunde ließen auf westskandinavische Siedler schließen, die sich stark mit Viehzucht beschäftigten. Erstaunlicherweise fanden sich bereits christliche Bestattungen. Seitdem müssen vor der »offiziellen«, in den Chroniken berichteten »katholischen« Christianisierung bereits irische Missionare vermutet werden.

Noch dramatischer war der Befund, daß bei den Grabungen

ein Haustyp wie im merowingerzeitlichen Norwegen zutage trat und auch Gegenstände des 7. Jahrhunderts in der Siedlung aufgefunden worden sind. Demnach sollte die dortige Besiedlung Mitte des 7. Jahrhunderts eingesetzt haben. Das Verlassen des Gehöfts wurde wegen einer entsprechenden Gewandnadel auf 1000 bis 1050 und damit ins 11. Jahrhundert gelegt. Doch gegen eine durchgängige Besiedlung über rund 400 Jahre hinweg sprachen ganz entschieden die bescheidene Fundmenge, ihre geringen typologischen Veränderungen und vor allem die Stratigraphie. Weder konnten mehrere Schichten unterschieden werden, noch konnte die geringe Gesamtdicke für mehrere Jahrhunderte bürgen.

So blieb als Erklärung nur eine Hilfskonstruktion: Das Gehöft wäre im 7. Jahrhundert gegründet, aber bald wieder aufgegeben worden. Erst im 10. Jahrhundert hätten spätere Generationen das Gehöft neuerlich bewohnbar gemacht. Damit war allerdings nicht viel gewonnen, denn warum diese so günstig gelegene Ansiedlung so rasch wieder aufgegeben worden wäre, wohin ihre Bewohner »aussiedelten« und warum die verfallene Siedlung erneut Familien anlockte, war so nicht zu motivieren.

Geht man jedoch davon aus, daß die Zeit zwischen 614 und 911 ohnehin erfundene Zeit ist, dann wäre zwanglos erklärt, warum hier noch merowingische Einflüsse vorzufinden waren, warum die Fundmenge 100 Jahre viel besser abdeckt als 400 Jahre und warum die günstige Lage keineswegs aufgegeben worden ist. Insofern stört allenfalls die kleine Zeitdifferenz, die dadurch auftritt, daß der Siedlungsbeginn von den Ausgräbern in die Mitte des 7. statt auf den Übergang vom 6. zum 7. Jahrhundert gesehen worden ist. Doch ist dieses Fundmaterial gar nicht jahrzehntgenau datierbar, kann also nicht mit der erhofften Genauigkeit eingeordnet werden.

Hier ist eines grundsätzlich anzuführen. Generell ist die Fundsituation in den »dark ages« so schlecht, daß die Forschung mit aller Kraft versucht, die Funde davor und danach in diese Leerzonen hineinzustrecken, um möglichst viel an Dunkelzeit abzudecken. Dadurch dünnen zum einen das 6. wie das 10. Jahrhundert zusätzlich aus, zum anderen wird die typologische Entwicklung der verschiedenen Gegenstände – ein ganz wichtiges Kriterium zur Datierung – überdehnt und damit aussageschwach. Wenn aber die spärliche Fundmenge, die bislang zwischen 500 und 1000 eingeordnet wird, nur zwei Jahrhunderte abdecken muß, dann ergibt sich erstmals ein stimmiges Bild. Dann muß auch Europa keinen rätselhaften Bevölkerungsrückgang ohne spezielle Ursache erlitten haben – auch dies ist eine Hilfskonstruktion, mit der der Mangel in diesen überzähligen Jahrhunderten motiviert werden mußte.[110] Dieser seltsame Rückgang im 7. Jahrhundert ist gerade auch in jenem Norwegen auffällig, das im 5. und 6. Jahrhundert einen starken Bevölkerungszuwachs erlebt.

Großbritannien – Land der Lücken

Die britische Insel sollte im Prinzip eine durchgehend belegbare Geschichte von den Römern bis zum Normanneneinfall haben. Doch die Betonung liegt auf »im Prinzip«. Tatsächlich leiden die Archäologen sehr stark darunter, daß zwischen den Eckdaten fast beliebig viel Material fehlt. Hatte Caesar die Insel nur attakkiert, wurden unter Kaiser Claudius (41–54) endgültig römische Legionsadler ins Land gebracht und zunächst die Provinz Südbritannien festgelegt. Die römischen Eroberer blieben bis ins 5. Jahrhundert präsent. Danach gibt es zwar fast beliebig viele Einwanderer, Königreiche umd Kämpfe – zwischen Inselkelten, Angeln, Sachsen, Jüten, Wikingern, Pikten und Skoten –, aber »handfeste« Geschichte wird erst geschrieben, wenn 1066 die Normannen England erobern und so der frisch gekrönte König Wilhelm seinen Beinamen »der Eroberer« erwirbt.

Großbritanniens Archäologen profitierten – so makaber es

klingt – wie alle ihre Kollegen bis weit nach Osten von den brutalen Zerstörungen des Zweiten Weltkriegs. Während die Städte Europas in Schutt und Asche fielen, gewann die Archäologie gewissermaßen eine Dimension hinzu. Beim Entfernen der Ruinen, beim Ausschachten für die neuen Bauten, beim Graben von Versorgungsleitungen und natürlich von Tunnels und U-Bahn-Trassen kam sehr viel Material zum Vorschein, das zwar anfangs nur unzulänglich gewürdigt werden konnte, aber doch im Laufe der Zeit enorme Aufschlüsse über die frühen Entwicklungsstufen all dieser Ansiedlungen brachte.

Als die englischen Archäologen die Befunde in ihren Städten verglichen, blieb es allerorten dunkel: »Das Schicksal der Städte des römischen Britanniens ist überall mysteriös.«[111] Generell war die Zeit vor 1066 sehr schlecht belegt. Das war kein Drama in jenen Städten, die ohnehin erst in den »dark ages« entstanden waren und häufig nicht erkennen ließen, ab wann eigentlich Funde zu erwarten waren. Aber in all den Städten mit römischen Wurzeln reichte die Fundmenge »hinten und vorne«, vor allem aber auch in der Mitte nicht aus. Einigermaßen konsterniert mußten die Forscher akzeptieren, daß diese Städte zwar (fast) alle in viel späteren Zeiten weiterexistierten, aber eine Siedlungskontinuität in keiner Weise belegt werden konnte.

Hier hat Hans-Ulrich Niemitz, mein erster Dialogpartner und Mitstreiter, das Material gesichtet.[112] Beispielgebend ist London, das selbstverständlich römische Funde aufweist – mitten in der City etwa die Überreste eines Mithras-Tempels – und immer wieder als Königsstadt fungiert. Niemitz findet zwei Leerzeiten von 457 bis 674 und etwa von 850 bis 950, »zusammen also rund 320 Jahre«, und zitiert die Hilflosigkeit der dortigen Archäologen nach der Römerzeit: »Dort in London herrscht innerhalb der Mauern für diese Periode ein totaler Mangel an archäologischen Befunden für eine angelsächsische Besetzung.«[113] Dies befinden mit Richard Hodges und Brian Hobley zwei Ausgräber, die regelrecht irre werden an allem, was ihren Beruf ausmacht. Die zu geringen Funde lassen für die vielen Jahrhunderte viel zuwenig Entwicklungen erkennen, so daß Töpferarbeiten genausowenig wie Metallwaren trennscharf datiert werden könnten. Wieder einmal müssen die Chroniken weiterhelfen: Weil sie »the burh « erwähnen, wird der Burg eine kontinuierliche Besetzung zugestanden; weil sie »the strand« nicht kennen, glaubt man hier der Fundevidenz – und so gilt dieses Gebiet jahrhundertelang als verwaist. Hatte der Platz zeitweilig seine sonstige Attraktivität verloren, die ihn von der Römerzeit bis zur Gegenwart auszeichnet?

Thacker erlebt dasselbe Fiasko in Chester: »Man muß letztlich zugeben, daß der archäologische Befund für diese Periode minimal ist. Wir haben wirklich wenig Funde gleich welcher Art von dem, was vom 5. bis 9. Jahrhundert in Chester geschah.«[114]

Hall muß für York einräumen: »Dort gibt es einen Mangel an archäologischem Befund für eine Besetzung oder für Aktivitäten von 400 bis zum 8. Jahrhundert«, während römische Gegenstände überall zu finden sind. »York's Archäologie ist gewöhnlicherweise ein Palimpsest von sich überschneidenden Merkmalen; Restbestände und Einfügungen bringen Probleme, die die Klarheit des Bildes beeinträchtigen und darüber hinaus die Datierung erschweren.«[115]

Diese Stimmen von einer Tagung über die »Wiedergeburt der Stadt im Westen, 700–1050 n. Chr.« stammen von 1986.[116] Damals wollten sich einige Archäologen gegenüber der auf Schriftquellen spezialisierten Geschichtswissenschaft emanzipieren, indem sie die »new archaeology« aus den USA übernehmen und den »geschichtlichen Fahrersitz« mit besetzen wollten. Niemitz fügte an, daß diese »neue Archäologie« noch keine Anhänger in Deutschland zähle. Wenn ich die Reaktionen auf mein »erfundenes Mittelalter« prüfe, scheint seitdem auch keiner hinzugekommen zu sein. Offenbar ertragen die Archäologen ihre Rolle als Vertreter einer »Hilfswissenschaft« leichter, als sie zeitweilig glaubten. Wir werden dem Sachverhalt im Kapitel über die Schriftquellen noch einmal aufgreifen.

Um dem flagranten Mangel an archäologischen Funden abzuhelfen, wurden sogar Katastrophentheorien aufgestellt. Victor Clube postulierte einen Einschlag in der Zeit zwischen 500 und 700, mit dem die Besiedlung für Jahrhunderte entscheidend beeinträchtigt wird.[117] Der Paläontologe Mike Baillie verfeinerte das Modell durch einen Baumringbefund aus der Zeit von 536/540 n. Chr., den er nicht nur mit irischen Eichenchronologien, sondern auch mit Katastrophenberichten von Irland bis China untermauerte.[118] Allerdings spricht gerade die ungebrochene Bautätigkeit von Iustinian I. gegen eine kontinentweite Katastrophe.

Zwingender ist die hier vertretene Erklärung. Sie motiviert die fehlenden Funde zwanglos dadurch, daß erfundene Zeit sich nur in Büchern, aber nicht im Boden niederschlägt. Die Gesamtfundmenge zwischen dem Ende der Römerzeit und den eindeutig erkennbaren Überresten der Normannen wird nicht mehr auf rund sechs, sondern nur auf drei Jahrhunderte verteilt und verdoppelt sich damit per anno. Das wilde Hin und Her der politischen Mächte, das die Schulbücher füllt, reduziert sich beträchtlich. Bedeutende Gestalten wie Alfred der Große gehen den Weg von Karl d. Großen, mit dem er ohnehin verschwägert war. Zwischen 871 und 899 gab König Alfred »dem schwergeprüften Land [...] durch eine neue Einteilung der Grafschaften, durch die Wiederherstellung von Kirchen und Klöstern und durch Städtebau neue Lebenskraft. Von hoher Bedeutung für die Geisteskultur der Angelsachsen waren A.s Bemühungen um die Übersetzung bedeutender historischer und philosophischer Werke aus dem Lateinischen ins Angelsächsische.«[119]

Ist schon der Sakral- und Städtebau äußerst schlecht belegt, so muß noch mehr verwundern, daß hier ein König, der sich fast alljährlich der Dänen erwehren mußte, Zeit fand, wichtige Schriften ins Englische und damit ins Volkstümliche herüberzuholen. Er hat allerdings ein Altenglisch geschaffen, das von seinen Zeitgenossen nicht angenommen worden ist. Denn das Altenglisch des 10. Jahrhunderts leitet sich – nach einer klaren Zäsur – von Canterburys Bischof Dunstan her, der von 960 bis 988 im Amt war und eine Reform anstrebte. »Durch sie erhielt das wieder erlahmte geistige Leben neuen Auftrieb.«[120] Alfreds Spracheinfluß wird rätselhafterweise erst im 11. Jahrhundert greifbar. Solche Phänomene erklären sich im Licht der neuen These von selbst; auch abseits vom Kontinent muß die erste erloschene Renaissance von einer zweiten neu entfacht werden.

Virtuelle Wikinger im 9. Jahrhundert

Es soll in Europa eine Macht gegeben haben, die jahrhundertelang alles attackierte, was irgend angreifenswert war. Ab 789 schwärmen die Wikinger zu immer neuen Raubzügen aus, indem sie zunächst die britischen Inseln, dann die Nordseeküste bedrohen, wobei sie auf ihren Drachenbooten sämtliche Flüsse hinauffahren, die leidlich Wasser unterm flachen Kiel bieten. Karl d. Gr. sorgt sich noch kurz vor seinem Tod um eine erste fränkische Flotte. Die wilden Wikinger brandschatzen dann die Atlantikküste, bevor sie ins Mittelmeer eindringen und selbst Ostspanien heimsuchen. Ab 860 richten sie den Bug ihrer Drachenboote auch nach Nordwesten, um über Island bis Grönland und an die Küste Nordamerikas vorzustoßen. Ihre schwedischen Vettern schwärmen ebenso früh über die Ostsee aus, gründen in den russischen Stromgebieten ihr Warägerreich, dringen über Wolga und Dnjepr zum Schwarzen Meer vor und attackieren 860 erstmals die byzantinische Hauptstadt. Sie kollidieren mit dem ominösen Chasarenreich und erreichen – nach dem Wechsel in den Kamelsattel – selbst Bagdad.

Ein Gutteil dieser Eroberungen muß ohne archäologische Bestätigung auskommen. Dabei ist nicht nach Ländern, sondern nach der Zeit zu trennen. Vor 911, als sie sich als friedliche Siedler in der Normandie niederlassen, sind praktisch keine Spuren von ihnen erhalten. Ein Volk von Kriegern, das nach jedem Angriff seine Pfeilspitzen wieder einsammelte, seine Gefallenen wieder in die Boote packte und den Ort der Verwüstung »besenrein« zurückließ?

Seit einigen Jahren sind die Forscher unruhig geworden. Sie spüren, daß irgend etwas nicht stimmen kann. Was ist etwa mit der Brandschatzung von Aachen (881), Trier (882) und Paris (885), was ist mit der dreimaligen Attacke auf Köln im 9. Jahrhundert?

So paßt in Trier nichts zueinander. Die Stadt soll am Gründonnerstag 882 schwer zerstört worden sein. Gleichwohl bleiben Porta Nigra und große Teile der Mauern praktisch unversehrt, genauso wie die antike Palastaula – sie wird später von königlichen Grafen und vom Bischof benutzt – oder das weite Rund des römischen Amphitheaters.

Wenn eine Kirche von Heiden geplündert und angezündet wird, dann müßte nicht nur der Schaden behoben, sondern auch der Bau neu geweiht werden. Trotz Zerstörung und angeblicher Brandschatzung ist für St. Maximin, eine der beiden großen Zömeterial-Basiliken, die Kontinuität wohl unbestritten. Für die zweite derartige Basilika, für St. Paulin, wurde keine Neuweihe notwendig, wertvolle Reliquien wie ein Nagel vom Kreuz Christi oder der Petrusstab blieben unversehrt.[121]

Da bleibt nur der Schluß, daß die angebliche Brandschatzung zumindest stark übertrieben worden ist. Dieser Schluß wird dadurch noch sicherer, daß selbst die Kirchen außerhalb der Trierer Stadtmauer keine Spuren der Verwüstung erkennen lassen. Und wie heißt es im Falle Kölns? »Vom Normanneneinfall des Jahres 881 blieb auch Köln nicht verschont. Gleichwohl läßt sich das Ausmaß der Zerstörungen aus den Quellen nicht erschließen und es gibt »im archäologischen Befund nicht den mindesten Anhaltspunkt für gewaltsame Zerstörungen«.[122]

Wie grimmig waren also die Wikinger? Wilde Berserker mit Samthandschuhen? Seit einiger Zeit wird in der englischen Fachliteratur immer wieder hervorgehoben, daß aus einem schwer erklärbaren Grund die christlichen Chronisten gerade im 9. Jahrhundert massiv übertrieben hätten. Die skandinavischen Skalden haben dagegen diese kontinentweiten Raubzüge völlig übergangen, als wenn damals nie etwas passiert wäre, was besingenswert gewesen wäre.

Wiederum kann der Schluß nur lauten: einer ohnehin erfundenen Zeit läßt sich beliebig Handlung zuordnen; im Eifer des Wortgefechtes kann es durchaus passieren, daß Chroniken widersprüchlich werden. Daß später einmal Archäologen im Boden wühlen, um Belege zu finden – Begräbnisse der Wikinger mit Waffen und sonstigem Gerät –, war ohnehin nicht vorhersehbar. So entstand die christliche Mär der stets angriffslüsternen Wikinger, die alle ihre Speere und Pfeile wieder eingesammelt haben müssen.

Das Chasarenreich: Traum der Macht

So entstand auch die Sage von jenem geheimnisvollen Chasarenreich im Osten. Es soll vor allem im 8. und im 9. Jahrhundert geblüht haben: Zwischen Don, Kaukasus und Kaspischem Meer profitierte es vom Transithandel in alle Richtungen; seine Führungsschicht soll im 8. Jahrhundert erst den islamischen und gleich darauf den jüdischen Glauben angenommen haben, eine arabische Quelle spricht sogar von einer allerersten Konversion zum Christentum.[123] Die Berichte über diese wiederholten religiösen Konversionen sind leider sehr widersprüchlich und spiegeln manchmal ein Land, das viel eher der Toleranz eines Lessing und seiner Ringparabel verpflichtet scheint als seiner vorgeblichen Existenz mitten im Kräftespiel zwischen Spätantike und Mittelalter, zwischen einem christlichen Großreich, der islamischen Ausbreitung und den davon unberührten Nomadenvölkern im Norden und Osten.

Vor allem aber sind die Zeugnisse für diese lukrative Mittlerrolle zwischen Ost und West, Nord und Süd mehr als bescheiden. Die Bezeichnung »Chasaren« taucht zwar schon im 6. Jahrhundert in den byzantinischen Schriften auf, doch danach hüllt sich alles in dichten Nebel.

Als Arthur Koestler, dessen Buch über »den dreizehnten Stamm« wir heranziehen, das Kulturniveau der Chasaren gegen 740 beschreiben wollte, mußte er auf die Reiseerzählungen des Arabers Ibn Fadlan zurückgreifen, der 921 das Land bereist hat.[124] Auch andere Quellen wie al-Masudi und al-Bakri können uns erst Mitte des 10. Jahrhunderts Bericht erstatten. Dasselbe gilt für die hebräische Korrespondenz zwischen dem jüdischen Großwesir des Kalifen von Córdoba und Joseph, dem König der Chasaren. Sie soll ab 954 geschrieben worden sein; die früheste Kunde haben wir jedoch erst aus der Zeit um 1100.[125] Möglicherweise ging es auch hier um das Schaffen einer genehmeren Vergangenheit.

Von den Hauptstädten eines im Grunde nomadisch gebliebenen Volkes, also vom geheimnisumwobenen Samandar am Kaukasus, von Itil an der Wolgamündung und von dem befestigten Sarkel am Don, kündet nur wenig, was den Archäologen befriedigen könnte. Einzig das angeblich gegen 833 gegründete Sarkel lieferte einen Ausgrabungsbefund, bevor die Stadt in einem Stausee versank.[126] Dort sind Häuser aus gebrannten Ziegeln gebaut und byzantinische Marmorsäulen einer Zweitverwendung zugeführt worden. Die Stadt soll von Warägern gestürmt worden sein, doch dies ist unbewiesen.

Die Chasaren selbst haben uns keine Berichte über ihr eigenes Land hinterlassen. Auch für die letzten 100 Jahre des Chasarenreichs stehen nur Hinweise aus arabischen Chroniken und geographischen Werken.[127] »Aber sie sind, wie wir sehen werden, so zweideutig, daß fast jeder Name, jedes Datum und jeder geographische Hinweis verschiedene Interpretationen zuläßt. Für Historiker, die nach Tatsachen hungern, ist nichts übriggeblieben als ein paar gebleichte Knochen, an denen sie nun nagen wie gierige Bluthunde, in der verlorenen Hoffnung, doch irgendwo ein verborgenes Bröckchen Nahrung zu finden.«[128]

Das Reich erhielt 965 den Todesstoß durch den Kiewer Fürsten Swjatoslaw, als er Sarkel zerstörte, und geriet dann in Abhängigkeit von den nordiranischen Choresmiern. Dieses alte Kulturvolk sollte zwar 712 von den islamischen Arabern unterworfen worden sein, aber gleichwohl seine einheimische Dynastie bis 995 behalten haben – eine bislang unverstandene Gnade.

Wiederum löst sich das Dilemma fehlender Funde als Scheinrätsel auf. Die Chasaren treten tatsächlich bereits im 5. und 6. Jahrhundert auf, wie der byzantinische Chronist Jordanes weiß. Doch besteht ihr weitgehend flüchtiges Reich keineswegs 400, sondern nicht einmal 100 Jahre in Selbständigkeit. So erklärt sich die auffällige Fundarmut und der geringe Schriftbestand, der schon bislang dem 10. Jahrhundert zugewiesen werden mußte. Die Choresmier bürgen wiederum dafür, daß die islamische Eroberungswelle hin zum Iran keineswegs schon im 7. und 8. Jahrhundert gerollt ist, wobei sie aber die Islamisierung keineswegs vorangebracht, sondern aufs 10. und sogar frühe 11. Jahrhundert vertagt hätte.

Arthur Koestler hat mit einem langen Zitat aus der *Encyclopaedia Britannica* klargestellt, wie der arabische Kulturkreis die Autorität seiner Aussage erzeugt hat:

»Die frühen arabischen Historiker unterscheiden sich von allen anderen durch die einzigartige Form ihrer Werke. Jedes Ereignis wird mit den Worten eines Augenzeugen oder eines Zeitgenossen berichtet, die zu dem letzten Erzähler durch eine Kette dazwischengeschalteter Berichterstatter gelangen, von denen jeder den Originalbericht an seinen Nachfolger weitergegeben hat. Oft wird derselbe Bericht in zwei oder mehr verschiedenen Varianten wiedergegeben, die durch verschiedene Berichterstatterketten überliefert wurden. Häufig wird ein Ereignis oder eine wichtige Einzelheit in verschiedenen Versionen erzählt, auf Grund verschiedener, zeitgenössischer Darstellungen, die dem Enderzähler durch verschiedene Überlieferungsketten vermittelt worden sind ... Das Prinzip ist immer, daß, was einmal gut gesagt worden ist, nicht noch einmal mit anderen Worten gesagt werden muß. Der Schriftsteller hält sich daher so eng als er kann an den Buchstaben seiner Quelle, so daß häufig der letzte Schriftsteller genau die Worte wiedergibt, die der erste Erzähler gebraucht hat.« [...] Damit werden auch die außerordentlichen Schwierigkeiten einigermaßen verständlich, eine ursprüngliche Quelle, die häufig genug verlorengegangen ist – aufzufinden –, und zwar in dem Dschungel verschiedener Versionen späterer Historiker, Kompilatoren und Plagiatoren. Dadurch ist es häufig unmöglich, eine Episode oder die Beschreibung der Verhältnisse in einem bestimmten Land zu datieren. Die Ungewißheit der Datierung kann ein ganzes Jahrhundert umfassen, an Stellen, wo der Autor im Praesens berichtet, ohne genauen Hinweis, ob er etwa eine Quelle aus weit entfernter Vergangenheit zitiert [...] Die wichtigsten arabischen Berichte über Chasarien, die auch in diesem Buch am häufigsten zitiert wurden, sind jene von Ibn Fadlan, al-Istakhri, Ibn Haukal und al-Masudi. Aber nur einige wenige von ihnen kann man ›Erstquellen‹ nennen, so etwa, wenn Ibn Fadlan aus eigener Erfahrung berichtet. Ibn Haukals Bericht zum Beispiel, der etwa 977 niedergeschrieben wurde, beruht fast völlig auf jenem Istakhris, der aus dem Jahr 932 stammt und seinerseits wieder angeblich auf der verlorenen Arbeit des Geographen el-Balkhi gegründet ist, der um das Jahr 921 verfaßt wurde.«[129]

Was hier mit Blick auf die Chasaren erläutert wurde, gilt selbstverständlich für den gesamten arabischen Kulturkreis. Wir begegnen dem Phänomen einer »autorisierten Kulturerfindung« in Spanien erneut.

Spanien: Die Araber und der Islam

Bereits im *Erfundenen Mittelalter* habe ich darauf hingewiesen, daß die großen Zeugnisse arabisch-islamischer Kultur des fraglichen Zeitraums einfach fehlen. Weder die Millionenstadt Bagdad noch die Halbmillionenstadt Córdoba haben uns relevante Spuren hinterlassen. Nun sind Ausgrabungen im Vorderen Orient sehr viel schwieriger als in Andalusien, dem arabischen Kernland, oder sonst auf der iberischen Halbinsel.

In ganz Spanien ist die Archäologie emsig bestrebt, die Zeugnisse alter Kultur ans Licht zu bringen und zu konservieren. Es empfiehlt sich deshalb, einen aktuellen Führer wie den *Oxford Archaeological Guide* zur Hand zu nehmen.[130] Dort sollte sich das maurische Reich in seiner ersten Prachtperiode in stolzer Fülle präsentieren. Wir listen den kompletten Bestand vor 911 auf, ohne unseren Text mit den elf Einträgen zu sprengen:

Balaguer (nördl. des Ebros bei Lérida): Befestigung, deren Nordmauer samt Viereckturm dem späten 9. Jahrhundert »zugeschrieben« wird;[131]
Córdoba (Andalusien): die südwestliche Stadtmauer »vermutlich« 9. Jahrhundert;[132]
Córdoba: kleiner Badekomplex des 9./10. Jahrhunderts;[133]
Córdoba: ein Teil der Umayyaden-Moschee;[134]
Fontanarejo (südlich Toledo): frühe Berbersiedlung; Keramik aus dem 9. Jahrhundert;[135]
Guardamar (Ostküste): 944 fertiggestellte Moschee, von der Teile aus dem 9. Jahrhundert stammen könnten;[136]
Huesca (Pyrenäenrand): arabische Befestigungen, gegen 875 datiert;[137]
Madrid (Zentrum): Festungsfundamente um 870;[138]
Mérida (Extremadura): Festung, Abd er-Rahman II. (822–852) zugeschrieben;[139]

Monte Marinet (Ostküste): Berbersiedlung; Keramik verweist auf 7. bis frühes 9. Jahrhundert;[140]

Olmos (zwischen Madrid und Toledo): die Gründungslegende auf Muhammed I. (852–86) wird durch Keramik gestützt.[141]

Die geringe Anzahl der Orte muß überraschen. Man dürfte mit Fug und Recht mehr Funde aus jenen zwei Jahrhunderten erwarten, die zwischen 711 – Überschreiten der Meerenge von Gibraltar – und 929 – Begründung des Kalifats von Córdoba – liegen. In dieser Zeit hätten die Araber ohne relevante Gegenwehr fast ganz Spanien besetzt und zu ihrem Gebiet gemacht. Aus dieser Zeit könnten zahlreiche Neugründungen und reizvolle Zeugnisse arabisch-persischen Kunstwollens erwartet werden. Damit ist es also nichts. Gleichwohl: Beweisen nicht arabische und berberische Überreste selbst am Pyrenäenrand, daß es sich um sehr frühe Zeugnisse handelt? Schließlich soll die Reconquista die Araber früh zurückgedrängt haben, um sie auf Andalusien zu beschränken und schließlich 1492 aus dem Land zu drängen.

Die geschichtliche Realität sieht anders aus. Gerade im 10. Jahrhundert tobt der Kampf zwischen Christen und Muslimen im ganzen Land. Eine Festung wie Toledo wird mehr als einmal erobert und wieder verloren. Abd er-Rahman III. ist der erste maßgebliche Mann. In seiner Regierungszeit (912–961) gelingt es ihm zunächst, sein Herrschergeschlecht der Omayyaden (erneut?) zu installieren. Wie der Kalifentitel ausdrückt, vereinigt er weltliche und geistliche Macht. Er besitzt in Spanien weit mehr als nur Andalusien. Wenn er 939 in der Schlacht von Simancas eine schwere Niederlage hinnehmen muß, dann wird damit sein Einflußbereich bestens bezeugt. Denn Simancas liegt zwischen Salamanca und Valladolid am Douro, signalisiert also die Positionierung arabischer Truppen weit im Norden. Trotz dieser Schlappe ist der Omayyaden-Staat Mitte des 10. Jahrhunderts auf seinem Höhepunkt.[142] Damit parallel geht, daß der christliche König von León 959 seinen Thron nur mit Hilfe der Omayyaden etablieren kann. 980 tritt mit Al-Mansur noch einmal ein Eroberer im großen Stil auf. Er brandschatzt León, Barcelona und Santiago de Compostela, er greift sogar über die Pyrenäen hinaus. Sein Vorstoß endigt erst mit seinem Tod im Jahre 1002. So sind selbst Ende des 10. Jahrhunderts noch maurische Befestigungen im hohen Norden motivierbar, ohne daß Geschichte irgendwie »vergewaltigt« werden müßte.

Nach bisherigem Wollen wäre Spaniens Wiedereroberung durch die Christen, also die ruhmreiche Reconquista, bereits 722 mit dem Sieg in Covadonga eingeläutet worden.[143] Dieses Schlachtfeld liegt nahe der Nordküste zwischen Gijón und Santander. Da hätten sich die spanischen Christen bereits zur erfolgreichen Gegenwehr erhoben, bevor Karl Martell 732 die Sarazenen bei Tours und Poitiers gestoppt hätte. Gleichwohl hätte es nach demselben Lexikon noch 400 Jahre gedauert, bis wenigstens der Norden freigekämpft war: 1085 Toledo, 1118 Saragossa.

Wir erinnern an unsere früheren Zweifel. Wenn nur wenige Funde da sind, dann wird der Forscher immer bemüht sein, auch mit dieser zu »kurzen Decke« den gesamten Zeitraum zwischen 500 und 1000 abzudecken. Dabei können typologische Grenzen, etwa bei Keramik, um entscheidende Jahrzehnte aus realen in fiktive Zeiten verzerrt werden, einfach um zu halbwegs stimmigen Abgrenzungen zu kommen. So kann relativ leicht erklärt werden, warum gleichwohl Funde für fiktive Zeiten vorgewiesen werden können, warum aber auch die angrenzenden Jahrhunderte – das 6. und 10. – erstaunlich wenig Funde enthalten. Bei richtiger Zuordnung enthalten fiktive Zeiten keinen einzigen Gegenstand, während die angrenzenden Zeiten mehr zugeschrieben bekommen. Auch bei dieser besseren Verteilung bleiben das 6. und 10. Jahrhundert vergleichsweise ärmlich, allemal Ausdruck einer damals schweren Übergangszeit. Diese Zeit steht in Europa nicht für ungehemmt blühende Kultur, sondern im Kernbereich noch immer für ein mühsames Konsolidieren vielfältiger Mächte.

Und so müssen wir feststellen: Die iberische Halbinsel weist für 200 Jahre arabischer Kultur beunruhigend wenig an Funden auf, abgesehen von schwer identifizierbaren Teilen der Moschee zu Córdoba überhaupt keinen relevanten Fund, der z. B. eine Besichtigung rechtfertigen würde. Diese Funde konzentrieren sich in keiner Weise auf das Kernland Andalusien, sondern verteilen sich so über Spanien, wie es auch im 10. Jahrhundert noch maurisch war. Von der spektakulären Kultur der frühen Mauren ist uns nichts erhalten. Es muß noch einmal daran erinnert werden, daß Córdoba als halbe oder ganze Millionenstadt des 9. Jahrhunderts uns kaum eine Scherbe hinterlassen hat, genausowenig wie die Millionenstadt Bagdad, in der Harun al-Raschid nächtens durch die Straßen gehuscht sein soll. Córdoba hätte den primitiven Germanen demonstriert, wie eine hochzivilisierte Metropole aussieht: gepflasterte und beleuchtete Straßen, zahllose Badeanstalten, üppige Bibliotheken. Nachdem wir auch die großen geistigen Kulturleistungen des frühen Islams nur in Form von Zitaten kennen, die spätere Schriftsteller und Historiker, also die großen Kompilatoren und Enzyklopädisten des 12. und 13. Jahrhunderts, uns berichtet haben, bleibt der dringende Verdacht, daß auch die arabische Welt bis ins beginnende 10. Jahrhundert hinein fiktiv ist.

Westgotische Architektur

Es gibt aber nicht nur arabische Zeugnisse für die Dunkelzeit, sondern auch veritable westgotische und asturische Architektur. Es läßt sich gut zeigen, daß sie ohnehin aus anderer Zeit stammen muß.[144]

Hatte die römische Architektur beste Quaderbauweise gepflegt – bewundernswert beim Aquädukt von Segovia –, beherrschten die nachrückenden Völker, etwa die Westgoten, nur den Holzfachwerkbau. Sie begannen mit qualitätsarmem Bruchsteinmauerwerk, allenfalls um römische Quadern ergänzt.[145] Selbst die 578 gegründete Königstadt Reccopolis erbrachte nur Bruchsteinmauerreste.[146] Wir wissen aus der europäischen Romanik, daß die Bruchsteine, ergänzt um Ecken aus Quadern, erst Ende des 11. Jahrhunderts von reinem Quaderbau abgelöst werden.[147]

Doch bereits ab ca. 640 sollen Germanen eine Handvoll Kirchen in sauberer Quadertechnik samt Tonnengewölben ausgeführt haben. Zu ihnen gehören:

San Juan de Baños, Prov. Palencia; 652 oder 661 geweiht;
Sta. Comba de Bande, Westspanien; spätes 7. Jh.;
San Pedro de la Nave, El Campillo bei Zamora; bis 711;
Sta. María de Quintanilla de las Viñas, Prov. Burgos; 711, unfertig.

Sie stehen fast allein für ein ganzes Jahrhundert europäischer Baukunst: »Aus dieser vorkarolingischen Zeit sind uns einige wenige kleine Steinkirchen im iberischen Teil des Westgotenreiches erhalten. Dazu kommen wenige Kirchen in Irland und England, deren Datierung aber wohl nur deshalb allgemein akzeptiert wird, weil eine brauchbare Alternative fehlt. Als gesichert kann man sie schwerlich ansehen.«[148]

Niemand würde diese properen Bauten ins 7. Jahrhundert datieren, wenn es nicht an der Kirche San Juan de Baños eine Inschrift gäbe, wonach sie 652 oder 661 vom Westgoten-König Recceswinth geweiht worden ist.[149] Die Inschrift ist mit dieser Last weit überfordert.

Asturische Architektur

Nun gibt es eine weitere spamsche Bautengruppe, diesmal im Königreich Asturien, das von 718 bis 910 Bestand hatte. Bei ihr gibt es Bruchsteinmauerwerk mit eckverstärkenden Quadern.[150] Insofern konnte das westgotische Können nicht weitergeführt und gerettet werden; gleichwohl werden sie gerne als »westgotisch« bezeichnet. Zu ihnen gehören:

Sta. Cristina de Leña,

San Miguel de Liño (auch Lillo genannt) bei Oviedo (Palastkirche),

Sta. Maria de Naranco bei Oviedo, Palastteil mit Kircheneinbau.

Diese dritte Kirche ist zugleich »die einzige noch erhaltene germanische Königshalle« und damit auch die einzige »westgotische«,[151] bizarrerweise 135 Jahre nach dem Untergang des westgotischen Königreichs errichtet. Im Obergeschoß sind Tuffsteingewölbe, Strebepfeiler, Wandvorlagen und Gurtbögen zur Ausführung gelangt. Ab 842 wird hier die Wölbtechnik beherrscht.

Aber mit dem Ende des Asturischen Reiches scheint auch der Kirchenbau eingestellt worden zu sein. Denn für die Zeit von 910 bis nahe der Jahrtausendwende bleibt die iberische Halbinsel – abgesehen von einigen mozarabischen Bauten – architektonisch unergiebig. Dies ändert sich Ende des 10. Jahrhundert dramatisch. Doch die nun überall aufblühende romanische Baukunst kennt nur Bruchsteinmauerwerk mit einfachsten Gewölben von wenigen Metern Spannweite. Anfang des 11. Jahrhunderts sind die Fähigkeiten der Westgoten noch nicht wieder erreicht. So wird uns ein rätselhaftes Hin und Her präsentiert, dessen Widersinn bislang übergangen werden mußte:

Zeit	Mauerwerk	Quader	Wölbung
1 – 360:	römisch, Quader	ja	ja
360 – 600:	Bruchsteine	nein	nein
600 – 711:	westgot., Quader	ja	alle gewölbt
711 – 780:	kaum belegt	nein	nein
780 – 900:	astur. Bruchst./Eckquader	teils	ab 842
900 – 980:	mozarab. Bruchst./Eckquader	teils	teilweise
980 –1080:	Bruchsteine/Eckquader	teils	zunehmend
1080 bis >:	eigentlicher Quaderbau	ja	ja

Die westgotischen Kirchen des 7. Jhs. wirken dreifach anachronistisch. Denn ihr bestechendes Mauerwerk und ihre Wölbungen werden ausgerechnet unter einer germanischen Herrscherschicht errichtet, die wie alle germanischen Völker »ohne steinbaukünstlerische Tradition, ungelernt in der Schichtung von Mauern und in der Wölbung von Räumen« ist,[152] was selbst germanenfreundliche Autoren bestätigten.[153] Um dieses Paradoxon zu erklären, muß die antike Tradition des Steinbaus und das Weiterleben spätantiker Kunst beschworen werden,[154] obwohl keine Verbindung vom 4. zum 7. Jahrhundert rekonstruierbar ist.

Wenn erfundene Jahrhunderte aus der Geschichte eliminiert werden, ergibt sich erstmals eine plausible Architekturentwicklung auf der iberischen Halbinsel.

Zeit	Mauerwerk	Quader	Wölbung
1 – 360:	römisch, Quader	ja	ja
360 – 614:	Bruchsteine	nein	nein
911 –1080:	Bruchsteine/Eckquader	teils	teils
1080 bis >:	eigentlicher Quaderbau	ja	ja

Bei dieser Sicht gehören die Westgoten weiterhin zu den größten Wanderern unter den Völkern. Vom Schwarzen Meer herkommend, gründen sie 460 ihr Reich von Toledo, das die iberische Halbinsel mit Ausnahme des Nordwestens (und zeitweilig eines byzantinischen Südens) umfaßt. Dort bleiben sie bis zum Zeitsprung (614/911) und dann nur noch wenige Jahre an der Macht. Jene Bauten in dunkler Zeit, die sie rettungslos überfordert hätten, rücken ins spätere 11. Jahrhundert, in dem das Abendland endlich den »westgotischen« Standard des vermeintlichen 7. Jahrhunderts erreicht hat. Verloren geht dabei nur die Weihinschrift des Recceswinth.

Die Gewölbeerfindung (um 842) der sogenannten »asturischen« Bauten erweist sich als Verdopplung der Gewölbeerfindung um 1000. So rücken die Kirchen von 800 bis 900 in die

Zeit von ca. 970–1070; das einzige reine Quaderbauwerk dieser Gruppe rückt von ca. 900 in die Zeit um 1070, als die ersten reinen Quaderbauten innerhalb der Romanik entstehen. Die immer wieder festgestellten stilistischen Verbindungen zu Bauten des Karolingerreiches[155] bleiben erhalten, da die Neudatierung für diese Bauten längst vorgeschlagen worden ist.[156] Die »karolingische« Loire-Kirche Germigny-des-Prés und ein schon bislang auf 1022 datiertes San Pedro de Roda stehen nun zeitgleich im 11. Jahrhundert, genauso wie das Duo Lorscher und »westgotische« Königshalle und die Aachener Pfalzkapelle.

Mit diesem Zeitansatz löst sich auch ein Rätsel, das bislang kaum als solches beachtet worden ist. Es ist die Bogenkonstruktion in der Kirche Sta. Maria de Naranco, also in der ohnehin arg verspäteten »westgotischen« Königshalle: »Wie genial sind die Blendbogen und Gurtbögen darüber, aber sie bleiben ein geistreiches Spiel, weil die Gurtbögen nach unten in Medaillons endigen und nicht auf dem Kapitell aufliegen; sie scheinen zu schweben. – Wie weit ist es noch bis zu den tragenden romanischen Pfeilersäulen?«[157]

Das ist zunächst gut beobachtet, aber wegen der falschen Zeitstellung so gründlich wie nur möglich mißverstanden. Selbstverständlich werden anfänglich massive Gurtbögen über tragenden Pfeilersäulen gebaut. Erst wenn die Statik beherrscht wird und die tragenden Pfeilersäulen Standard sind, kann mit den Bauelementen gespielt werden, zum Beispiel durch die Verwandlung von tragenden in scheinbar schwebende Gurtbögen. Die »westgotische« Kirche zeigt mit ihrem »Schweben« – auch mit ihrer unantiken Steilheit[158] – bereits Tendenzen der Hochromanik.

Zwischenstation Byblos

Wir entdecken unerklärliche Lücken nicht nur bei Isländern, Byzantinern, Franken oder Sarazenen. Auch Richtung Osten klaffen Leerräume. Erster Anlegeplatz für Kontakte mit dem

Orient war oft genug Byblos. So geschichtsträchtig dieser Ort ist, so wenige Spuren haben die dunklen Jahrhunderte hinterlassen. Gunnar Heinsohn ist bei seinen Arbeiten zur Antike darauf gestoßen, daß sich in den Ruinen dieser berühmten Levante-Stadt nördlich von Beirut zwar 21 Grabungsschichten aufblättern ließen, daß aber ausgerechnet die Zeit von 637–1098 keine Spuren auf dem Siedlungshügel von Byblos hinterlassen hätte.[159] Hätten die Kreuzfahrer demnach verlassene Geisterstädte angegriffen? Mitnichten. Laut Heinsohn haben die Muslime das byzantinische Byblos keineswegs zerstört, sondern dort nur eine – bezeichnenderweise – »persische« Garnison postiert. Sie wurde wenige Generationen später von den Kreuzrittern überwältigt, die dann lateinische Bischöfe einsetzten. Bislang war völlig unverständlich, warum sich die griechische Geistlichkeit dagegen empörte: In seit 400 Jahren verlassenen Städten wäre doch wirklich nichts an Abgaben zu holen gewesen ...

Das armenische Rätsel

Auch Armenien geriet früh in die Schußlinie der arabischen Angriffswelle. Sie soll wie ein riesiger Zangenangriff im Westen bis zur französischen Loire (Schlacht bei Tours und Poitiers) und im Osten bis zum Indus ausgegriffen haben. Im 7. Jahrhundert wurde Armenien zwischen Byzantinern, Persern und Arabern zerrieben, bis sich schließlich die Kalifen durchsetzten. Unter dieser arabischen Oberhoheit wurde 885 das nationale Königtum der Bagratiden gegründet, das bis 1080 Bestand hatte.

Im goldenen Zeitalter Armeniens gilt Movses Chorenatzi als bedeutendster armenischer Historiker. Mein Forschungskollege Gunnar Heinsohn begegnete seinem Geheimnis, als er an der Armenischen Akademie der Wissenschaften einen Vortrag hielt.[160] Denn es wird noch immer um die Zeit seines Wirkens gestritten. Movses selbst datierte sie und somit auch sich ins

5. Jahrhundert, korrespondierend zu seinem Werk. Schließlich ist er der beste Kenner der Antike wie der Spätantike, die er ganz offensichtlich aus eigener Anschauung kannte. Außerdem schildert seine Geschichtsschreibung nur Ereignisse bis 440, wie er auch nur Quellen bis zum 5. Jahrhundert ausschöpft.

Moderne Historiker seines Landes stolpern über einen anderen Umstand. Obwohl der Rang dieses Wissenschaftlers nie umstritten war, wird er erst rund 440 Jahre nach seinem Ableben zum ersten Mal zitiert, von Johann Catholicos (850–931). Alle weiteren Historiker berufen sich dann auf Chorenatzi. Da es unvorstellbar erscheint, daß seine Werke jahrhundertelang unbeachtet geblieben sind, wußten sich heutige Kollegen nicht anders zu helfen, als daß sie seine Lebenszeit ins 8. Jahrhundert verlegten. Es finden sich dann beispielsweise auch Hinweise, seine armenische Geschichte stamme von 700.[161] So wäre der direkte Anschluß an seine ihn zitierende Nachwelt leidlich bewerkstelligt, aber: Dann hätte Chorenatzi selbst seine Lebenszeit mit Absicht falsch datiert und ganz bewußt seine Geschichtsschreibung schon 300 Jahre vor seiner eigenen Gegenwart endigen lassen.

Dieser Streit war mit dem vorhandenen Material nicht schlichtbar; noch heute haben beide Seiten ihre Vertreter. Heinsohn konnte – im Wissen um meine seit 1991 vertretene These – den Fall aufklären. Heutige Armeniologen rechnen mit unserer Chronologie »n.Chr.« und ordnen auf dieser Zeitachse die Kollegen von Chorenatzi ein. Chorenatzi selbst benutzte eine Ära nach Alexander und wußte, daß er etwa 750 Jahre nach dem griechischen Feldherrn lebte. Als diese Ära mit der christlichen Zeitrechnung verzahnt worden ist, enthielt diese bereits die erfundenen Jahrhunderte. Insofern wurde Chorenatzi zwangsläufig von seinen direkten Nachfolgern um mehrere Jahrhunderte Jahre abgetrennt. Sein erster Nachfolger ist noch in den »dark ages« geboren. Fiktive Zeiten herausgerechnet, würde das Geburtsdatum von Johann Catholicos nicht mehr auf 850, sondern in die Realzeit 553 n. Chr. fallen.

Wir sehen in mustergültiger Weise, wie die gezielte Frage nach drei erfundenen Jahrhunderten allerorten Probleme zutage fördert, die als lästig und unangenehm zur Seite geräumt worden sind. Da ich die armenische Verwerfung beim Aufstellen der Theorie noch gar nicht kannte, beweist sich hier ihr übergreifender Erklärungswert.

Es ist aber zu erwarten, daß in Armenien noch weitere Zeitumstellungen notwendig werden. Dieses Land, das ja noch vor dem römischen Reich zum christlichen Staatskirchentum fand, hat am Ende des 5. Jahrhunderts die ersten Kuppeln gewölbt, etwa über der Basilika von Tekor. Damals wurde auch der Typus der Kreuzkuppelkirche ausgebildet, wobei die Kathedrale von Etschmiadsin mit ihrer kreuzförmigen Anlage, »eine der ältesten in der christlichen Welt überhaupt«, anfänglich noch mit einer Holzkuppel geschlossen wurde.[162] Ab ca. 550 n. Chr. erlebt Armenien eine fast 150 Jahre dauernde Sakralbaublüte mit besonderer Ausformung der Kreuzkuppelkirche.

Diesen Kirchentypus hat Konstantinopel übernommen – aber aus bisheriger Sicht erst viel später: »In Byzanz hingegen hat sich der Kreuzkuppeltyp später (beginnend mit dem 9.–10. Jahrhundert) entwickelt, und es gibt allen Grund zu der Annahme, daß dieser Kreuzkuppeltyp in Byzanz gerade aus Armenien übernommen wurde.«[163] Nachdem der Architekturhistoriker aber ein Beispiel aus dem 9. Jahrhundert schuldig bleiben muß, klafft eine beträchtliche Lücke zwischen Armenien und Byzanz, zwischen den direkten Nachbarn. Warum haben die Byzantiner des 10. Jahrhunderts auf einen Kirchentyp zurückgegriffen, den die Armenier selbst 200 Jahre lang nicht gebaut hatten, der aber damals schon 400 Jahre alt war?

Zu beachten ist, daß diese Lücke nicht deckungsgleich ist mit dem ansonsten sich gut bewährenden Intervall zwischen 614 und 911. Das kann bedeuten, daß sich bei der Synchronisierung von Alexanderära, Seleukidenära, arabischer Hedschra-Rechnung, byzantinischer Weltärarechnung und christlicher Zeitrechnung eine spezielle Verschiebung um rund 70 Jahre ergeben hat. Es ist aber auch zu bedenken, daß die Baudaten der armenischen Kirchen häufig genug umstritten sind, was selbst die *Brockhaus Enzyklopädie* in ihrer knappen Übersicht hervorhebt.[164]

Indiens Wirrwarr

Die indische Geschichtsschreibung kann nicht mit einer präzise umreißbaren 297-Jahres-Lücke aufwarten. Sie hat viel größere Probleme, nämlich zu viele einander widersprechende Chronologien.[165] Unübersehbar wird das, wenn sich Indologen über den Zeitpunkt verständigen wollen, an dem Buddha seinen Körper aufgegeben hat. Allein aus Tibet liegen 17 Datierungen vor, die bis ins 3. Jahrtausend v. Chr. abdriften. Dagegen sind japanische Buddhologen bemüht, das fragliche Datum deutlich jünger zu machen als jenes Jahr 544 v. Chr., das aus ceylonesischen Berechnungen des südlichen Buddhismus gewonnen und lange Zeit nicht angezweifelt worden ist.

Auf dieser wackligen Basis ruht die indische Geschichte, denn mit diesem spirituellen Ereignis ist ein weltliches Datum von höchster Bedeutung verknüpft. Der Maurja-Kaiser Aschoka (oder Asoka) gründete das erste indische Großreich, das mit Ausnahme der indischen Südspitze fast deckungsgleich ist mit den heutigen Staaten Pakistan, Indien und Bangladesch. Er übernahm den buddhistischen Glauben, ließ ihn missionierend verbreiten und leitete so den Aufstieg des Buddhismus zur Weltreligion ein. Aschokas Krönung schwankt zwar nicht so wie die Datierungen für Buddha, ist aber auch nur »mit einiger Sicherheit« ins Jahr 268 v. Chr. zu plazieren.

Laut alten Überlieferungen liegen zwischen Buddhas Nirvana und Aschokas Krönung 218 Jahre. Leider werden hier zwei unsichere Daten durch ein dehnbares Seil verknüpft, belassen doch andere indische Überlieferungen nur 100 Jahre zwischen beiden Geschehnissen. So kann es nicht verwundern, daß selbst die halbwegs ernst zu nehmenden Datierungen für Buddhas Nirvana über 250 Jahre hinweg streuen: 544, 486, 480, 453, 368, 348, 328 oder 290 v. Chr.;[166] die japanischen Ansätze konzentrieren sich auf die Zeit zwischen 386 und 365 v. Chr.

So kann Indien nur für eines bürgen: Es demonstriert eindrucksvoll den Wirrwarr, der entsteht, wenn Zeitrechnungen unterschiedlicher Herkunft in Einklang gebracht werden sollen. Außerdem wird deutlich, daß dieses Land mit einer durchweg als »uralt« erachteten Kultur keineswegs kompetent ist, wenn es um seine eigene Vergangenheit geht. Ist schon die Zeit zurück bis 500 v. Chr. ein schwer durchdringbarer Dschungel, so sieht es davor noch undurchdringlicher aus. Hier hat bereits Gunnar Heinsohn eine Schneise für eine dramatisch später angesetzte Industal-Kultur geschlagen.[167] Dieser neu gefundene, direkte Übergang von den Kulturzentren Harappa und Mohenjo-Daro zum Buddhismus kann jedem Indienkenner empfohlen werden. Unser Mitstreiter Claus Dieter Rade erstellt eine neue Chronologie Indiens, indem er sich mit der »Großen Chronik« von Ceylon auseinandersetzt.[168]

Indonesische Bestätigung

Noch weiter im Osten hellt sich das Chaos wieder auf. Claus Dieter Rade ist in Jawa faszinierenderweise auf dieselben Probleme gestoßen, die uns 12 000 km weiter westlich beschäftigt haben.[169] Die reizvolle Insel ist für die Historiker ein geteiltes Land. In Ostjawa setzt greifbare Historie erst 927 n. Chr. ein. West- und Mitteljawa soll sich ganz anders entwickelt haben: Hier beginnt die Geschichte deutlich früher, gegen 640, endigt aber bereits im Jahr 927 n. Chr. Nun schweigen alle Chroniken für 295 Jahre, um sich erst ab 1222 lückenlos und im Gleichschritt mit Ostjawa bis zur Gegenwart fortzusetzen.

Wie ist diese seltsame Verwerfung zu erklären, wie die Verwirrung aufzuklären? Rade zeigt, daß die in steinernen Inschriften erhaltenen Datierungen je nach Herkunft zwei verschiedenen Ären zugeordnet worden sind: im Osten der indischen Shaka-Ära, die man 78 n. Chr. einsetzen läßt, in West- und Mitteljawa dagegen dem Regierungsantritt Chandra Guptas II., der bei 375 n. Chr. gesehen wird – Differenz 297 Jahre. Je nach Synchronisation rückten daraufhin gewisse Zeiten in diesen Gebieten auseinander oder auch zueinander.

Rade kann nun Ost-, Mittel- und Westjawa sinnstiftend miteinander synchronisieren. Nun löst sich generell erst ab 927 n. Chr. die dortige Historie aus dem geschichtslosen Dunkel. Damit hilft er der auch hier vergeblich suchenden Archäologie in entscheidender Weise. Gewissermaßen als »Nebeneffekt« fällt Licht auf das berühmteste Bauwerk Indonesiens, auf das buddhistische Heiligtum Borobodur. Dieses weltberühmte Monument ist erst im 19. Jahrhundert ausgegraben und damals dem 9. Jahrhundert n. Chr. zugewiesen worden. Bislang konnte nicht verstanden werden, wieso dieses Bauwerk nicht in den Bürgerkriegen, nicht bei chinesischen oder islamischen Invasionen zerstört wurde. Sein Zuschütten mit Erde hätte eigentlich gar keinen Schutz bieten können, denn ein nach mehreren Jahrhunderten ringsum bekanntes und berühmtes Bauwerk, im Grunde ein Weltwunder, wäre nicht zu verstecken gewesen. Nur wenn man davon ausgeht, daß es nach seiner Erstellung im 13. Jahrhundert sofort vor den andringenden Moslems geschützt werden sollte, hätte seine Existenz verheimlicht werden können.

China und ein Resümee

Insofern können wir gespannt sein, was im Zuge dieser Chronologiebereinigung noch an Funden und Entdeckungen bevorsteht. Ungelöst ist noch der Fragenkomplex China. Dieses »Land der Mitte« bildet den östlichsten Ausläufer unserer Alten

Welt, die »eigentlich« untereinander verkoppelt ist. China kennt gerade in der erfundenen Zeit (614–911) und fast für denselben Zeitraum – für 618 bis 907 – die Tang-Dynastie als einen Höhepunkt der Landesgeschichte. Diese Epoche ist sowohl schriftlich wie archäologisch ungewöhnlich gut belegt. Leitet sich daraus ein Widerspruch zum hier vertretenen Geschichtsbild ab?[170]

Das Reich der Mitte hat, wie seine eigene Bezeichnung ausdrückt, über lange Zeiten hinweg kaum Kontakte nach außen unterhalten. Insofern gibt es erst relativ späte und auch dann nur spärliche Bezüge zum fernen Westen. Aufgeboten werden können nur einige wenige byzantinische Münzen der Spätantike, die irgendwie den Weg in den Osten gefunden haben, und der Chronikeintrag, daß es 751 zu einer entscheidenden Schlacht zwischen Ost und West gekommen sei. Bei Licht betrachtet ist diese militärische Kontaktnahme sehr vage: Die Schlacht wurde am Talas geschlagen, nahe Alma Ata; verwickelt waren chinesische Hilfsvölker unter einem koreanischen General und arabische Hilfsvölker. Zum einen 2000, zum anderen 4000 km von den damaligen Machtzentren entfernt, läßt sich daraus wenig ableiten, zumal nicht einmal gesichert ist, ob die Chroniken beider Seiten darüber berichten oder nur die chinesischen Annalen, denen mangels Kontrollmöglichkeiten geglaubt werden muß.

Erst im späteren Mittelalter werden dann die Brücken zwischen West und Ost stärker begangen. Aber noch die Franziskanermission war eine Unternehmung, deren Spuren auf beiden Seiten vergingen oder verwischt wurden. Giovanni de Monte-Corvino schiffte sich 1291 nach China ein und wurde 1307 zum Erzbischof von Peking ernannt. Nach seinem Tod 1328 verschwanden in China sämtliche Spuren des römischen Christentums, in Rom das Wissen um diesen Bischof unter Papst Klemens V., so daß die Jesuitenmissionare am Ende des 16. Jahrhunderts nichts von ihren Vorgängern wußten.[171] Dahinter könnte sich freilich auch ein späteres, ordensbezogenes Bedürfnis nach früherer Kontaktnahme verbergen, dem sich mangels sonstiger Belege leicht durch die Schaffung einer Schriftquelle entsprechen ließ.

Mangels Synchronisationsmöglichkeiten könnte es für das frühe Mittelalter tatsächlich so sein wie im Falle der Mayas: daß die europäische Geschichte vor 911 im Vergleich zur chinesischen einfach um 297 Jahre jünger wird. Das heißt: Chinas Zeitachse bliebe unverändert, die europäische würde gekürzt, wodurch Chinas Geschichte vor 911 relativ gesehen älter wird.

Nachdem die Chinesen keineswegs so große Chronologen waren, wie man ihnen gerne unterstellt, haben sie ihren Kalender nicht gerade penibel gepflegt. Zweimal mußten fremde Spezialisten – unter den Mongolenherrschern um 1280 und zu Zeiten der Jesuitenmission um 1600 – eingreifen und den verwirrten Kalender justieren. So kann durchaus gemutmaßt werden, daß der uns heute vorliegende Kalender revisionsbedürftig ist. Das läßt sich unter anderem daraus schließen, daß in einem so gut recherchierten Buch wie dem von Jacques Gernet etliche Erfindungen zweimal in großen zeitlichen Abständen aufgelistet werden:

31 und 554 Einsatz von Wasserkraft für Gebläse in Hochöfen;
349, 751 und 1221 Studien zum Gnomon, also zum Schattenwerfer;
723 und 1088 Hydraulische Uhr mit Hemmung;
783 und 1168 Schaufelradgetriebene Kriegsschiffe;
970 und 1313 Umsetzung von Longitudinal- in Rotationsbewegung; erst gebaut, dann beschrieben.[172]

Wie die dann fällige Korrektur aussehen wird, ist noch völlig offen. Es könnte sich zum Beispiel herausstellen, daß bestimmte Dynastien zeitgleich bestanden, obwohl sie nacheinander regiert haben sollen. Unwahrscheinlich ist, daß die Tang-Zeit genauso verschwinden kann wie die Karolingerzeit. Jede vorgeschlagene Lösung muß dem reichen archäologischen Befund aus der Tang-Zeit Rechnung tragen, kann ihn also nicht einfach wegreden, wie Topper es getan hat.[173] Die berühmten Tang-Figuren sind mit einem breiten archäologischen Kontext verbunden; die erstaunlich lange Liste von bekanntgewordenen Kaisergräbern im Gebiet Guanzhong – bestätigt durch Grabinschriften[174] – kann selbstverständlich nicht übergangen werden.

Als Resümee unserer Promenade von Island nach China, vom nördlichen Atlantik bis zum tropischen Pazifik um Jawa, läßt sich feststellen: Einmal auf die Problematik aufmerksam geworden, lassen sich von Island bis Indonesien im frühen Mittelalter allerorten ungelöste Rätsel, archäologische Verwerfungen, chronologische Verwirrungen und manch anderes aufspüren. Für all diese Seltsamkeiten bietet die These der 300 erfundenen Jahre eine überraschende Lösung, die doppelt wertvoll ist, weil etliche dieser Probleme überhaupt erst nach dem Aufstellen der These ans Licht traten.

Es läßt sich nach geduldiger Prüfung konstatieren: Im fraglichen Zeitraum zieht tatsächlich eine Leerzone durch die Alte Welt, die bislang weder in ihrer Ausdehnung wahrgenommen, geschweige denn erklärt worden wäre. Gemäß meiner These kann es sich nicht um einen kontinentweiten Einbruch jedweder Zivilisation handeln, sondern nur um künstlich erzeugte Zeit, mit der nachträglich die Zeitachse verlängert worden ist. Wir haben bereits gehört, daß es sich hier keineswegs um eine konzertierte Aktion handelt, bei der eine geheimnisvolle Großmacht die Chronologie für sämtliche Regionen der Alten Welt gleichzeitig neu entworfen und diskret durchgesetzt hätte. Es genügte völlig, daß von Europa aus zu verschiedenen Zeitpunkten die Zeitrechnungen der verschiedenen Regionen – meist im Zuge der Kontakte und Eroberungen – an die eigene Chronologie angepaßt worden sind. Dabei ging es keineswegs allzu einfühlsam zu, weshalb merkliche Verwerfungen und Reibungen auftraten.

Damit stellen sich nun um so dringlicher für diese »Korrekturen« die klassischen Fragen nach dem Wer, Wo, Was, Wann, Wie und Warum.

Indizien für Zeiterfindung

Es zeichnet sich zunächst ab, daß Europa der »Taktgeber« war. Hierzulande wurde von Ost- und Westchristen genauso wie von den Juden – auf jeweils unterschiedliche Weise – versucht, eine durchgehende Weltgeschichte seit der Schöpfung zu entwerfen, hier war das Bedürfnis am größten, Gott und Welt aufs engste miteinander zu verknüpfen. Die arabische Welt hat sich zwar auf die Hedschra bezogen, aber viele Jahrhunderte lang gar nicht daran gedacht, für all die Zeiten vor Mohammed ein eigenes zeitliches Bezugssystem zu schaffen. Noch heute gibt es keine Zeitangaben »vor Hedschra«. Andere Völker achteten ohnehin viel weniger auf ihre Datierungssysteme, deren Schwächen erst offenkundig wurden, als von europäischer Seite aus die christliche Zeitrechnung darübergestülpt wurde.

Wer immer die Zeitrechnung verändern will – ob im guten oder im bösen Sinn –, erhofft sich dabei kein großes Publikum, denn dann würde die Manipulation ruchbar, ihr Effekt verpuffte. Wer zum Beispiel plötzlich behaupten würde, wir lebten nicht mehr im Jahre 1702 n. Chr., sondern bereits im Jahre 1999 n. Chr., der würde es nicht leicht haben, seine Mitwelt von seiner neuen Rechnung zu überzeugen. Es sei denn, er verändert gleichzeitig die Bezugsbasis. Wer etwa souverän verkündet, er lebe nicht mehr im Jahre 419 der Diokletians-Ära, sondern im Jahre 999 n. Chr., dem wird viel weniger Widerstand entgegenschlagen, obwohl er bei diesem Übergang von einer Ära zur anderen die Uhr um 297 Jahre vorgedreht hätte.

Deshalb stellen wir die schlichte Frage, wann denn eigentlich die wesentlichen Kalender Europas eingeführt worden sind. Es sollte selbstverständliches Wissen sein, wann etwas so Exaktes wie ein neuer Kalender definiert, eingeführt, mit anderen Kalendern abgestimmt und ab wann er benutzt worden ist. Aber für die drei maßgeblichen Zeitrechnungen Europas ist eine klare Antwort nicht möglich.[175] Nun steht für Europa die Turmuhr geradezu als Symbol für ein schon fast irrationales Bedürfnis nach möglichst viel Rationalität. Was irgendwie meßbar ist, soll auch gemessen werden; dafür sind immer feinere Meßlatten zu eichen, immer präzisere Instrumente zu entwerfen.

Es spricht für eine Manie, wenn beispielsweise 50-km-Rennen im Ski-Langlauf auf eine Tausendstelsekunde gestoppt worden sind, obwohl sich die Bedingungen für die Teilnehmer im Laufe von Stunden deutlich unterscheiden: Zustand der Loipe, Temperaturänderungen, mögliches Schneetreiben, wechselnde Überholmöglichkeiten sind nicht garantierbar. Wäre es keine Manie, würden wir auch darüber lachen, wenn Durchschnittsmenschen eine Armbanduhr tragen, die dank einer zentralen Funkleitzentrale auf die Sekunde oder sogar Sekundenbruchteile genau geht. Hier wird gar nicht mehr nach der jeweiligen Notwendigkeit gefragt, die nur in seltenen Fällen gegeben ist.

Die Zeitrechnung »nach Christi Geburt«

Wir haben eingangs gehört, daß neuerdings als ihr eigentlicher Stammvater Furius Philocalus gilt, der sie 354 erstmals eingesetzt hat. Als nächster bezog Dionysius Exiguus 525 seine Ostertafeln auf die Geburt Jesu Christi. Aber beide Computisten machten damit keineswegs Schule. Es blieb dem englischen Benediktiner und Computisten Beda (ca. 672 bis 26.5.735) vorbehalten, diese Datierungsmethode in seiner *Kirchengeschich-*

te des englischen Volkes ein dutzendmal zu benutzen. So hätte sich die christliche Zeitrechnung seitdem verbreitet. An Beda orientierten sich die karolingischen Chronisten und Notare, so daß wir in Urkunden des 8. und 9. Jhs. öfter auf Daten »n.Chr.« stoßen. Im frühen 10. Jahrhundert setzte die Lust daran zeitweilig aus, um sich erst zur und vor allem nach der Jahrtausendwende über Europa zu verbreiten. So weit reicht das herrschende Wissen.

Beda hat allerdings des Guten zuviel getan, denn er spricht bereits genau so, wie wir es auch tun: von Ereignissen *vor* Christi Geburt, so bei der Landung Caesars in Britannien, »im 60. Jahr vor der Fleischwerdung des Herrn«.[176] Er hat also den Zeitpunkt der göttlichen Geburt nicht als elementaren Ausgangspunkt für die heilsgeschichtliche Zeit gesehen, sondern nur als »Scharnier« innerhalb der ablaufenden Zeit, von dem aus nach vorne und nach hinten gerechnet werden konnte. Diese »Rückzählung« tritt erst um 1070 in der Chronik von Marianus Scottus wieder auf,[177] weshalb Beda als besonders vorauseilender Kopf gerühmt wird.

Man könnte daraus schließen, daß Beda Venerabilis einen antizipatorischen Charakter hätte. Dieser zunächst vorwitzige Schluß wird sich durch einige weitere Beobachtungen bestätigen lassen.

Vom Fegefeuer

Fegefeuer und Hölle – zwei Vorstellungswelten, auf die man gerne verzichten würde.[178] Es gab christliche Zeiten, die ohne derartige Orte des Schreckens auskamen. Theologen und Mediävisten wissen, wie diese Begriffe entwickelt, mit Sinn oder auch Unsinn besetzt und in den katholischen Kanon eingearbeitet wurden. Hans-Ulrich Niemitz hat früh auf Le Goff und den Umstand verwiesen, daß das Fegefeuer verdächtig lange in Lethargie verharrte: »In den fünf Jahrhunderten zwischen Gregor dem Großen [604] und dem 12. Jahrhundert entwickelten sich die Ansätze zum Purgatorium kaum weiter. [...] Die genannten fünf Jahrhunderte sind für uns eine lange Periode, in der das Nachdenken über das Jenseits anscheinend stagnierte.«[179]

Das Fegefeuer, 1274 vom zweiten Konzil von Lyon als existent formuliert und 1563 auf dem Tridentiner Konzil dogmatisiert, hat vier sehr viel ältere Väter: Clemens von Alexandria (gest. 215) und Origenes (gest. 254), den »wahren Vater« Augustinus (gest. 430) und Gregor d. Gr. (gest. 604).[180] Doch diese Väter sprachen vom *ignis purgatorius,* einem reinigenden Feuer, noch nicht von einem realen, lokalisierbaren Ort, der wie Himmel und Hölle die Seele im Jenseits erwartet. Die Wandlung vom ortslos brennenden Feuer zur realen Institution Fegefeuer, zum *Purgatorium,* erfolgte erst, »als sich zwischen 1150 und 1250 das Fegefeuer im Glauben der abendländischen Christenheit etablierte«.[181] Im Deutschen werden beide Begriffe gleich übersetzt, ihre Unterschiede also verwischt.

Le Goff mußte für seine Sicht zwei Umstände übergehen. Zum einen hatte schon Gregor d. Gr. einen konkreten Ort vor Augen, nämlich römische Thermen, die ihm wohl mit ihrem Heiß-Kalt-Wechsel als angemessen erschienen.[182] Aus diesem und vielen noch stichhaltigeren Gründen mußte diese Schrift, die *dialogi,* von Gregor auf einen Pseudo-Gregor übertragen werden, der nach Meinung von F. Clark gegen 680,[183] nach meiner Meinung erst im 12. Jahrhundert geschrieben hat.

Außerdem hat Le Goff die einschlägigen Vorstellungen von Beda übergangen, auf die Carozzi keineswegs verzichten möchte: »Wenngleich dieser Begriff [das Konzept vom »Purgatorium« (wörtl. »Reinigung«) als Ort der Seelen zwischen Leben und Ewigkeit] erst im 12. Jahrhundert auftreten sollte, hatte Beda Venerabilis (gest. 735) schon im ersten Drittel des 8. Jahrhunderts die Theorie dazu aufgestellt.«[184]

Der anachronistische Beda

Aus einem ganz anderen Fach kommt die Bemerkung von Beda zum Mischungsverhältnis von Mörtel. Weil »die Engländer erst neuerdings große Kirchen aus Stein bauten, wollte er außerdem wissen, wie die Alten ihren Mörtel wirklich gemacht haben«.[185] Fündig wurde er bei Plinius d. J., doch uns interessiert der Umstand, daß die Engländer erst »neuerdings große« Steinkirchen bauen. Dieser Zeitpunkt kann aus Sicht der Architekturhistorie keinesfalls vor 1050 liegen.

Beda hat 703 auch eine eigene Rückrechnung auf Christi Geburt und Schöpfung angestellt, die der zeitgenössischen Rechnung – 5200 n. Sch. – völlig zuwiderlief. Denn er entschied sich für den 18. März 3952 n. Sch.[186] So hätten die ihm nachfolgenden Computisten zwar die christliche Zeitrechnung von ihm übernommen, keineswegs aber seine Datierung von Christus. Da er als »Heiliger und (seit 1899) Kirchenlehrer« eingestuft wird – dem *Brockhaus* zufolge ein wahrlich Spätberufener –, wollen wir seiner »Chronik« Referenz erweisen – wann immer sie geschrieben worden ist. Denn er gibt uns noch genauer als der Hl. Hieronymus eine Synchronopse:

»›Weltjahr‹ 3952. Im 42. Regierungsjahr des Kaisers Augustus, im 27. Jahr nach dem Tod von Kleopatra und Antonius, als auch Ägypten zur Provinz gemacht wurde, im 3. Jahr der 193. Olympiade, im 752. Jahr *ab Urbe condita,* das heißt, in jenem Jahr, da der Kaiser nach Gottes Weisung die Unruhen aller Völker im Erdkreis durch einen ganz starken und aufrichtigen Frieden festigte, hat Jesus Christus, der Sohn Gottes, das 6. Weltalter *(sextam mundi aetatem)* durch seine Ankunft geweiht.«[187]

In seiner Kirchengeschichte fällt auf, daß er nicht immer die klassisch römische Tagesbezeichnung verwendet, die bei uns noch weit im zweiten Millennium benutzt worden ist. Wer einmal die vertrackte Art studiert hat, innerhalb des Monats rückwärts zu zählen und sich dabei nach Kalenden, Nonen und Iden zu richten, die keineswegs für jeden Monat gleich definiert waren, wird die Römer nicht mehr ohne weiteres als Vertreter nüchterner Ratio einstufen. Beda benutzt deshalb auch die viel einfachere Zählung, wie wir sie heute kennen, indem er etwa vom Dritten des Monats spricht.[188]

Er verwendete auch das Wort »nullam« genau so, wie wir unsere Null verwenden: nicht nur als Platzhalter, sondern auch als Zahl mit speziell für sie geltenden Rechenregeln. Das hat Robert R. Newton schon 1972 bemerkt, worauf die Mediävisten in Gestalt von Arno Borst erst 1998 reagierten[189] und hervorhoben, daß es hier keineswegs um die indische und dann arabische Null gehe, die ja erst gegen 1100 oder Anfang des 12. Jahrhunderts nach Europa gekommen ist, sondern um einen spätantiken Brauch.

Doch hat gerade Borst ein weiteres Indiz für einen viel späteren Beda beigesteuert. Der große Mediävist muß sich wundern: Anno 1040 konnte zwar der *durchschnittliche* Mondlauf bis auf wenige Sekunden genau bestimmt werden, aber Hermann der Lahme bemerkte nicht, daß es nur ein mittlerer, kein konstanter Wert war. »Denn noch immer besaß der lateinische Westen kein Instrument, um den Mondlauf genau zu messen und seine Schwankungen zu quantifizieren.«[190] Beda aber hätte bereits 300 Jahre früher erkannt, daß die Mondbahn unregelmäßig durchlaufen wird und deshalb die 29 Tage, 12 Stunden und rund 44 Minuten für einen Umlauf nur im Schnitt gelten.

Da Beda in seinen Werken aus dem vermeintlichen frühen 8. Jahrhundert durchweg so progressiv ist, kam es zur Einschätzung durch Olaf Pedersen, daß »kein wissenschaftliches Werk vergleichbaren Wertes in der lateinisch schreibenden Welt vor Beginn des 13. Jahrhunderts erschienen ist«.[191] Und Borst muß obendrein feststellen, daß »der karolingische Impetus zu erlahmen« beginnt.[192] Denn nach Ado von Vienne, der sich zwischen 850 und 860 an Beda orientiert habe, bröckelt das Wissen um Beda bedenklich. So ist um 865 auch »der hagiographische Teil von Bedas Programm mehr abgebrochen als abgeschlossen [worden]. Ähnliche Ermüdung machte sich in Komputistik und Chronistik breit.«[193]

So sind die Chancen gering, daß Beda im frühen Mittelalter verbleiben kann. Vielmehr dürften wesentliche Schriften von ihm ins 12. Jahrhundert gehören, so daß der Begriff Pseudo-Beda angebracht wäre. Aber diese Bezeichnung ist bereits vergeben, kennt man doch weitere Schriften, die unter seinem Namen in Umlauf gesetzt worden sind und zumindest von Borst in die Zeit vor 1100 datiert werden.[194] Alles in allem kann Beda nicht der Popularisator der christlichen Zeitrechnung gewesen sein.

Auch wer für Beda und seine Zeitangaben die Hand ins Feuer legen möchte, muß einräumen, daß damit nicht viel gewonnen wäre, weil die Datierung »n.Chr.« nach der Karolingerzeit noch einmal einen schweren Rückschlag erlebt, wie die gesamte sogenannte Karolingische Renaissance. Völlig offen bleibt die Frage, wieso sich erst nach 1000 diese Datierungsmethode auf breiter Front durchgesetzt hat.

Schöpfungsären

Wenn wir uns nun anderen, gleichzeitigen Zeitrechnungssystemen zuwenden, dann stoßen wir auf ganz ähnliche Begleiterscheinungen. So hat auch das zweite, noch mächtigere Kaiserhaus Europas justament in den »dunklen Jahrhunderten« seine Epochenrechnung verändert. Nachdem es die Hauptstadt vom Tiber an den Bosporus verlegt hatte, mußte früher oder später auch der Wunsch keimen, nicht mehr nach der Gründung Roms (753 v. Chr.) zu datieren. Das war keine uralte Methode, sondern eine Erfindung von Varro, der sie erst nach Caesars Kalenderreform als Bibliothekar des Augustus einführte. Der Bezug auf Roms Gründung ließ sich von Byzanz am besten dadurch übertrumpfen, daß man so weit zurückging wie irgend möglich, am besten also gleich bis zur Erschaffung der Welt.

Byzantinische Alternativen

Genauso ist man vorgegangen, und es traten Phänomene auf, die uns bereits vertraut sind. Denn die *Alexandrinische Weltärarechung* ist von Panodoros und dann Anianos bereits vor 412 n. Chr. erfunden worden. Sie hatten aus der Bibel die Überzeugung gewonnen, daß die Erschaffung der Welt rund 5900 Jahre zurückliege. Als neues Startdatum wählten sie – auf unseren Maßstab umgerechnet – den 25. 3. 5493 v. Chr. Panodoros' Zeitgenossen hat das nicht weiter bewegt, und so kam diese alexandrinische Weltära bei den byzantinischen Geschichtsschreibern erst ab dem 7. Jahrhundert stärker in Gebrauch. Diese Auskunft durch Altmeister Ginzel hat ihre Schwächen,[195] kennen wir doch keinen byzantinischen Geschichtsschreiber des 7. und 8. Jahrhunderts. Gegen 610 scheinen die Kaiser bescheiden geworden zu sein: Sie verzichteten auf ihren Hofgeschichtsschreiber und damit auf ihren Nachruhm, obwohl ihnen Kaiser Iustinian (527–565) mit Prokop ein überzeugendes Vorbild geliefert hatte. Auch übergreifende Historien waren nicht mehr gewünscht, so daß deren Tradition mit ein oder zwei eher schwachen Ausnahmen erst im 10. Jahrhundert wiederaufgenommen wurden. Diese seltsame Demut auf dem byzantinischen Thron wird erstmals durch die These der Phantomzeit verständlich: Hier wurden erst rückwirkend Leerzeiten mit Geschichte gefüllt.

Das stolze Byzanz gab sich nicht mit einer einzigen Datierungsmethode zufrieden, sondern bekam auch noch eine spezielle byzantinische Ära. Sie tritt, um das Maß voll zu machen, in zwei Versionen auf. Die *protobyzantinische Weltära* benutzte das Datum 21. 3. 5508 v. Chr. als Ausgangspunkt.[196] Sie wurde rasch abgelöst von der *Byzantinischen Weltära* mit dem Startdatum 1. 9. 5509 v. Chr., die 16 Jahre weiter als die alexandrinische Ära zurückreichte. Erstmals benutzt wurde sie laut Ginzel im Jahre 691 n. Chr., doch weckte sie offenbar wenig Begeisterung: »Die byzantinische Ära griff übrigens im Gebrauche nicht gleich durch, da in ihrem Heimatlande bis ins 10. Jahrh. auch die alexandrinische vorkommt. Nach dem 7. und während des 8. Jahrh. verbreitete sich die Ära im Orient, und die Kaiser datierten danach ihre Erlasse, Privatpersonen ihre Urkunden.«[197]

So ist auch ihre Benutzung im 7., 8. und 9. Jahrhundert kaum nachzuweisen. Erst im 10. Jahrhundert erhielt sie den Vorzug vor der etwas kürzeren Alternativrechnung und blieb dann bis zum Untergang von Byzanz im Gebrauch. Gleichwohl wird auch die Meinung vertreten, daß in Byzanz »ab dem 9. Jahrhundert nur mehr die Ära nach der Erschaffung der Welt gebraucht« wurde.[198]

So finden wir in Byzanz dasselbe Phänomen wie im Westen: Neue Bezugspunkte für die Zeitbestimmung werden definiert, aber zunächst kaum oder gar nicht benutzt; ihre faktische Durchsetzung ist schwer datierbar. Gravierend ist hier: Obwohl die Reihe der römisch-byzantinischen Kaiser kontinuierlich von Augustus bis Konstantin XII., von 30 oder 27 v. bis 1453 n. Chr. reicht, läuft die Zeitrechnung nicht kontinuierlich, sondern wird gleich dreimal umgestellt, wobei die Umstellungen justament in dunkle Zeiten fallen. Sollte hier genauso wie im Westen etwas verschleiert werden?

Jüdische Zeitrechnung

Es bleibt uns noch eine Zeitrechnung, die weiterhelfen könnte. Jüdische Gelehrsamkeit hat seit Abfassung der Genesis unentwegt Geschichtsschreibung betrieben, immer auf Schriftlichkeit gesetzt. So glaubten wir zu wissen – tatsächlich aber finden wir im frühen Mittelalter ein konträres Phänomen. Nachdem der babylonische Talmud im 6. Jahrhundert seine Endredaktion erfahren hatte, setzte keineswegs die fruchtbare Auseinandersetzung mit diesem Werk ein, erschien keine Flut von weiteren Kommentaren und Disputen. Statt dessen verzichteten die Juden für mehrere Jahrhunderte auf das Schreiben. Ausgerechnet die große Zeit der Schriftgelehrten, die Zeit der Gaonim, muß ohne Werke auskommen. Es ging damals um ein »Nachlassen des selbständigen Schaffens« – so sah es der jüdische Historiker Simon Dubnow, und so hat Gunnar Heinsohn 1991 diese geistige Versteinerung in die Mittelalter-Diskussion eingebracht.[199]

Der Begriff der »Dunklen Jahrhunderte« bezieht sich auch bei den Juden auf Textquellen und auf die Fundlage. Jüdisches ist im Europa des 7., 8. und 9. Jahrhunderts nicht zu greifen. Zwar saßen Juden schon im 4. Jahrhundert am Rhein, zwar finden wir jüdische Gemeinden im 10. Jahrhundert am Rhein, doch eine Kontinuität jüdischen Lebens dazwischen ist nirgends nachweisbar. Weil nichts über Vertreibungen oder Pogrome bekannt ist, wird Kontinuität gemutmaßt. C. Roth und I. Levine haben ihr einschlägiges Buch *The Dark Ages* genannt und gleich eingangs festgehalten, daß sie die Zeitumstände während dreier Jahrhunderte allein durch Interpolation erhellen konnten.[200] Indem sie die Zeit vor 600 mit der nach 900 verglichen, schlossen sie auf die Zeit dazwischen. Diese rätselhafte Lücke bei Funden und Schriften konnte bislang allenfalls durch lang anhaltende Schreibfaulheit motiviert werden – das schlechteste aller Argumente hinsichtlich jüdischer Gelehrsamkeit. Die These der erfundenen Jahrhunderte erklärt diese Dunkelzeit erstmals befriedigend.

Aber haben die Juden nicht schon immer ab der Weltschöpfung gerechnet? Besitzen wir nicht seit biblischen Zeiten ein Zeitgerüst, das seitdem ständig ausgebaut worden ist und deshalb keine Diskontinuitäten zuläßt? In der Realität des täglichen Lebens haben die Juden fast ein Jahrtausend lang nicht nach ihrer Bibel, sondern nach der *Seleukidenära* gerechnet. Das war die Datierung für Geschäftskontrakte, die sich auf eine Schlacht zwischen den Nachfolgern Alexanders bezog. Als Startpunkt der Ära galt der 1. 10. 312 v. Chr.

Gemäß der gängigsten Version bezeichnete im Jahre 358/59 n. Chr. Rabbi Hillel II. das Jahr 670 der Seleukidischen Ära als das Jahr 4119 annus mundi (= Jahr der Welt). Ob er so die erste Jahreszählung ab Erschaffung der Welt erfunden hat? Es wird auch ein früherer Erfinder der Weltära-Rechnung genannt: »›Schöpfung der Welt‹. Diese traditionelle Methode ist im *Sefer ha-Olan* (Buch der Welt) berechnet worden, das Yose ben Halafta (zweites Jahrhundert) zugeschrieben wird.«[201] Wie bei den Christen rückt also der Ära-Erfinder immer weiter in die Vergangenheit, wobei den Juden noch deutlich mehr Spielraum bleibt.

Wie auch immer der Ersterfinder hieß – die *Weltära* mit ihrem Startdatum 7. 10. 3761 v. Chr. war deshalb noch längst nicht eingeführt. Die Jerusalemer *Encyclopaedia Judaica* erachtet Hillels Anteil als ziemlich vage und sieht die Ära-Einführung erst um 500 n. Chr. Für die Berliner *Encyclopaedia Judaica* ist die Weltschöpfungsära erst im 8. Jahrhundert eingeführt und erst 921 in ihre endgültige Fassung gebracht worden. Andere glauben, daß sie sich in diesem 10. Jahrhundert auch durchgesetzt habe, während ihr ein Kenner wie Arno Borst überhaupt erst im 12. Jahrhundert Akzeptanz zugesteht.[202] Das endgültige Urteil hängt vor allem daran, ob einige überraschend frühe, datierte Grabsteine in Süditalien als echt oder als gefälscht einzustufen sind.[203]

Nicht genug damit, gab es – wie bei den Byzantinern – voneinander abweichende Berechnungsmodi. Je nach Kalkül begann die »Ära der Schöpfung« im Herbst eines der Jahre zwischen 3762 und 3758 v. Chr. Die Festlegung aufs Jahr 3761 erfolgte erst im 12. Jahrhundert, eine um ein Jahr abweichende Konkurrenzdatierung wurde »*Ära Adam*« genannt.[204]

Mit anderen Worten: Wir haben zum dritten, vierten oder sogar fünften Mal einen Ära-Erfinder, dessen Idee überaus lange unbeachtet blieb. Yoses oder Hillels Konzeption soll sich im besten Fall nach 600 Jahren, vielleicht auch erst nach 800 Jahren durchgesetzt haben. Das erinnert seltsam an Philocalus und Dionysius, an Panodoros und Anianos. So hat auch die Einführung der jüdischen Weltära hinter geschlossenen Vorhängen stattgefunden.

Es gibt in Europa keine Kalenderrechnung, die kontinuierlich durch die Zeiten läuft. Alle Ären, die christliche, die drei byzantinischen und die jüdische in ihren Varianten sind irgendwann da – doch ohne greifbare Anfänge. Die verfügbaren Quellen führen zu widersprüchlichen Aussagen.

Zusammenfassend läßt sich sagen: Gerade da, wo die größtmögliche Präzision erwartet werden müßte, bei der Einführung einer neuen Kalenderrechnung, gerade da herrscht absolute Dunkelheit. Kluge Denker entwerfen Zählungen, die erst viele Jahrhunderte später eingeführt worden sein sollen – über die genauen Zeitpunkte ließe sich endlos streiten. Skeptikern fällt auf, daß die (angeblichen) Erfinder immer in realen Zeiten angesiedelt sind, während die Einführung in den von mir als Phantomzeit eingeschätzten Jahrhunderten gesucht wird. Daraus läßt sich wenigstens ein leidlicher Schluß ziehen: Läßt man erfundene Jahrhunderte als nicht existent aus dem Spiel, dann wäre die Einführung im Verlauf des angrenzenden Jahrhunderts zu erwarten, also im 10. Jahrhundert.

Welttage oder Karl als Erfüller der Zeit

Wir kommen noch einmal zurück auf die Lehre von den Welttagen. Die Christenheit bekam im Laufe ihrer Geschichte Routine im Umgang mit letzten Tagen und Stunden. Die Urchristen gingen davon aus, daß sie noch zu ihren Lebzeiten den erhöhten

Herrn Jesus Christus wiederkehren sehen würden – die sogenannte Naherwartung oder Parusie. Im Ersten Thessalonicherbrief (4) – er gilt als älteste Schrift des Neuen Testaments – wird diese Erwartung erstmals in unbestimmte Ferne gerückt, um dem Heil der ersten gestorbenen Christen Hindernisse aus dem Weg zu räumen. Seitdem hat sich die Vorstellung eines möglicherweise sehr weit entfernten Weltendes – eine Fernsterwartung – herausgebildet.

Die frühen Christen, die Religion, Schöpfungsgeschichte und Heilserwartung miteinander verbanden, entwickelten eine Weltsicht in Analogie zu den sieben Schöpfungstagen. Man verband sie mit den Generationenfolgen des Alten Testaments und benannte sie nach Adam, Noah und der Sintflut, Abraham, Moses und David. Der sechste Welttag war Christus gewidmet. Ließ sich sein Kommen und Wiederkehren noch genauer definieren?

Anfänglich waren die Christen nicht an exakten Daten interessiert. Irenäus als bedeutendster Theologe des 2. Jahrhunderts gibt nur den Rahmen, aber keine Verbindung zu irgendeiner Chronologie: »Das ist eine Erzählung des Geschehenen und eine Prophetie des Zukünftigen. Wenn nämlich die Tage des Herrn wie tausend Jahre sind, die Schöpfung aber in sechs Tagen vollzogen ist, dann ist offenbar auch ihre Vollendung das Jahr 6000.«[205]

5500 n. Sch.

Wohl als erster spricht Hippolyt von einer Datierung für Jesus Christus. Da Adam am 6. Schöpfungstag geschaffen worden war, legte er die Menschwerdung Christi analog dazu in die Mitte des 6. Weltentages, also auf 5500 n. Sch. Die Geburt hat stattgefunden »im zweiundvierzigsten Jahr der Herrschaft des Augustus, fünftausendfünfhundert Jahre nach Adam [...] Seit Christi Geburt muß man also noch 500 Jahre zählen, um auf 6000 zu kommen, und dann wird das Ende sein.«[206] Da Hippolyt »in den Jahren 203–204« schrieb,[207] blieben damals noch 297 Jahre bis zum Weltende – ausgerechnet jene Zeitspanne, die hier immer wieder die wesentliche Rolle spielt. Ob mit dem Ende des sechsten Jahrtausends bereits das Weltende bevorstünde oder noch ein besonders göttliches Jahrtausend erwartet werden dürfte, blieb lange umstritten. Schneller geklärt war, daß diese knapp bemessene Perspektive trotz aller Erlösungshoffnung keineswegs der unbeirrbar voranschreitenden Zeit entsprach.

Anzumerken ist, daß hier Schöpfungsrechnungen kalkuliert wurden, ohne daß der Kalender danach ausgerichtet worden ist. Seltsamerweise setzen die Weltären »nach Schöpfung« erst ein, wenn die Schöpfungsrechnung in Welttagen an Bedeutung verliert.

5200 n. Sch.

Dann kam die Zeit der beiden großen frühchristlichen Geschichtsschreiber, die sich gleichwohl in ihrer Rechnung maßgeblich unterschieden. Während Sextus Julius Africanus gegen 221 noch von Christi Geburt bei 5500 n. Sch. ausging, machte Eusebius von Caesarea anno 303 eine neue Rechnung auf: Er verlängerte die restliche Weltdauer um 300 Jahre, so »daß das Ende der Zeit in das Jahr 800 fallen mußte«.[208] Das war leicht zu fabrizieren. Man brauchte nur Christi Geburt innerhalb des 6. Welttages verschieben.

Der Hl. Hieronymus (ca. 347 bis ca. 419) machte eine ähnliche, wiederum bibelorientierte Rechnung auf: »Von Adam bis zur Sintflut 2242 Jahre, von der Sintflut bis Abraham 942 Jahre, von Abraham bis zu Christi Geburt 2015 Jahre«.[209]

Daraus ergab sich, ohne daß dies Hieronymus bereits explizit ausgesprochen hätte, zwischen Schöpfung und Geburt Christi ein Zeitraum von 5198 Jahren. Dieses Ergebnis machte Orosius in seiner vielbeachteten Historie von 416 publik. Victorius von Aquitanien, ein Papst Leo I. nahestehender Verfasser eines

Rechenbuchs, argumentierte dann gegen 457 mittels einer Mondrechnung für die Welterschaffung am 25. März 5201 v. Chr., wobei der Mond selbst korrekterweise erst drei Tage später erschaffen wurde.[210]

So blieb das Gerüst der jeweils ein Jahrtausend langen Welttage unverändert; es wurde nur Christi Geburt innerhalb des 6. Welttages um 300 Jahre auf 5201 n. Sch. verschoben. So bemaß sich die maximale Zeit »nach Christi Geburt« nunmehr mit 800 Jahren, ein Zugewinn von 300 gesicherten Jahren. Erst zum Jahresbeginn 801 würde der siebte Welttag, vielleicht auch das Weltgericht anbrechen.

Weltenwende 800 n. Chr.

Hier muß mit größtmöglicher Deutlichkeit darauf verwiesen werden, daß dieses Datum eines der ganz wenigen frühmittelalterlichen Daten ist, das in Mitteleuropa nach wie vor allgemein bekannt ist. Gemäß heutiger Rechnung ist niemand anders als Karl der Große höchstpersönlich am Weihnachtstag des Jahres 800 in Rom zum Kaiser gekrönt worden. Nach seinerzeitiger Rechnung fiel dieses Europa verändernde Geschehnis bereits auf den ersten Tag des Jahres 801, war doch der Jahresbeginn gerade erst auf den 25. 12. vorverlegt worden. Deshalb steht in den »karolingischen Reichsannalen« die Kaiserkrönung am Beginn der Eintragung für das Jahr 801 – und dies ist vielleicht die phantastischste Erfüllung einer Prophezeiung, die sich jemals ereignet hat.

Eusebius' Vorgabe über 497 Jahre hinweg – und eine taggenaue »Punktlandung« für ein epochales Ereignis. Ich wüßte kein vergleichbares Zusammenfallen in der Weltgeschichte. Selbst die Ankunft der Spanier in Mexico, von den Azteken dank alter Weissagungen erwartet und allzu wehrlos hingenommen, mußte nicht taggenau erfolgen, um ihre fatale Wirkung zu zeitigen. Während aber immer wieder darüber diskutiert wird, warum die

Indios nun weiße Götter aus dem Osten erwartet haben konnten, interessierte sich niemand für das Geheimnis um Karls Krönungstag, dem immer noch beschworenen Sinnbild für die Einigung Europas, für die Fortführung römisch-antiker Tradition und für das Aufflackern einer karolingischen Renaissance.

Selbst A. Borst als Ausnahmekenner karolingischer Kalender kann diesen Sachverhalt mehrfach ansprechen,[211] ohne erkennen zu lassen, daß ihn dabei irgend etwas verunsichern könnte. Dabei gab es sogar früh die Prophezeiung, daß mit dem Untergang Roms auch die Geschichte an ihr Ende komme; insofern mußten alle Hoffnungen darauf gesetzt werden, die weströmische Kaisertradition irgendwie, und sei es von Franken, fortzusetzen. Genau dies ist taggenau geglückt – die Welt war gerettet. Aber hatte überhaupt jemand davon Kenntnis genommen?

Da die Weltgeschichte keinen Gesetzmäßigkeiten folgt – nach Egon Friedell das einzige Gesetz der Geschichte –, wäre diese Krönung nach 497 Jahren Vorankündigungszeit ein echtes Wunder. Aber selbst ein Wunder wird von der zuständigen Fakultät ohne Wimpernzucken akzeptiert. Ich kann Arno Borst nur beipflichten, wenn er in einem anderen Zusammenhang aufstöhnt: »Man möchte an der Wissenschaft vom Mittelalter verzweifeln, wenn man nach dem Widerhall der wegweisenden Funde und Verfahren [...] sucht.«[212] Doch das Wunder hat sich sogar wiederholt, wie wir gleich sehen werden, ohne daß deshalb die Verwunderung gewachsen wäre.

Wir bleiben aber noch bei der Zeit vor 800. Die Kalenderrechnung blieb bis unmittelbar vor dem Stichtag völlig unberührt. So ging etwa ein anonymer merowingischer »Computus paschalis« anno 727 davon aus, daß der Welt mit ihren sechs Welttagen von 6000 Jahren nur noch ganze 72 Jahre blieben. Sein Herausgeber Krusch kommentierte: »Da kam dann das Jüngste Gericht, und bis dahin konnte man alles verjubeln, was man hatte.«[213]

Auch der Lorscher Reichskalender von 789 griff auf Hieronymus zurück und ließ konsequenterweise dem 6. Welttag nur noch 12 restliche Jahre. Gleichwohl gibt es keine Hinweise darauf, daß deswegen irgendwelche Ängste aufbrachen. So scheint es dem Kenner eher unwahrscheinlich, daß damals wirklich mit dem Weltende gerechnet worden wäre.[214]

Beide Quellen aus allzu dunkler Zeit halte ich für später geschrieben; sie sind wohl im 12. Jahrhundert anzusiedeln. Damals brauchte man nun wirklich keine Ängste mehr für ein rückwirkend drohendes Weltende zu entwickeln – so löst sich eine Unverständlichkeit in nichts auf.

5000 n. Sch.

Während ausgerechnet der sonst so beachtete Ära-Begründer Beda mit seiner Kurzzeitrechnung völlig unbeachtet blieb, trat nun ein neuerlicher Wechsel ein. Die Zeitrechnung »nach Geburt Jesu« rückte die Geburt des Heilands von 5201 auf 5001 und damit auf den Beginn des 6. Welttages. Da man sich damals genauso wie heute uneins war, wann ein Jahrtausend mathematisch gesehen einsetzt, finden wir sowohl den Jahresbeginn 5000 wie auch 5001 n. Sch. Auf jeden Fall – ob mit seinem Beginn oder mit seinem Ende – wurde so das Jahr 1000 n. Chr. zum entscheidenden Punkt in der Weltgeschichte: Sechs Welttage waren abgelaufen, nunmehr folgte entweder das Weltgericht oder als siebter Welttag, als siebtes Jahrtausend, das Zeitalter Christi, vertreten durch seinen Stellvertreter auf Erden, den Kaiser.

In diesem Jahr 1000 steigt Otto III. in jene Gruft zu Aachen, die allenfalls Kaisern offensteht: Karl dem Großen als Einbalsamiertem, Otto III. als Verehrer und Friedrich I. Barbarossa als Umbetter von Karls Skelett – seitdem wird sie vergeblich gesucht, und selbst Kaiser Wilhelm II. fand keinen Zutritt mehr. Otto – oder die bald nach ihm verbreitete Fama – verband hier ganz bewußt das millenare Denken mit dem nunmehr verdoppelten Beginn des 7. Welttages.

Karl der Treffsichere

Wir rekapitulieren: Die älteren Christen hatten mit der Geburt Christi im Jahre 5500 n. Sch. gerechnet und den Beginn des 7. Welttages 500 Jahre später, anno 6001 n. Sch., erhofft oder befürchtet.

Dann kam die Umstellung auf 5201 n. Sch. für Christi Geburt; insofern fiel für diese Gläubigen der Beginn des 7. Welttages im Jahre 6001 n. Sch. mit dem Jahre 801 n. Chr. zusammen.

Nach neuer Rechnung fiel die Geburt Christi ins Jahr 5001 n. Sch., weshalb nunmehr der Beginn des 7. Welttages mit dem Jahre 1001 n. Chr. zusammenfiel. Somit waren nunmehr das Jahr 6001 n. Sch. und das Jahr 1001 n. Chr. identisch. (Selbstverständlich gab es außerdem die »runden« Rechnungen mit den Jahren 800, 1000, 5000, 5200 und 6000.)

Je nach Definition des Jahresbeginns wäre der 7. Welttag durch Karls Krönung Ende 800 oder anno 801 n. Chr. *und* durch Ottos Kaisergruftbesuch anno 1000 n. Chr. eingeleitet und mit seinen neuen Siegelinschriften für die Jahre 1000 und 1001 bekräftigt worden.

Beginn des 6. Welttages: 5201 n. Sch. = Geburt Christi
800 n. Chr. = Beginn des 7. Welttages unter Karl der Große
Beginn des 6. Welttages: 5001 n. Sch. = Geburt Christi
1000 n. Chr. = Beginn des 7. Welttages unter Otto III.

In *beiden* Varianten bleiben die Eckdaten gleich: Der sechste Schöpfungstag und das Ende des 6. Welttages liegen 6000 oder 6001 Jahre auseinander.

Dieses Gleichungssystem geht einfach zu gut auf, als daß es sich »einfach so« gefügt haben könnte! Während die Historiker diese phantastische Koinzidenz großzügig negieren, vertrete ich die Ansicht, daß hier mindestens einmal an der Uhr gedreht worden ist, einmal kräftig und vielleicht ein zweites Mal dezent.

Hedschra und Islam

Immerhin gibt es einen Kalender, der ein Stück weiter in die Vergangenheit reicht, als die heutigen Zeitrechnungen von Juden und Christen. Auch er schlägt keine Brücke von realen über fiktive zu neuerlich realen Zeiten, kann also die Rätselepoche nicht einschließen. Aber er soll in ihr begonnen haben. Bekanntermaßen verließ Mohammed im Jahre 622 n. Chr. Mekka in Richtung Medina. Diese Übersiedlung (Hedschra) wurde bereits von Kalif Omar I. (634–644) und damit für eine Ära-Epoche erstaunlich früh zum Startpunkt der islamischen Zeitrechnung erklärt. Auch die Umstände seiner frühen Einführung sind – wen wird es noch wundern – wiederum schlecht überliefert. Da es aber Münzen mit zweistelligen Hedschra-Daten gibt, führt diese Zeitrechnung immerhin von heute bis weit in die »Dunklen Jahrhunderte« zurück.

Während dieser Kalender ab vielleicht 640 durchgängig belegt erscheint, nagt von anderer Seite der Zweifel. So ist längst aufgefallen, daß die frühe arabische Zeit ähnlich dunkel wirkt wie die entsprechende Zeit im christlichen Europa. Wie wir bereits gesehen haben, ist das maurische Spanien vor 930 kaum faßbar.

Persische Rätsel

Das Geschehen in Persien ist schwer ausleuchtbar, so daß wir nur zwei Streiflichter auf bislang Unverständliches fallen lassen können. Trotz der frühen arabischen Eroberung von 641 und der sofort einsetzenden Verdrängung des Zoroastrismus ist Persien, zumal sein Osten, im 10. Jahrhundert noch keineswegs islamisiert. Als Erklärung wird eine gleichzeitig einsetzende Toleranz der Moslems in religiösen Dingen bemüht. Diese Toleranz muß im Falle von Persiens berühmtestem Dichter noch mehr strapaziert werden, wie Uwe Topper als damaliger Mitstreiter herausfand.[215] Firdausi lebte von 939 bis 1020 und beschrieb in 60 000 Doppelversen die Geschichte des iranischen Reichs bis zur arabischen Eroberung (das *Schah-Name* oder *Königsbuch*). Warum er es sich leisten konnte, dieses Epos seinem Sultan zu widmen, obwohl es weder die arabische Eroberung von 651 erwähnt noch den Islam noch Allah, ist bislang unerklärt. Erst wenn die Islamisierung des Irans – beim Auskehren der Phantom-Jahrhunderte – ins 10. Jahrhundert rückt, dann klärt sich auch die persische Geschichte.

Die Folgerungen daraus sind kaum absehbar. Wir wissen etwa, daß die islamischen Historiker des 11. bis 13. Jahrhunderts nach der Hedschra *und* nach Christi Geburt datiert haben. Wenn die Hedschra frühestens im 10. Jahrhundert mit der christlichen Zeitrechnung synchronisiert worden ist, dann hätten sich auch die Moslems die drei leeren Jahrhunderte eingehandelt, dann wäre klar, daß wir im islamischen Kulturraum zwischen 622 und 911 nichts finden als die klassischen Erzählungen aus Tausendundeiner Nacht, die sich bezeichnenderweise gerne mit Harun al-Raschid, dem ebenso großen Gegenspieler Karls d. Gr., beschäftigen. Der erste fränkische Kaiser hat wie seine Nachfolger Gesandtschaften nach Bagdad geschickt; doch dafür gibt es keine arabischen Belege.[216] Es gibt auch keine arabischen Berichte zur Kaiserkrönung von 800 und zu Haruns Krönungsgeschenken wie den Elefanten oder der Orgel. Von arabischen Historikern wurde auch die epochale, europarettende Niederlage gegen Karl Martell übersehen, was die westlichen Chronisten verdroß, die doch mehr als 200 000 Sarazenen südlich der Loire hatten liegen sehen wollen.

Arabische Ungereimtheiten

Günter Lüling als profunder Kenner des Islam konstatiert, obwohl er nichts von erfundenen Jahrhunderten hält, daß der eigentliche arabische Impuls der Umayyaden-Dynastie bereits ab 750 von den Abbasiden abgelöst wird, mit deren persischem Geist eine »völlig neue Epoche des Islam beginnt. [...] Der Islam besitzt praktisch nur eine abbasidische Geschichtsschreibung, die die umayyadische Geschichtsschreibung bewußt und außerordentlich erfolgreich verdrängte. [...] Die gesamte altarabische Historiographie ist in der Zeit bis ca. 400 d. H. [Hedschra-Rechnung ab 622] / 1000 n. Chr. unter geschichtsdogmatischen Grundprinzipien völlig *umfrisiert* worden.«[217]

Überhaupt müssen dann die Araber nicht mehr blitzartig die halbe Welt erobert haben. Nach bisheriger Lehrmeinung sind sie binnen 99 Jahren (633–732) im Westen bis zur Loire vorgestoßen, binnen 118 Jahren (633–751) im Osten bis Indus und Samarkand – eine überdimensionale Front mit einem Ausgriff von 7500 Kilometern. Mitten in diesem unaufhaltsamen Vordringen werden die ersten vier Kalifen und der Sohn des vierten ermordet (634, 644, 656, 661, 680). »Normalerweise« hätten immer neue Blutfehden die Araber ins finsterste Chaos stürzen müssen – statt dessen trieben sie mit äußerster Präzision und Logistik ihre Angriffe in noch so ferne Regionen. Ein weiteres Rätsel im herkömmlichen Geschichtsbild, das selten berührt wird.

Die früharabische Geschichte muß deshalb insgesamt überprüft werden. Dafür werden wir unten die Alternative skizzieren. Bei meinem Ansatz der »Dunklen Jahrhunderte« würde die Rückrechnung aus dem 10. Jahrhundert ergeben, daß die Hedschra überraschenderweise das Startjahr 325 n. Chr. hat. Dieses Jahr ist uns bereits als Zeitpunkt des Konzils von Nicäa geläufig, in dem es vor allem gegen Arius und seine Lehre ging, wonach Jesus von Gott geschaffen worden war. Kann dies auch für den Islam Bedeutung gehabt haben? Wir berühren hier das

Entstehen des Islams aus jüdischen und christlichen Wurzeln.[218]

Ost- und Westkirche entstammen beide der paulinischen Kirche, die auf die heidenchristliche »Fraktion« zurückgeht. Aus der judenchristlichen »Fraktion« der entstehenden Christen formten sich die Ebioniten, Nazoräer oder Symmachianer – verschiedene Namen für die Vertreter sehr ähnlicher Glaubensinhalte. Sie glaubten als rechte Judenchristen an den einpersonalen Gott, während Jesus ihnen kein Gott war. Sie vertraten das Miteinander von Beschneidung und Taufe, Opferverdammung, Wassertaufe, rituellen Waschungen, Kritik am mosaischen Gesetz und an den Propheten, Vegetarismus, schätzten die Armut und verwarfen Paulus.[219] Ihr jüdisches Element manifestierte sich durch Sabbatheiligung, Beschneidung und die Gebetsrichtung nach Jerusalem.[220]

Daß Mohammed wesentliche Züge des ebionitischen Glaubens übernommen hat, betont Günter Lüling, womit sich erneut bestätigt, daß die Anfänge des Islam zur Kirchengeschichte gehören. Er hat dessen frühchristliche Wurzeln freigelegt und auch gezeigt, daß der heutige Koran eine Ausformung frühestens des 10. Jahrhunderts ist. Der seit Kalif Othman (644–656) alleingültigen »Standardversion« stand noch 1007 ein unerlaubter älterer Koran gegenüber, erst ab dem 10. Jahrhundert entstehen die drei angesehendsten Korankommentare, erst damals rückten sinnvereinheitlichende Zusatzzeichen in den Korantext.[221]

Da nun Mohammed erst im 7. Jahrhundert zu seiner Religion und zum Koran gefunden haben soll – der anfänglich noch nicht als unerschaffen und göttlich galt –, klafft eine Lücke zu den Ebioniten, die sich nach 400 aus der Geschichte verabschieden, als sie aus Palästina wohl in die arabischen Wüsten flüchten. Im Licht der erfundenen Jahrhunderte bietet es sich an, daß die Umformung frühchristlicher Strophenlieder, ihr Einbau in den entstehenden Koran und der Umbau der Kaaba zu Mekka von einem frühchristlichen Kirchenbau in das zentrale Heiligtum des Islam zwischen 400 und 614 erfolgten.[222] Damit wird die zeitliche Kluft zwischen Ebioniten und Mohammed geschlossen, dessen »indirekte Abhängigkeit [...] vom sektiererischen Judenchristentum doch über jeden Zweifel erhaben« ist.[223] Als die Perser 614 von Palästina nach Ägypten vorrückten, konnten sie im nördlichen Arabien dem frühen Islam und dem arabischen Koran begegnen.

So rücken die Anfänge des Islam in die Zeit vor 614, während seine Ausbreitung durch die Perser in die Zeit nach 911 fällt. Den zugehörigen Geschichtsablauf entwerfen wir unten, wenn wir die Fragen nach den Umständen der Geschichtserfindung beantworten.

Naturwissenschaftliche Unterstützung

Bevor wir uns der praktischen Durchführung einer Zeitumstellung und damit verbundener Geschichtserfindung zuwenden, will abgeklärt sein, inwieweit alle Möglichkeiten ausgeschöpft worden sind, um einen derartigen Vorgang zu kontrollieren. Beim bisherigen Beweisgang sind verschiedene Hilfsmittel benutzt worden: In erster Reihe stehen hier schriftliche Überlieferungen in Form von Chroniken, Annalen und sonstigen Texten. Wir wüßten sonst viel weniger von der Geburt eines Christkinds, fast gar nichts von den Ideen, die ganze Epochen bewegt oder auch nicht bewegt haben.

Gleichberechtigt habe ich – zum Ärger vieler Mediävisten – die archäologischen und bauarchitektonischen Befunde herangezogen. Steine und Scherben sind einfach viel weniger fälschungsanfällig und machen vielfältige Aussagen zur jeweiligen Zeit. Sie dürfen nicht einfach dem schriftlich tradierten Wissen und der daraus abgeleiteten Chronologie angepaßt werden, sondern ermöglichen uns hier eine wechselseitige Kontrolle und Verbesserung. Nur so kann bemerkt werden, daß ganze Reiche im Grunde Papierleichen sind, von denen außer Schriftlichem nichts kündet.

So mußte zum Beispiel der Grabungsleiter am Kölner Heumarkt, Hansgerd Hellenkemper, festellen: »Hier erhofften wir uns die Chance, das halbe Jahrtausend nach ihnen [den Römern] aufhellen zu können. [...] Die Römer sind weg. Ihre Bauten und sonstigen Hinterlassenschaften sind von den Karolingern ab dem 9. Jh. regelrecht recycelt worden [...] Die karolingische Nutzung war so intensiv, daß durch sie mit den römischen auch die fränkischen Zeugnisse kaputtgemacht wurden.«[224] Da die Karolinger zu den Franken zählen, hätte sich somit eine ganze Epoche selbst eliminiert.

Astronomische Feinabstimmung

Wir haben uns weithin an Kalender, an ihre Berechnung wie an die zugehörigen Bauten gehalten. Die Verbindung von altem Schrifttum mit Ausgrabungsergebnissen der römischen Sonnenuhr gibt uns ebenfalls gute Kontrollmöglichkeiten. Hier hat nun die Astronomie ein gewichtiges Wort mitzusprechen, da sie nicht nur den gegenwärtigen Himmel, sondern per sekundengenauer Rückrechnung für sich in Anspruch nimmt, auch die Vergangenheit unter die Lupe nehmen zu können. Ihre Betrachtungen über wiederkehrende Kometen, Planetenkonjunktionen oder Supernovae haben wir bereits einbezogen; wir werden die Berichte mittelalterlicher Chroniken über einstige Finsternisse noch prüfen.

Die Astronomen haben mittlerweile Kontrollrechnungen für hinreichend seltene Himmelsereignisse angestellt, die jede Phantomzeit ausschließen sollten. Sie sehen vor allem Sonnenfinsternisse als deutlich unterscheidbare Individuen, die für oder gegen meine Thesen aussagen können. 1997 wurde von den Professoren Werner Bergmann und Wolfhard Schlosser als erstes eine Sonnenfinsternis von 590 ins Spiel gebracht, über die uns Gregor von Tours folgendes in Buch X, Kapitel 23 berich-

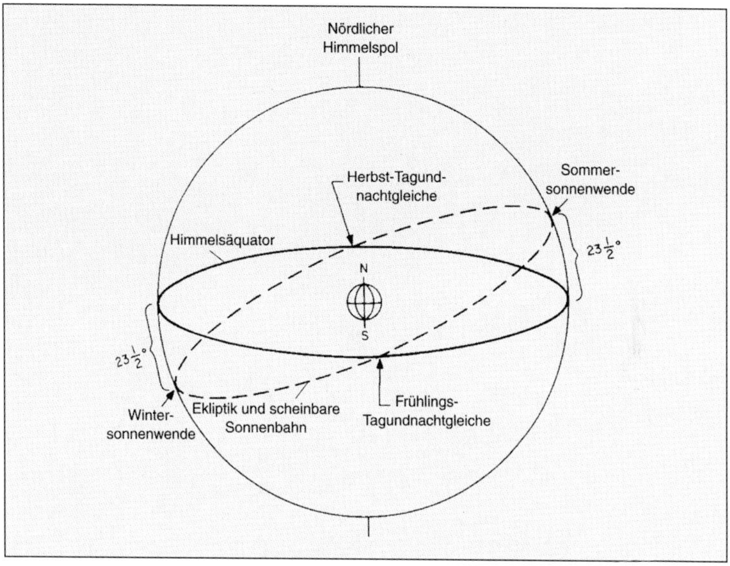

Abb. 1: **Himmelsäquator und die Jahreseckpunkte**

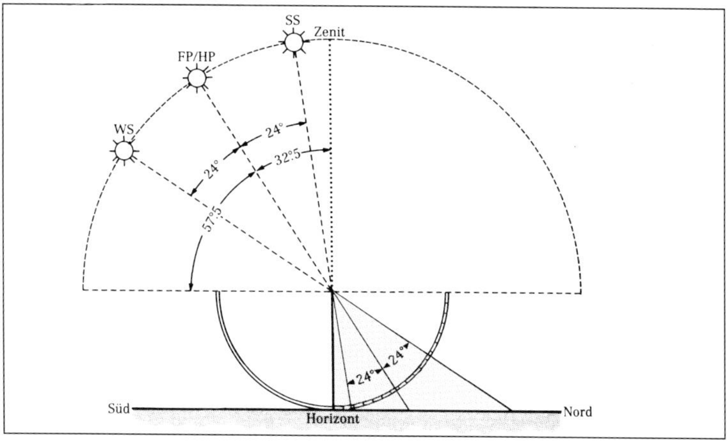

Abb. 2: **Bestimmung der Jahreseckpunkte mit Hilfe des Schattenwerfers** (Gnomon):Die Darstellung gilt für den Breitenkreis von Baylon. Eingezeichnet sind die Schatten für Winter-(WS) und Sommersonnenwende (SS = Solstitien), außerdem für Frühlings- und Herbstpunkt (FP/HP =Tagesundnachtgleichen = Äquinoktien).

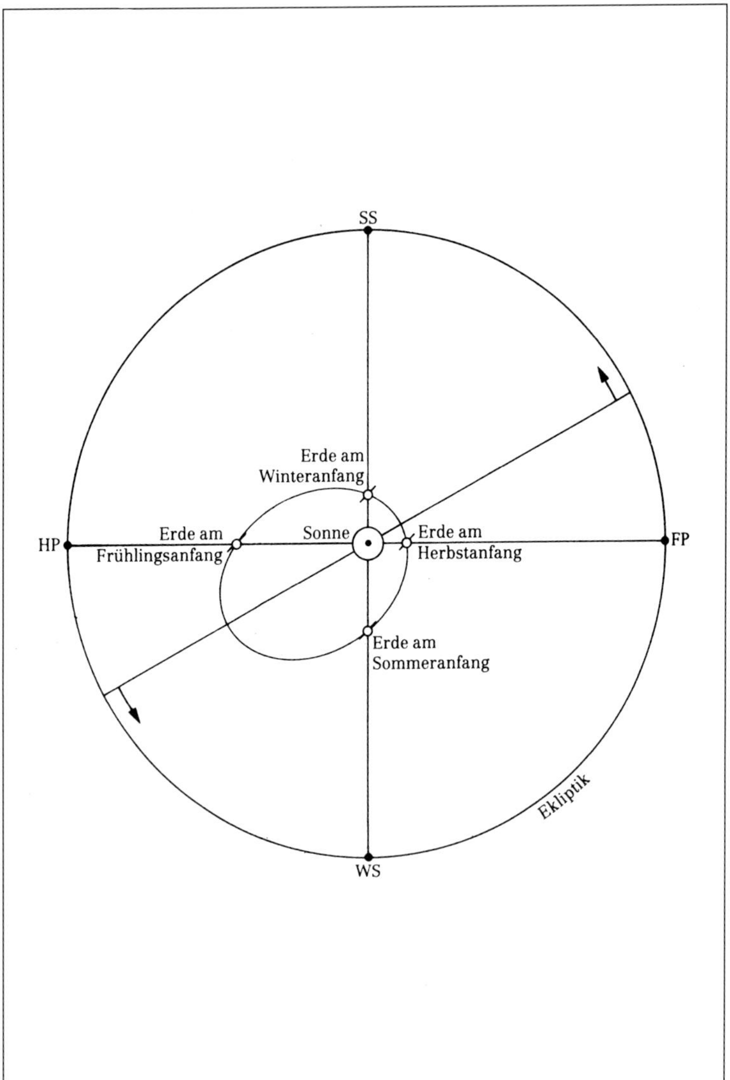

Abb. 3: **Länge der Jahreszeiten:** Die elliptische Erdbahn (hier übertrieben dargestellt) wird von der Erde mal schneller, mal langsamer durchlaufen, so daß sich eine unterschiedliche Dauer der Jahreszeiten ergibt.

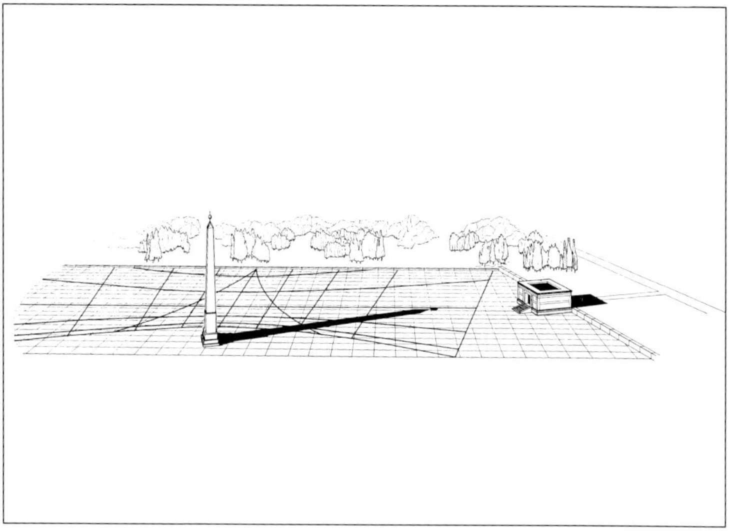

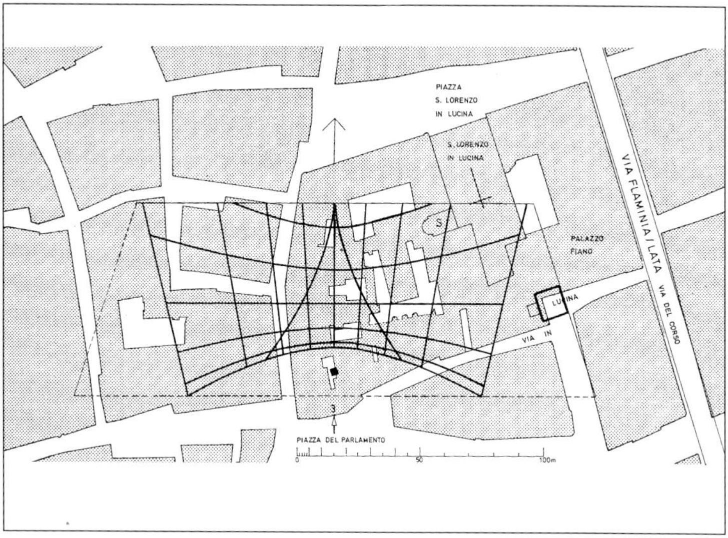

Abb. 4 u. 5. **Die Sonnenuhr des Augustus:** „Ziffernblatt“ und Friedensaltar aus der Vogelperspektive und im heutigen Stadtplan von Rom. Es ist jedoch umstritten, ob das gesamte „Schwalbenschwanzbild“ ausgeführt war.

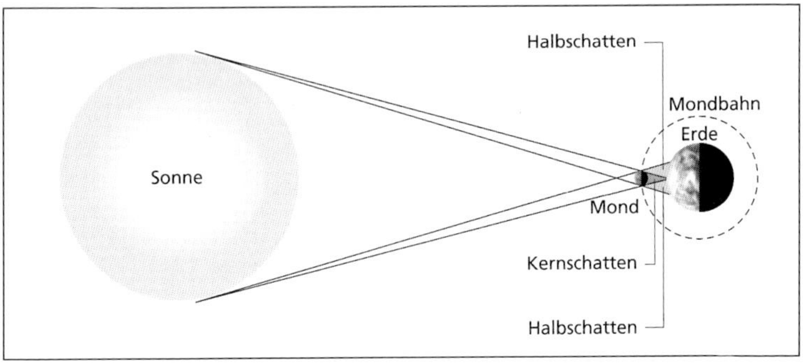

Abb .6: **Wie ensteht eine Sonnefinsternis?** Tritt der Mond zwischen Sonne und Erde, sieht der Betrachter im Kernschattengebiet eine totale, im Halbschattengebiet eine partielle Finsternis. Im Prinzip könnte sich alle vier Wochen eine Sonnenfinsternis ergeben. Da aber die Bahnen von Mond und Erde nicht auf derselben Ebene liegen und der Mond die Sonne nur in erdnaher Position vollständig abdeckt (ansonsten ringförmige Finsternis), können an einem Ort zwischen zwei totalen Finsternissen Monate, aber auch Jahrzehnte liegen.

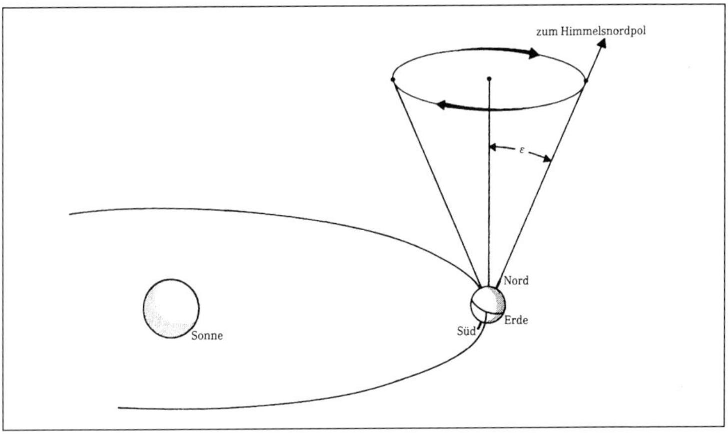

Abb. 7: **Präzession:** Weil die Erdachse „eiert", beschreibt ihre Verlängerung am Himmel in 25.920 Jahren einen Kreis um den Pol der Eliptik (Tierkreis). So wandert der Frühlingspunkt binnen 72 Jahre um 1° gegenüber dem Fixsternhimmel zurück, zugleich verändert sich die Höhe des Sonneneinfallwinkels.

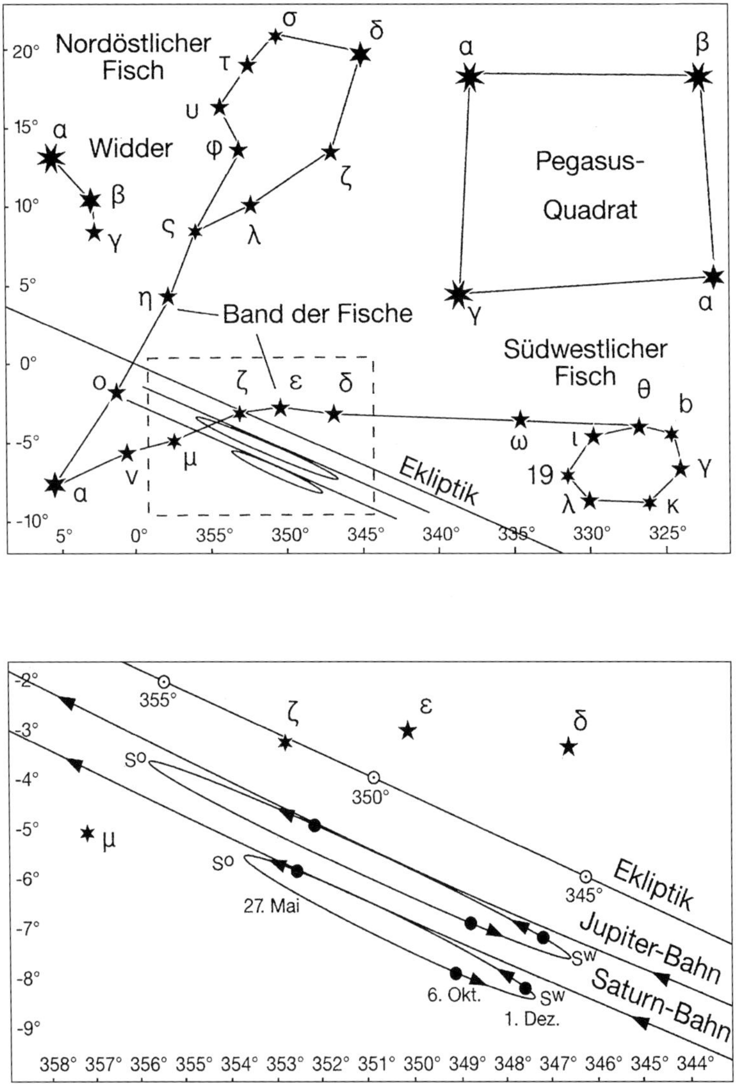

Abb. 8: **Dreimalige Konjunktion von Jupiter und Saturn** im Sternbild Fische, laut Rückrechnung vor 2005 Jahren. Da Jupiter und Saturn gleichzeitig ihre „Schleife" liefen, kamen sie sich innerhalb von sechs Monaten bis auf etwa 1° nahe; in keinem Fall vereinigten sich sie beiden Lichtpunkte zu „einem Stern".

Abb. 9: Europa um die Jahrtausendwende

KARELIER
Onegasee
Kama
Beloozero
FINNEN
Ladogasee
Ladoga
Neva
Nowgorod
Jaroslawl
Susdal
WOLGA
Bulgar
BULGARIEN
irka
KIEWER
REICH
Rjasan
Truso
Ural
Don
LEN
Kiew
Dnjepr
Wolga
rakau
PETSCHENEGEN
Sarchel
Itil
SLOWAKEN
Dnjestr
ran
NIGREICH UNGARN
Tmutarakan
Alba Iulia
(Karlsburg)
Derbe
KAUKASIER
Cherson
Donau
GEORGIEN
Tirnowo
Trapezunt
Ani
ULGARISCHES KAISERREICH
Konstantinopel
Tabri
Ochrid
Nikaia
Ankyra
Tigris
BYZANTINISCHES
KAISERREICH
Melitene
Mossul
Attaleia
Aleppo
BUWAHIDEN
Antiochia
Bagda
SYRIEN
ZYPERN
Euphrat
KRETA
Damaskus
KA

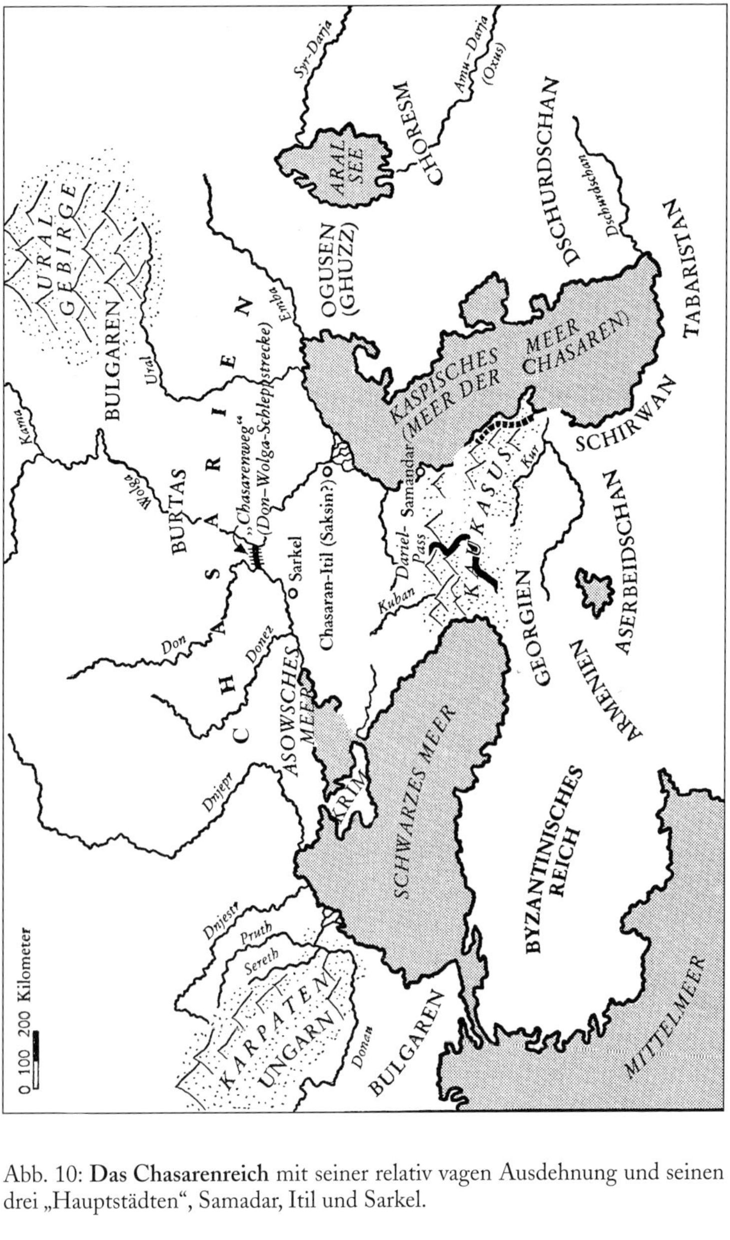

Abb. 10: **Das Chasarenreich** mit seiner relativ vagen Ausdehnung und seinen drei „Hauptstädten“, Samadar, Itil und Sarkel.

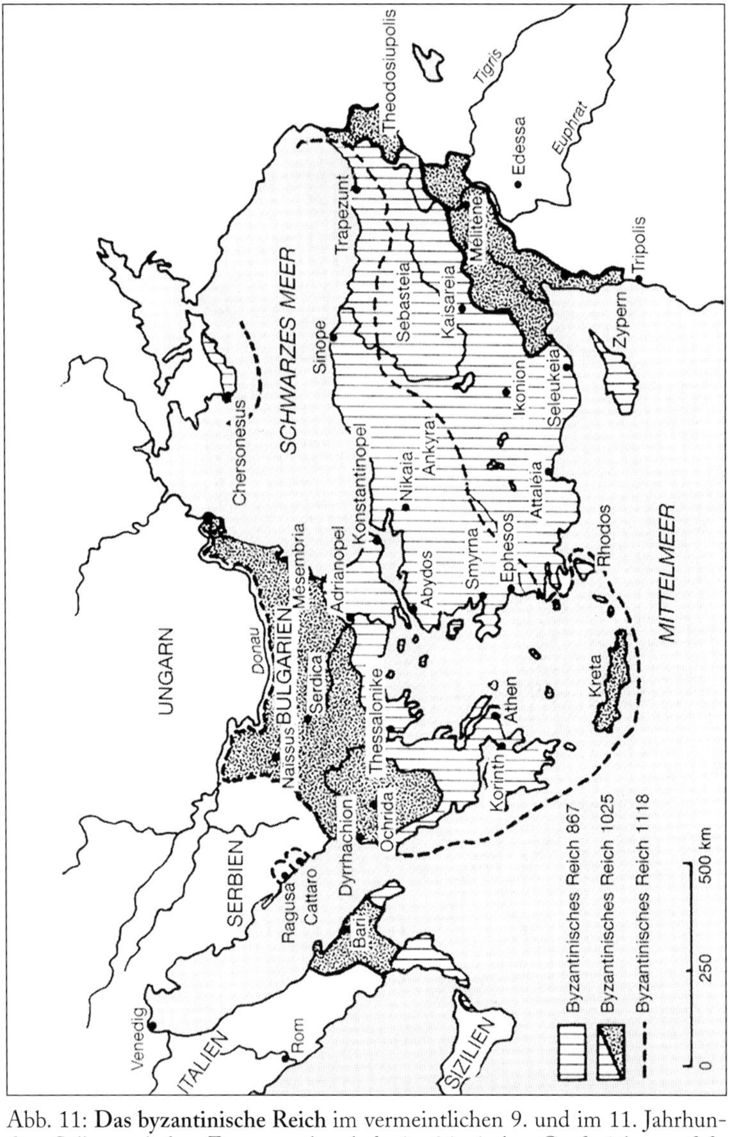

Abb. 11: **Das byzantinische Reich** im vermeintlichen 9. und im 11. Jahrhundert. Selbst nach dem Zusammenbruch des iustitianischen Großreiches umfaßte Byzanz noch große Teile der heutigen Länder Griechenland und Türkei, dazu Zypern und Gebiete auf der Krim und in Süditalien.

Abb.12: **Konstantin VII. Porphyrogennetos** wird von Christus gekrönt. Elfenbeintafel um 944. Moskau, Staatl. Puschkin- Museum

Abb. 13: Referendar Gregor überreicht **Konstantin VII.** das Hl. Mandylion von Edessa. Das Gesicht der Reliquie erhebt sich scheinbar aus der Stofffläche. Skylitzes-Codex aus der Nat.bibl. Madrid.

Abb. 14: **Konstantin VII.** im Blachernenviertel

Abb. 15: **Otto III.** in seinem Reichenauer Evangeliar (ca. 998- 1001). Diese Miniaturmalerei verbindet die Darstellung spätrömischer Herrscher samt Würdenträgern und personifizierten Provinzen (Roma, Gallia, Germania, Sclavinia)

mit der Anbetung der Hl. Drei Könige. Damit läßt sich die Identität Ottos III. als Stellvertreter Christi mit Christus selbst assoziieren.

Abb. 16: **Otto III. und Kaiserin Theophanu** aus dem „Codex Aureus von Echternach", Trier (982-991)

Abb. 17: **Papst Silvester II.** (999-1003), vormals Gerbert von Aurillac, übte Kirchenämter in Reims, Bobbio und Ravenna aus. Darstellung aus späterer Zeit.

Abb. 18: **Lateranpalast und -basilika** in der ältesten uns tradierten Form.

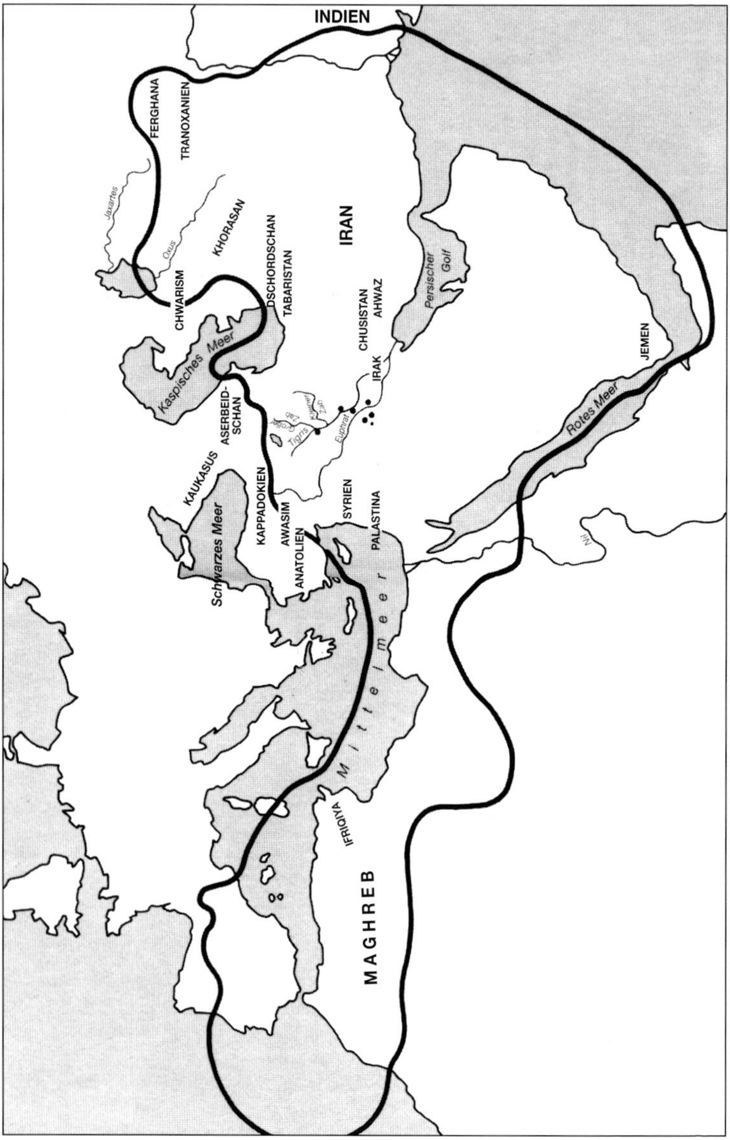

Abb. 19: Das vermeintliche **Abbasidenreich** zur Zeit des fiktiven Harun al-Raschids.

tet: »In der Mitte des Monats Oktober verfinsterte sich die Sonne, und ihr Licht nahm so ab, daß sie kaum so groß blieb wie die Mondsichel am fünften Tag nach dem Neumond.«

So knapp diese Beobachtung geschildert ist, so überarbeitet ist sie bereits. Der lateinische Text spricht ausdrücklich vom 8. Monat, der damals der August war, nicht wie in alten Römertagen der Oktober; er spricht keineswegs vom Neumond, sondern einfach vom »fünften Mond«; eindeutig ist seine Aussage »Mitte des Monats«.

Insofern paßt die rückgerechnete Finsternis vom 4. 10. 590 nur bei großer Toleranz. Sie liegt keineswegs in der Mitte des 8. Monats, sondern am Anfang des 10. Monats, und die ringförmige Finsternis spricht gegen die Sichelform. Als Schlosser und Bergmann exakt 300 Jahre weiterzählten, fanden sie keine adäquate Finsternis und erklärten meine These für widerlegt. Aber mit den von mir vorgeschlagenen 297 Phantomjahren wären sie am 20. 10. 887 einem adäquaten »Individuum« begegnet: wieder im Oktober, aber diesmal nahe der Monatsmitte, wiederum wie der 5. Mond, diesmal vom Vollmond aus gezählt, ein in der Spätantike auch geübter Brauch;[225] nach Mucke und Meeus war es keine ringförmige, sondern eine totale Finsternis.[226]

Ptolemäus im Zeugenstand

In der nächsten »Runde« bot Wolfhard Schlosser verschiedene Beobachtungen von Claudius Ptolemäus auf. Diesem war unter anderem ein Tripel von Mondfinsternissen wichtig. »Es ist fast überflüssig festzustellen, daß diese drei Mondfinsternisse der Jahre 133, 134 und 136 n. Chr. im *Canon der Finsternisse* tagpräzise, korrekt im Grad der Finsternis (total, 5/6, 1/2) und mit minimalen Fehlern der zeitlich nur schwer einzuschätzenden Finsternismitte (23^{07}, 23^{01} und 3^{43} alexandrinischer Zeit) wiederzufinden sind.«[227]

Ihm widerspricht Robert Newton,[228] der dem größten Astronomen des Altertums gewissermaßen den Prozeß gemacht hat. Sein Vorwurf lautet so: Ptolemäus hat trotz eigenen Beteuerns viele seiner »Beobachtungen« keineswegs selbst beobachtet, sondern errechnet. Aus unbekanntem Grund griff er etwa auf die Hipparchschen Sternorte zurück und hat sie mit einer festen Korrekturgröße für die binnen ca. 300 Jahren fortgeschrittene Präzession umgerechnet.[229] Da dieser Korrekturfaktor zu klein war, berichtet uns Ptolemäus von einem Sternenhimmel, der nicht über ihm funkelte, so er im 2. Jahrhundert gelebt hat.

Newton hat sich nicht nur mit Fixsternpositionen, sondern auch mit jenen vier Tripeln von Mondfinsternissen auseinandergesetzt, die Ptolemäus überliefert, weil sich aus ihnen am besten die Mondbewegung ableiten läßt. Drei Tripel stammen aus Jahrhunderte zurückliegenden griechischen Beobachtungen. Für das vierte, also für 133, 134 und 136, hat Newton zwar dieselben Werte wie Schlosser,[230] weist aber gleichwohl nach, daß Ptolemäus die Werte dieses Tripels genauso wie die der drei frühen »fabriziert« hat.[231] Mit »fabricated« meint er, daß Ptolemäus jeweils die Himmelssituation festlegte, die sein epizyklisches System verlangte, und daraufhin die verschiedenen Positionen der Himmelskörper errechnete.

Gewissermaßen als Gegenbeispiel dienen drei Äquinoktienbestimmungen für die Jahre 132, 139 und 140 sowie eine Sonnenfinsternis, die Ptolemäus für den 25. 6. 140 fabrizierte. Newton stellt hier fest: »Die Irrtümer zu Ptolemäus' Zeiten sind enorm. Die drei Äquinoktien liegen alle rund 28 Stunden zu spät, während die Sonnenfinsternis um 36 Stunden zu spät liegt.«[232] Ptolemäus liefert uns demnach weder konsistente noch fehlerfreie Daten, insofern ist es auch nicht »fast überflüssig«, die Zahlen von Ptolemäus auf ihre Präzision zu prüfen.

Die von Schlosser angesprochenen »eigenen Planetenbeobachtungen« des Ptolemäus haben Newton ebenfalls beschäftigt. Er zeigt in Kap. XI, 6–8, wie Ptolemäus auch diese Daten »fabriziert« hat,[233] und fällt ein sehr entschiedenes Gesamturteil:

»Alle eigenen Beobachtungen, die Ptolemäus in der Syntaxis [= *Almagest*] benutzt, sind betrügerisch [fraudulent], so weit wir sie prüfen können. Viele der Beobachtungen, die er anderen Astronomen zuschreibt, sind ebenfalls Betrügereien, die er begangen hat. Sein Werk ist durchsetzt von theoretischen Irrtümern und Verständnismängeln, wie wir in Sektion XIII.5 sahen. Seine Modelle für Mond und Merkur stehen in hartem Widerspruch zur elementaren Beobachtung und müssen deshalb als Fehlschläge gewertet werden.«[234]

Newton erwähnt, daß Ptolemäus laut eigenem Bekunden die Beobachtungen von Jupiter und Saturn, also jener von Schlosser herangezogenen Planeten, mit einem Astrolab gemacht habe.[235] Dazu hat Borst eine dezidierte Meinung: »Das angeblich von Ptolemäus erfundene, tatsächlich erst um 400 in Alexandria entwickelte Astrolab war den Byzantinern seit etwa 530 vertraut.«[236]

So überführt Borst den vermeintlich größten Astronomen des Altertums einer weiteren, ganz entscheidenden Unwahrheit. Was also ist von den teilweise sehr präzisen, teilweise erkennbar falschen Angaben im *Almagest* zu halten, was vom *Almagest* selbst? Es kann nicht mehr verwundern, daß das Entstehen dieses Werkes auch deutlich später vermutet wird. 1993 datierten die drei russischen Mathematiker Fomenko, Nosovsky und Kalashnikov den *Almagest* anhand der berichteten Sternkonfigurationen und kamen zu dem erstaunlichen Ergebnis, daß der Sternenstand nicht dem des ptolemäischen 2. Jahrhunderts,[237] sondern einem zwischen dem 6. und 13. Jahrhundert entspreche. Präziser ließe sich dies nicht beantworten, weil die mangelnde Genauigkeit fernrohrloser Beobachtung dem Statistiker trotz aller Fehlereingrenzung und -abschätzung keine präzisere Angabe gestattet.

Sonnenfinsternisse

Noch eine »Runde« weiter ist mit Dieter Herrmann der Direktor einer Sternwarte und eines Planetariums an die breite Öffentlichkeit getreten, um meinen Ansatz ad absurdum zu führen.[238] Er beschäftigt sich dazu wiederum mit den historisch verbürgten Sonnenfinsternissen und macht eine klare Aussage. »Wir haben diese Finsternisse nachgerechnet und völlige Übereinstimmung zwischen Beobachtung und Rechnung in allen Fällen gefunden. Diese Tatsache allein macht die Existenz einer ›Phantomzeit‹ bereits extrem unwahrscheinlich. Um ILLIGS These dennoch auf Herz und Nieren zu prüfen, haben wir für die drei totalen Finsternisse von Milet (585 v. Chr.), Nicäa (29 n. Chr.) und Athen (484 n. Chr.) nachfolgende totale Finsternisse gesucht. Die Ergebnisse sind in Tabelle 2 [korrekt: 4] wiedergegeben. Wie man sieht, gibt es keine einzige Übereinstimmung in der Rhythmik dieser Finsternisse. ILLIGS These ist damit von astronomischer Seite widerlegt.«[239]

Wir begegnen hier einem Vertreter des klassischen Zirkelschlusses. Denn wo er »nachgerechnet« und »völlige Übereinstimmung« gefunden hat, da hat er lediglich die Rückrechnungen seiner Vorgänger bestätigt, aber keineswegs die Finsternisse der Quellen. Der immense Unterschied ist leicht kenntlich zu machen.

Herrmanns Liste endigt mit zwei Sonnenfinsternissen, die Gregor von Tours berichtet und die Herrmann dem 2. 10. 563 und dem 3. 10. 590 zuordnet. Doch Gregor spricht, ungeachtet seiner Unkenntnis der christlichen Zeitrechnung, keineswegs explizit von diesen Daten. Wir haben bereits gehört, daß man für 590 den »achten Monat« als Oktober interpretieren mußte, um überhaupt eine passende Sonnenfinsternis im Katalog der Rückrechnungen zu finden. Der 3. Oktober widerspricht aber trotzdem Gregors »Monatsmitte« ganz energisch.

Bei dem Datum 2. 10. 563 ist die Diskrepanz noch größer, geradezu von peinlichen Dimensionen. Denn Gregor schreibt im 31. Kapitel seines 4. Buches: »Einmal aber, und zwar am 1. Oktober, war die Sonne so verfinstert, daß nicht einmal der vierte Theil derselben seinen Glanz behielt: schwarz und farblos sah sie aus, wie ein Sack.«

Gregor nennt keine Jahreszahl; wenn man im Text zurückgeht, steht im Kap. 27 die Jahreszahl 566 am Rand. Wie kommt der Archäoastronom nun zur genauen Datierung? Er sucht im Katalog rückgerechneter Sonnenfinsternisse, in welchen Jahren bei Tours oder Clermont-Ferrand beobachtbare Sonnenfinsternisse stattfanden. Dann wählt er die genehmste aus, entscheidet sich also für den 2. 10. 563. Diese Finsternis rechnet er in seinem Planetarium nach und bestätigt so die Rückrechnung seines alten Vorgängers Ginzel von 1888 und 1899.

D. Herrmann hat also gar keinen Gedanken daran verschwendet, warum die Finsternis der Chronik einen Tag danebenliegt und wie sie vor allem zu ihrer Jahreszahl gekommen ist! Hier macht sich die sekundengenau rechnende Astronomie zu einer Karikatur ihrer selbst. Wenn Tag wie Jahr changieren können, dann läßt sich ebenso gut oder schlecht die ebenfalls ringförmige Sonnenfinsternis vom 18. 8. 863 nennen: Bei ihr wäre der achte Monat tatsächlich der achte Kalendermonat; mangels korrektem Referenzjahr könnte sie exakt 297 Jahre später liegen, und der Tag stimmte weder da noch dort.

Nun betont Herrmann die berühmte Sonnenfinsternis vom 28. Mai 585 v. Chr., die Thales von Milet vorausberechnet habe, worauf Lyder und Ionier den Sieg über die Meder davontrugen: »Eine mit Sicherheit zutreffende Sonnenfinsternisvorhersage stammt von Thales von Milet.«[240] Hätte er sich mit der einschlägigen Literatur befaßt, wie sie Benny Peiser längst zusammengetragen hat,[241] dann hätte er sie auf keinen Fall heranziehen dürfen. Denn die heute angenommenen Lebensdaten von Thales entstammen nicht den Schriften von Thales, von denen wir keine Zeile kennen, sondern einem astronomisch rückgerechneten Bezug, den ein Standardlexikon so wiedergibt: »Lebenszeit 1. H[älfte] 6. Jh. v. Chr.; den chronol. Fixpunkt gibt die Sonnenfinsternis des 28. Mai 585 (Tag der Schlacht am Halys), die Th[ales] vorausberechnete. Mit Bezug darauf wurde vermutlich die akme des Th[ales] auf 585/584, die Verleihung des

Ehrentitels sophos auf 582/581 angesetzt.«[242] Daß Thales die Sonnenfinsternis am Halys vorausberechnete, wissen wir von Herodot (I,74), der rund 140 Jahre später schrieb, aber nichts von unserem rückgerechneten Datum wußte.

Bei der wissenschaftlichen Auswahl der passenden Finsternis mußte davon abgesehen werden, daß die vollständige Verfinsterung erst um 18.50 Uhr, also kurz vor Sonnenuntergang eintrat und daß ihr dramatischer Effekt somit bereits in die Dämmerung fiel und nicht mehr schlachtentscheidend sein konnte. Wie mit dem damaligen Kenntnisstand (Stichwort Saros-Zyklus) eine – obendrein stundengenaue – Vorhersage möglich war, mußte genauso übergangen werden wie die psychologische Frage, wie man ein Heer einen ganzen Tag lang auf eine Finsternis hoffen lassen kann, die einfach nicht eintreten will. Aus diesen und weiteren Gründen präferierte man lange die Finsternis vom 30. 9. 610. (12.00 Uhr), die aber noch schlechter mit den Chroniken zusammenpaßte. So schließt Peiser konsequenterweise auf einen für jegliche Datierung untauglichen »Thales-Mythos«. Er kann sich dabei auf R.R. Newton und vor allem auf A. Demandt stützen, demzufolge von den 250 antiken Nachrichten über Sonnen- und Mondfinsternisse bisher (1970) bereits mehr als 200 als ungenau oder völlig falsch nachgewiesen werden konnten.[243]

Solange Finsternisse um Tage, Jahre und sogar mehrere Jahrzehnte hin und her geschoben werden können, bis sie scheinbar ein Geschichtsbild bestätigen, so lange sind Herrmanns Prüfungen der »Rhythmik dieser Finsternisse« vollkommen wertlos. So hat der Professor für Astronomie keineswegs meine These widerlegt, sondern dankenswerterweise zentrale Schwächen der Archäoastronomie freigelegt.

Meine Kritik am herrschenden Geschichtsbild deckt merkwürdige Unklarheiten selbst in jener Disziplin auf, die als die präziseste eingeschätzt wird. Insofern können wir gespannt sein, wie dieser Streit zwischen Mathematikern, Astronomen und Historikern ausgeht. Es muß nur an den *Astronomischen Kanon* erinnert werden, eine der Möglichkeiten, astronomische Daten rückzurechnen (s. u.). Im Abendland wurde dies in der ersten Hälfte des 11. Jahrhunderts durch Hermann den Lahmen begonnen. Seitdem war es möglich, viele Himmelsereignisse mehr oder weniger gut nachzukalkulieren und in frei komponierte Chroniken für erfundene Zeiten einzufügen. Derartige Möglichkeiten scheint D. Herrmann nie in Erwägung gezogen zu haben.

Der Stern von Bethlehem in Keilschrift

Gewissermaßen als Anregung für Archäoastronomen und Altertumskundler sei ein weiteres Rätsel vorgestellt. Wir wissen bereits um die Probleme des »Sterns von Bethlehem«. Keplers Zusammenschau von dreifacher Jupiter-Saturn-Konjunktion und biblischem Himmelsphänomen einmal außer acht gelassen, wird diese Konjunktion ins Jahr 7 v. Chr. rückgerechnet. Darüber gibt es sogar antike Aufzeichnungen: babylonische Keilschrifttafeln mit Planetenpositionen für die Zeit vom 1./2. April 7 v. Chr. bis zum 19. April 6 v. Chr.[244]

Der unvoreingenommene Betrachter wird stutzen, daß damals noch die Keilschrift benutzt wurde. Seit Alexander und dem beginnenden Hellenismus galt Griechisch als *die* Weltsprache. Gegenüber der Keilschrift hat es fast nur Vorteile: viel einfacher zu schreiben, viel einfachere Zahlendarstellung mit einer Art Dezimalsystem,[245] viel leichteres Material (Papyrus oder Pergament gegenüber unhandlichen Tontafeln). Der einzige Vorteil war für die damalige Zeit wohl keiner: Tonnenschwere Tontafelarchive verbrennen nicht, sondern werden durch einen Brand fast für die Ewigkeit gehärtet.

Die allerjüngsten Keilschrifttafeln reichen sogar bis 75 n. Chr.[246] Fiel Heinsohn auf, daß sie anachronistischerweise noch immer sumerische Einsprengsel des vermeintlichen 3. Jahrtausends enthalten, so fällt außerdem auf, daß sie nach Gestirnpositionen datiert werden. Die allerjüngsten Schriften sind ohnehin astronomische Almanache, aber auch die Tafel mit der dreifachen Planetenkonjunktion wird astronomisch datiert. So entsteht der Eindruck, daß die überaus späten Keilschrifttafeln nur wegen ihrer astronomischen Daten so spät angesetzt werden. Die zugehörige Rückrechnung, das heißt die Festlegung von astronomischer Situation und zeitlichem Abstand zu uns, ist sicher richtig. Wenn aber die zugehörige Historie nicht zur richtigen Zeit eingeordnet ist, muß es zu Fehlschlüssen kommen.

Bestätigt sich mein Ansatz einer Zeitkürzung um 297 Jahre, dann würde die Konjunktion ins Jahr 304 v. Chr. rücken. Denn die dreifache Jupiter-Saturn-Konjunktion in den Fischen ist ein extrem rares Ereignis, das nur ca. alle 854 Jahre stattfindet.[247] Nur 19 Jahre nach Alexanders Tod kann ein Keilschrifttext selbstverständlich noch erwartet werden. Wenn sich bestätigt, daß die Keilschrift nur wegen astronomischer Berechnungen bis in die nachchristliche Zeit, und damit anachronistisch lange »gestreckt« werden mußte, obwohl sie »eigentlich« längst veraltet war, ergäbe sich daraus ein exzellenter Beweis für die Phantomzeit-These. Es erweist sich dabei einmal mehr, wie eine kritische Fragestellung immer weitere Gebiete erfassen und befruchten kann.

Gescheiterte C14-Methode

Etliche Leserinnen und Leser haben im *Erfundenen Mittelalter* die naturwissenschaftlichen Datierungsmethoden vermißt. Sie spielten in dieser Disziplin bislang auch keine markante Rolle. So läge es nahe, alle Urkunden, deren Datierungen oft genug fragwürdig sind, mit der Radiokarbonmethode zu untersuchen. Schließlich geht es bei Papyrus, Pergament und Papier immer um kohlenstoffhaltige Substanzen, für die diese Methode zuständig ist. Bei ihr wird der Zerfall des radioaktiven C14-Isotops gemessen, woraus über seine Halbwertszeit und viele Prämissen eine Altersangabe ermittelt wird. Die Zerfallsuhr läuft ab dem

Moment, ab dem der Organismus kein C14 mehr einbaut, also ab seinem Tod.

Soweit mir bekannt wurde, hat man aber derartige Messungen an altem Pergament bislang nicht durchgeführt. »C14« liefert schließlich keine exakte Jahresangabe, sondern ein Wahrscheinlichkeitsintervall. Das bemißt sich für eine 1200 Jahre zurückliegende Zeit auf ca. ± 70 Jahre – und da fühlen sich die Diplomatiker, also die Spezialisten für alte Urkunden, allemal kompetenter.

Diese Haltung wird bei allen Geschichtsabschnitten eingenommen, die uns schriftlich – idealerweise mittels Regentenliste – tradiert sind. Insofern feiert »C14« dort seine größten Triumphe, wo keine Schriftzeugnisse vorliegen. Es sei nur an die widersinnige Veraltung osteuropäischer Vorzeitkulturen und der gesamten Megalithzeit erinnert, die als Folge der zweiten Radiokarbonrevolution stattgefunden hat.[248]

Mittlerweile sind die Prämissen dieser Methodik viel besser überprüft worden, als mir das 1988 möglich war. Mit dem Titel »C14-Crash« haben cin Physiker und ein Technikhistoriker systematisch gezeigt, an wie vielen Stellen die 1949 von Willard Libby vorgestellte Methode krankt.[249] Längst hätte man akzeptieren müssen, daß sie nicht halten kann, was man sich immer von ihr erhofft hat.

Morsche Holzstützen

Mehr durfte man im frühen Mittelalter von den Holzuntersuchungen mittels einer Baumringanalyse erwarten. Schließlich soll in dieser Zeit viel seltener in Stein als in Holz gebaut worden sein; damals wies ein Ortsname wie »Steinkirchen« noch auf ein ungewöhnliches Gebäude hin. Merowingische wie karolingische Franken waren »von Haus aus« den Bau in Stabwerk und Fachwerk gewohnt, nicht die Steinbearbeitung. Hier also könnte die Datierung mittels Baumringen greifen. Sie setzt darauf, daß Bäume jedes Jahr einen Baumring bilden müßten. Mit dem Holz eines uralten, aber heute gefällten Baumes ist man bereits einige Jahrhunderte in die Vergangenheit vorgestoßen. Gelingt es, die Ringe eines solchen Baumes mit denen eines noch älteren Baumes per Überlappung zu verbinden, entsteht eine immer längere Brücke in die Vergangenheit.

Als die junge Wissenschaft in Gestalt von Ernst Hollstein darangging, eine standardisierte Abfolge von Baumringen von der Gegenwart bis in eine möglichst ferne Vergangenheit aufzubauen, ging das bis ins 10. Jahrhundert relativ schnell. Es gab genügend Material, das mit seinen vielfachen Überlappungen die Sequenz gut absicherte. Davor wurde es jedoch schwierig. So wurde die reichlich belegte Römerzeit sequenziert, ohne Anschluß ans Mittelalter zu haben.

Hans-Ulrich Niemitz rekonstruierte das Problem und seine einstige Lösung.[250] Es gab fast keine Holzreste aus dem frühen Mittelalter; die Zeit um 720 war mit lediglich vier Eichenholzproben zu belegen! Waren alle damaligen Fachwerkhäuser abgebrannt, war alles Bauholz verheizt oder »recycelt«? Um dem frühen Mittelalter trotzdem zu seiner Standardsequenz zu verhelfen, wurden zwei Entscheidungen getroffen: Es wird mit Buche eine weitere Holzart zugelassen, und die Methode wird grundsätzlich verändert. Aus einem optisch orientierten entstand ein mathematisch-statistisches Verfahren, das mit einer Vielzahl komplizierter Berechnungen die Baumringe einer Probe darauf prüft, ob und inwieweit sie denen einer anderen Probe entsprächen, auch wenn diese ganz andere individuelle Wachstumsbedingungen gehabt hatte.

So wurde 1970 eine »Holz-Brücke« mit vier Sollbruchstellen zur Römerzeit geschlagen. In den Worten von Niemitz: »Hollstein stieß also auf vier Schwierigkeiten, die – hätte man von dem chronologischen Fehler zuvor gewußt – zu erwarten gewesen wären: Erstens Holzmangel, zweitens Datierungsschwankungen in der Forschungsarbeit gerade für diese Epoche [...], drittens dicht beieinander gefundene Hölzer mit einem Datierungsabstand von etwa 300 Jahren (Mainz, Altrip, Einhardsbasilika in Steinbach) und viertens extreme Probleme an zwei Stellen (den ›Schummelstellen‹) – genau hier ist auch die Belegdichte minimal und erschreckend gering (380 und 720, Abstand also 340 Jahre).«[251]

Seitdem hat man mit viel Aufwand versucht, die Schwachstellen zu beseitigen, ja zu verstecken. Das gelang so gut, daß 1991 die französischen Dendrochronologen Lambert und Lavier ihre deutschen Kollegen so einschätzten: »Diese erzeugen Zauberdaten [›magic dates‹], die nur auf ihren eigenen Überzeugungen beruhen – auf der Grundlage von geheimen Verfahren und Standardsequenzen [›secret procedures and masters‹] (d. h. nicht genau festgelegt, nicht diskutiert und nicht publiziert). Also: Wie können wir denn die Glaubwürdigkeit der von diesen Labors erstellten Daten prüfen?«[252]

Heute können allein Fachspezialisten Baumringsequenzen auf ihre Richtigkeit hin prüfen, alle anderen können nur noch vertrauensvoll Datierungen entgegennehmen. Insofern kann lediglich der Verdacht geäußert werden, daß hier Teilsequenzen verdoppelt worden sind, um die Phantomjahre mit Holzmaterial und entsprechenden Ringen auszustatten.

Nun hat der Aachener Mediävist Max Kerner in einer Rundfunkdebatte am 1. 1. 1997 (Deutschlandradio, Köln) mit einem Holzrest aus dem Aachener Dom gegen mich argumentiert.[253] Es geht um den larvenzerfressenen Rest des hölzernen Ringankers um die Kuppel, der ruhig wegfaulen durfte, weil nach anfänglicher Aushärtung das »Eisenkorsett« den Schub aufnahm. Das Stück zählt 56 Jahresringe, seine Fällungszeit ist von Hollstein (1980) auf 776 ± 10 Jahre datiert worden.

Dieser Dendrochronologe konnte dieses sogar vordatierte Holzstück nicht bei der Überbrückung von Römerzeit zu Mittelalter nutzen, als er so dringend nach Eichenholz suchte. Erst nach Erstellung der Standardsequenz wies er ihm sein Alter zu. Insofern ist davon auszugehen, daß dieses Stück mit seinen relativ wenigen Ringen auch zu einer anderen, späteren Zeit an die Standardsequenz hätte angepaßt werden können.

Abschließend ist darauf hinzuweisen, daß die naturwissenschaftlichen Methoden und Ergebnisse wechselseitig geeicht werden. »C14« wirft nicht automatisch Absolutdaten aus, sondern nur Meßdaten, die erst in Jahre umgerechnet werden müssen. Da die alles entscheidende C12/C14-Relation in jedem Jahr und in jeder Region anders sein konnte, hat bereits Libby seine Meßwerte an historisch vordatierten Holzresten der alten Römer, Ptolemäer und Ägypter geeicht. So gingen automatisch sämtliche möglichen Fehler der herrschenden Chronologie auf die naturwissenschaftlichen Datierungen über. Damit nicht genug, werden selbstverstandlich auch die Holzproben mit C14 vordatiert, solange sie noch »schwimmen«, sprich: solange man noch überhaupt nicht weiß, ob man einen alten Eichenstamm im 1. Jahrtausend nach oder im 2. Jahrtausend v. Chr. ansiedeln soll.

Trotz dieser Vorauswahl mußte man in den 70er Jahren entsetzt feststellen, daß die so erzeugte Standardsequenz der Baumringe die zugrundeliegenden C14-Werte zur Makulatur erklärte. Vor 500 v. Chr. gingen C14-Werte und Dendro-Werte stetig auseinander, so daß zum Beispiel eine durch C14 bei 2500 v. Chr. eingeordnete Probe durch Dendro auf 3000 v. Chr. verschoben und damit veraltet wurde. So bleibt jeder ursprüngliche Fehler erhalten, so pflanzt sich jeder Fehler fort, so entstehen durch wechselseitige »Eichung« immer neue Fehler in immer massiveren Größenordnungen. Auch die Schwächen der Dendrochronologie und ihr Zusammenspiel mit C14 haben Blöss und Niemitz behandelt.[254] Selbst die exakten Naturwissenschaften sind nicht präziser als ihr schwächstes Glied. Solange es keine Absolutdatierungen ohne jede Eichung gibt, so lange kann der physikalisch-mathematische Meßwert nicht das letzte Wort sein.

Zeiterfindung im Osten

Wir haben oben festgestellt, daß wir nicht nur eine Überfülle an archäologischen und chronologischen Beweisen für erfundene Jahrhunderte haben, sondern auch mutmaßen dürfen, daß ein Zeiteinschub am zweckmäßigsten mit einem Wechsel des Bezugspunktes einhergeht. Denn in diesem Fall merkt der »normale« Zeitgenosse gar nicht, daß beim Umstellen auf eine andere Ärarechnung obendrein die Uhr vorgedreht worden ist. Wir wissen jetzt, daß im 10., allenfalls noch im frühen 11. Jahrhundert in ganz Europa neue Zeitbezeichnungen eingeführt worden sind: mehr als vier Weltären »nach Schöpfung« und die uns vertraute Rechnung »nach Christi Geburt«. Es empfiehlt sich also, in diesem Zeitraum nach dem oder den Urhebern der Zeitumstellung und der erfundenen Geschichte zu suchen.

Wer, wo, was, wann, warum, wie und wieviel?

Wir treten nunmehr in einen Indizienbeweis ein, der anderes Gewicht hat als die bislang vorgeführten mathematischen Berechnungen oder archäologischen Beweisstücke. Es wäre mehr als erstaunlich, wenn sich eine schriftliche Urkunde erhalten hätte, auf der etwa stünde: »Hiermit beauftrage ich, Kaiser Friedrich I., genannt Barbarossa, meinen Kanzler Rainald von Dassel, mir einen noch größeren Karl als Vorgänger zu erfälschen.« Wir können beweisen, daß Friedrich seinen ominösen Vorgänger Karl nach Kräften instrumentalisiert hat: Im Kampf gegen Rom und den Papst ernennt er einen Gegenpapst, der Karl heiligspricht; die Aachener Pfalzkapelle wird zum großen Karlsmemorial, in dem das Skelett aus der unauffindbaren Gruft in den seitdem präsenten Karlsschrein umgebettet wird; dessen Schmucktafel illustrieren ausgerechnet den schon damals völlig sagenhaften Zug von Karl d. Gr. nach Santiago de Compostela, um die Pilgerströme weg von Rom und auf den Jakobsweg zu bringen. Die Propaganda ist nachweisbar, eine große Uhrumstellung und eine noch größere Geschichtserfindung für 300 erfundene Jahre jedoch nicht – nicht auf diesem Weg.

Statt dessen können wir Plausibilitäten vorbringen, Motive und Beobachtungen. Ob sie das Richtige treffen, ob es noch bessere Motive und noch geeignetere Protagonisten gäbe, muß zunächst offen bleiben.

Es ist aber sicherlich keine falsche Unterstellung, wenn wir die Urheber in höchsten Kreisen vermuten. Kein Privatmann, kein Wissenschaftler konnte im Mittelalter das Zeitschema verändern. Das war nur dort möglich, wo die Macht saß. Das größte Machtzentrum des 10. Jahrhunderts lag in Konstantinopel. Der Kaiser von Byzanz hatte – trotz der islamischen und der bulgarischen Attacken – noch immer nicht nur ein imposantes Reich, sondern auch die beste Verwaltung und dazu eine Kirche, die dem Kaiser sehr nahestand. Mit dem Sturz der Patriarchen von Jerusalem, Alexandria und Antiochia hatte automatisch der Patriarch von Konstantinopel die oberste Position inne. Der Bischof von Rom war damit verglichen eine periphere Erscheinung im Westen. Gregor d. Gr. mußte späterhin verdoppelt werden, damit er seiner Rolle als Kirchenlehrer und Heiliger gerecht werden konnte;[255] nach ihm geriet – wir übergehen die dunklen Jahrhunderte – das Amt des Bischofs von Rom endgültig in die Hände römischer Familien und wurde zum Spielball aller möglichen Machtintrigen. Es wurde erstmals aus der Versenkung gehoben, als Kaiser Otto III. mit Brun von Kärnten den ersten Deutschen (996) und vor allem mit Gerbert von Aurillac den ersten Franzosen (999) auf den Stuhl Petri brachte. Otto III. war selbst ein direkter Abkömmling von Byzanz, weshalb wir unsere Blicke zunächst dorthin lenken.

Konstantin VII. Porphyrogennetos

Um diesen Kaiser richtig einordnen zu können, müssen wir zwei Stränge neu zusammenführen, die gerade von diesem Kaiser verwirrt worden sind. In meinem Schema der Realzeiten folgt auf 614 direkt das Jahr 911 nach Christus. Wir haben schon von einem unscharfen Zeitsaum gesprochen, der diese beiden glatten Ränder verunklärt, damit Entwicklungen teils auslaufen, teils einsetzen können.

Das Kaiserreich wird gegen 600 durch ein breites Vordringen der Slawen und Awaren auf der Balkanhalbinsel militärisch geschwächt. Seit 602 sitzt mit Phokas eine ebenso erschreckende wie unfähige Figur auf dem Thron, die nur durch Kaisermord an die Macht gekommen ist. Perserkönig Chosrau II. nutzt die Gunst der Stunde und greift Byzanz an, angeblich um den ermordeten Kaiser zu rächen. 610 wird das Terrorregime des Phokas durch Herakleios, seinen Nachfolger, gestürzt, was aber die persischen Heere in keiner Weise am weiteren Vormarsch hindert. Sie erobern in unaufhaltsamem Vordringen Ostanatolien, Mesopotamien, Syrien, Palästina, Ägypten und ziehen bis nach Tripolis an der afrikanischen Nordküste.

Vom Heiligen Kreuz

In unserem Zusammenhang ist entscheidend, daß am 22. 5. 614 Jerusalem nach dreiwöchiger Belagerung in die Hände der Perser fällt. Tagelang brennt die Stadt. »Der Eindruck in Byzanz war niederschmetternd, zumal auch die teuerste aller Reliquien, das Heilige Kreuz, in die Hände der Eroberer fiel und nach Ktesiphon verschleppt wurde.«[256] Im selben Jahr fällt der wichtige Platz Salona in die Hände der Slawen, uns heute besser bekannt durch das benachbarte Split und seinen Diokletianspalast, der damals ebenfalls für die Byzantiner verlorenging.

In meiner Geschichtssicht stehen die bislang nachfolgenden Ereignisse unter einem großen Fragezeichen. Während Byzanz von Osten, Norden und Westen schwere Verluste an Gebiet und Truppen hinnehmen muß und mit Ägypten seine Kornkammer verliert, lösen plötzlich »märchenhafte Erfolge« die fatalen Niederlagen ab.[257] Kaiser Herakleios vertraut einer himmlischen Eingebung, entblößt sein Land von den letzten intakten Armeen und greift Persien über Armenien an. Während 626 Konstantinopel von Persern, Bulgaren, Slawen und Gepiden vom Meer wie vom Land aus attackiert wird, steht Herakleios weit im Osten, schlägt 627 ausgerechnet bei Ninive die persische Armee und bringt zu guter Letzt das Heilige Kreuz im Triumphzug nach Jerusalem zurück. Mitten im Krieg – auch gegen die Balkanvölker – war er volle sechs Jahre außer Landes, als er 630 – an dem uns wohlbekannten 21. 3. – das Heilige Kreuz wieder in Jerusalem aufrichtete. Und eine letzte Unwahrscheinlichkeit: Kurz vor seinem Tod wollte er nicht in die Hauptstadt zurückkehren, weil ihm vor der Überfahrt graute. Schließlich baute man ihm eine mit Sand und Laub getarnte Schiffsbrücke über den Bosporus, damit er eine Verschwörung in Konstantinopel beenden könne.[258] Es ist seit den Zeiten von Xerxes bekannt, wie schwierig es ist, den Bosporus mit seiner starken Strömung zu überbrücken. Wochenlanges Warten auf den Kaiser, während eine Verschwörung läuft und aufgedeckt wird? Die Vita des Herakleios ist in jedem Fall mirakulös.

Zurück zum Kreuz. Die hochheilige Reliquie wird nun aufgeteilt – so erhält auch Rom den Anlaß für den Bau der Hauptkirche Santa Croce in Gerusalemme. Der neuerliche Verlust Jerusalems und eines Kreuzbalkens anno 637 erregt die Gemüter weit weniger; von einer Rückgewinnung ist nicht mehr die Rede.

Dieser doppelte Kreuzverlust samt hin und her schwankendem Kriegsglück dürfte aller Wahrscheinlichkeit nach nur einmal abgelaufen sein. Die persische Eroberung führt weiter bis nach Ägypten und Libyen. Das könnte bei der direkten Abfolge 614/911 bereits kurz nach 911 sein. In Ägypten lernen die Perser den Koran und den Islam kennen und konvertieren während des 10. Jahrhunderts zu dieser Religion des Buches, dessen Text sie bis heute in Arabisch lesen. Wenn sie ihren Vorstoß nach Westen fortsetzen, dann könnten sie zwischen 911 und 920 Spanien erreichen. Der uns bereits vertraute Abd er-Rahman III. (bislang 912–961) ruft auf der Halbinsel zunächst das Emirat – das angeblich seit 755 oder 756 bestand – und bald darauf das Kalifat (929) aus. Es geht hier nicht um das tradierte Datum 912, weil in Andalusien die ersten relevanten Spuren erst von der Kalifenresidenz Medina Azahara stammen.[259] Dieser Palast außerhalb von Córdoba wurde erst gegen 936 gegründet.

Nur ein Wort zu dem buchstäblich gestreiften Nordafrika. Im Maghreb kommt gegen 910 das Fürstengeschlecht der Fatimiden auf, das auf Mohammeds Tochter Fatima zurückführt. Wieso aber erst jetzt die direkte Nachkommenschaft des Propheten »entdeckt« wird – bislang hatten nur die Nachkommen ihres Mannes Ali, also Mohammeds Schwiegersohn, dominiert –, blieb im bisherigen Schema dunkel. Der *Brockhaus* spricht deswegen knapp von der »angebl. Ahnfrau«.

Andere Problemstellungen wurden ohnehin verdrängt. Die These von den erfundenen Jahrhunderten klärt hier vieles. Wir brauchen uns nicht mehr zu wundern, wie es den zwangsläufig wenigen Arabern aus ein paar Oasen gelungen sein soll, von Spanien bis zum Indus alle großen Reiche ihrer Zeit höchst erfolgreich zu attackieren; ursprünglich persischen Armeen ist das eher zuzutrauen. Klar wäre, daß sich in der Kunst viel weniger das arabische als das persisch-syrische Element gerade auch nach Spanien verbreitet. Wir verstehen nun, daß sich im Iran erst im 10. Jahrhundert der Islam gegen den alten Zoroastrismus durchsetzt, daß ein Firdausi gar keine arabische Eroberung Persiens berichten konnte. So verstehen wir auch, daß die fiktive Ermordung der ersten vier Kalifen eine ebenso fiktive Kriegsführung nicht mehr stören konnte. So verstehen wir auch, daß es im frühen 10. Jahrhundert mehr Münzen *mit* Darstellungen von Tieren und Menschen gibt als solche, die der reinen Lehre entsprechen, die schon im 7. Jahrhundert eingehalten worden sein soll.[260] Und wir werden darauf hingewiesen, daß der Kreuzesverlust die Menschen der Spätantike respektive des frühen Mittelalters mehr als alles andere beschäftigt hat.

Byzanz im 10. Jahrhundert

Übergehen wir nun all die physisch leeren Zeiten des 7., 8. und 9. Jahrhunderts. Im Byzanz des frühen 10. Jahrhunderts sieht es fast so schlecht aus wie im Byzanz des frühen 7. Jahrhunderts. Auf dem östlichen Balkan steht der Feind in Gestalt der Bulgaren, Ungarn, Petschenegen und Slawen; die an den Islam verlorenen Gebiete im Osten und Süden konnten nicht zurückgewonnen werden. Dem Jahr 911 sollen Turbulenzen in den Purpurgemächern vorausgegangen sein. Kaiser Leo war im Laufe von vier Jahren dreimal zum Witwer geworden, worauf ihm Zoe einen außerehelichen Sohn gebar. Leo starb 912, nachdem er diesen Sohn ein Jahr zuvor als Konstantin zum Mitregenten hatte krönen lassen. Der Nachfolger Alexander starb nur ein Jahr später, nachdem er den aus dynastischen Gründen gefährlichen Knaben fast kastrieren hätte lassen. Für das Kind als einzigen Sproß der Makedonendynastie, also für den späteren Konstantin VII. Porphyrogennetos, übernahm ein Eunuch die Regierungsgeschäfte, behindert durch die Kaiserwitwe Zoe und den Admiral Romanos Lakapenos, der als armenischer Bauernsohn in den Palast und dann zur Regentschaft gekommen war. Er wurde nach dem Ausbooten der Kaiserwitwe sogar der Schwiegervater des jungen Kaisers und somit legitimer Beherrscher des

Reiches, der den eigentlichen Kaiser 24 Jahre von den Staatsgeschäften ausschloß.

In diesen Jahrzehnten mußte sich Konstantin VII. erzwungenermaßen den Wissenschaften zuwenden. Er konnte schließlich einen Umsturz für sich nutzen: Als die Söhne des Romanos ihren Vater stürzten, gelang es ihm, die Usurpatoren dingfest zu machen, worauf der seit 34 Jahren gekrönte Kaiser 945 endlich selbst die Macht übernehmen und noch 14 Jahre ausüben konnte.

Mit Porphyrogennetos begegnen wir einem der gelehrtesten Köpfe auf dem byzantinischen Kaiserthron, dessen Inhaber ohnehin eine unvergleichlich bessere Bildung erhielten als ihre Pendants im Westen. Zu seinen Lebzeiten wurde der Mehrfrontenkrieg zunächst durch ein Handelsabkommen mit den Russen (911) und durch den Friedensvertrag mit den Bulgaren (927) beendet, worauf »das große Jahrhundert der byzantinischen Geschichte, als politischer und kultureller Höhepunkt« einsetzen konnte.[261] Diesem Höhepunkt soll sehr Seltsames vorausgegangen sein. Wir zitieren hierzu mehrmals den Byzantinisten Peter Schreiner.

»Zum spürbarsten Mangel der als ›dunkle Jahrhunderte‹ bezeichneten Epoche zwischen 600 und 800 gehört das Nachlassen der historischen Tradition. Eigenständige Geschichtswerke sind aus diesem Zeitraum überhaupt nicht erhalten.«[262]

Erst nach 800 treten wieder Historiker auf: Theophanes behandelt die Zeit bis 813, der rätselhafte Georgios führt seine Chronik bis 842. Die Chronik des Theophanes wird erst Mitte des 10. Jahrhunderts fortgesetzt, im Auftrag des Porphyrogennetos. »Originalwerke aus dem 9. Jahrhundert sind nicht mehr erhalten: die kaiserlichen Redaktoren haben gründliche Arbeit geleistet und die Vergangenheit so dargestellt, wie sie im 10. Jahrhundert im Interesse des Kaiserhauses aussehen sollte. Dies war dringend nötig, weniger um die ikonoklastische »Reaktion« zwischen 813 und 843 in schwarzen Farben zu malen, als um die dunklen Anfänge der eigenen Dynastie zu beschönigen. Die Krone der Objektivität setzte der gelehrte Kaiser selbst dem Werke auf, indem er das Kapitel über seinen Großvater (und damit den Beginn der Dynastie) alleine verfaßte.«[263]

So weit ist das gut verständlich; es wirft ein grelles Licht auf die eigentlichen Aufgaben einstiger Geschichtsschreibung. Schon deshalb muß sie voller Mißtrauen geprüft werden. Aber was ist da beschönigt worden? Der Bauernsohn und Stallknecht Basileus kam mit Meineiden nach oben, brachte zunächst den Mitkaiser Cäsar Bardas um und rückte an seine Stelle. 867 ließ er dann Kaiser Michael III. umbringen, bestieg zusammen mit der ehemaligen Geliebten des Ermordeten den Kaiserthron und begründete die Dynastie der Makedonen. Wenn das eine beschönigte Version ist, wie schwarz war um Himmels willen dann die historische Wahrheit? Erst sein Enkel Porphyrogennetos schob die gängigen Mittel zur Legitimierung – also »Stammbaum, prophetische Voraussagen usw.« – nach.[264] Und wie stand es um diesen selbst, diesen unehelich Gezeugten, der gerade aus diesem Grund den beschönigenden Beinamen »Purpurgeborener« führte, der nur der allerkaiserlichsten Familie zustand?

Wenn wir über den Zeitsaum 911/614 zurückblicken und uns noch Schrecklicheres vorstellen sollen, dann keimt der Verdacht, der 905 oder, die Phantomzeit weggelassen, 608 n. Chr. geborene Porphyrogennetos könnte ein unehelicher Sproß des Kaisermörders Phokas gewesen sein, für den anfänglich Herakleios herrschte. Der hätte aber keineswegs von 610 bis 641 geherrscht und nicht das Kreuz in fabelhafter Husarenmanier zurückerobert, sondern wäre nach wenigen Jahren gestorben, wofür auch die ab 612 stark rückläufige Münzproduktion mit seinem Konterfei spricht. Auf Herakleios wäre dann nach Alexandrios' einjährigem Intermezzo Romanos Lakapenos als Regent gefolgt.

Nun gab es an der Seite von Herakleios ohnehin einen Mitregenten, der 613 schon als Zweijähriger gekrönt worden ist: seinen Sohn Konstantin III. Er führt ein Schattendasein, wird 941 für drei Monate Kaiser, nur, um seiner Schwindsucht zu erliegen.[265]

Insofern läge die Gleichsetzung von Konstantin III. und Konstantin VII. nahe.[266] In diesem Falle wäre der Porphyrogennetos ein Sohn von Herakleios, nicht von Phokas – womit noch nicht verstanden wäre, warum der Kaisermörder Basileus I. der bessere Ahnherr für Porphyrogennetos gewesen wäre – außer es ging primär darum, den Sprung von 614 nach 911 zu kaschieren. Wir wollen diese dynastischen Probleme hier nicht vertiefen, weil derartige Verknüpfungen die Fakultät generationenlang beschäftigen werden, so die These von den erfundenen Jahrhunderten an Boden gewinnt.

Die Umschreibaktion

Wir kehren zur »Byzantinischen Geisteswelt« von Peter Schreiner zurück, der sich anschließend mit der neu eingeführten Schrift befaßt. Ab 835 tritt neben die übliche Majuskelschrift die Minuskel, »die aus Formen der Kursivschrift hervorging. Viele Einzelheiten dieses Prozesses liegen noch im dunkeln [...]. Doch sind in unserem Zusammenhang diese Fragen weniger wichtig als die Tatsache, daß im Laufe etwa eines halben Jahrhunderts fast sämtliche in Majuskel abgefaßten Texte in die Minuskel umgeschrieben wurden. [...] Bereits um 900 entsteht – abgesehen von liturgischen Texten – kaum mehr ein Codex in der alten Schriftform. Über die Durchführung dieser Arbeit besitzen wir keine einzige Information, sichtbar ist allein das Resultat. Hypothetisch geht man davon aus, daß nur jeweils eine einzige Vorlage abgeschrieben und dann meist vernichtet wurde. Dies erfordert allerdings eine Planung, Leitung und Zentralisierung, die schwer denkbar ist. Mit Sicherheit war eine große Menge an Kopisten tätig, die (wie viele der exakt geschriebenen Codices zeigen) auch gute Kenntnisse in der klassischen Sprache hatten oder von gebildeten Spezialisten unterwiesen wurden. Diese Tätigkeit geht, wie immer, still vor sich, aber sie hat unzweifelhaft auf breiterer Ebene zu einer Wiederbeschäftigung mit alten Texten, kirchlichen und profanen, den Weg geebnet. Der gesamte Vorgang der Umschrift ist kulturgeschichtlich von nicht geringerer Bedeutung als die besser bekannte ›Reinigung‹ der nationalen lateinischen (»gotischen«) Schriftformen durch die Humanisten im späten 14. Jahrhundert. Das Buch wurde, auch in einem größeren Kreis, wieder lesbar.«[267]

Diese Schilderung einer großangelegten Aktion durch einen Byzantinisten sollte in seinen eigenen Worten wiedergegeben werden. Denn wir erfahren hier, wie wir uns die Arbeit der Neuschaffung einer ganzen Epoche samt dem Füllen dieser Epoche vorzustellen haben: zentral geleitet, alle Schreibstuben des Reichsgebietes umfassend; durch Vernichten der alten Schriften keine spätere Kontrolle über die früheren Inhalte, über Weglassen von Passagen oder ganzen Schriften; nicht zuletzt Durchführung in begrenzter Zeit. Wer das Ergebnis einer solchen Umschreibaktion begutachtet, sieht die hier festgehaltene alte Welt ausschließlich durch eine getönte Brille, durch einen Filter.

Zwei Fragen interessieren uns besonders: Sollten ausgerechnet die byzantinischen Gelehrten wirklich all die Arbeit nur deshalb auf sich genommen haben, um das Buch wieder lesbar zu machen, als hätte es schon damals die Konkurrenz durchs Internet gegeben? Wer das tat, hatte doch ganz im Gegenteil schon vorher viel gelesen, um bei der Umschreibaktion noch viel mehr zu lesen. Eine Fußnote bei P. Schreiner macht das Ganze noch rätselhafter: »Die Vita des Patriarchen Ignatios [...] erzählt ein Beispiel aus den siebziger Jahren des 9. Jahrhunderts, als angeblich niemand mehr ein in der sogenannten alexandrinischen Majuskel (6./7. Jh.) geschriebenes Buch lesen konnte. Auch hinter der Übertreibung steckt ein wahrer Kern, der die Situation verdeutlicht.«[268]

Sollte sich die Schrift so rasch von ihren Ausgangsformen

entfernt haben, daß nur noch wenige die alten Texte lesen konnten? Die reichsübergreifende Umschreibarbeit wäre unmöglich gewesen, wenn nicht genügend Schreiber diese alten Schriften hätten lesen können. Insofern befriedigt das bei Schreiner genannte Motiv der Lesbarmachung in keiner Weise.

Zum zweiten stellt sich die Frage, wann diese Umschreibarbeiten durchgeführt worden sind, da sie ausgerechnet in den nicht nur dunklen, sondern fiktiven Jahrhunderten durchgeführt worden sein sollen. Aus unserer Sicht liegt es nahe, das 10. Jahrhundert, jenes »große Jahrhundert«, dafür anzusetzen. Denn dann geht diese Arbeit mit anderen konform, die mit Sicherheit unter Porphyrogennetos durchgeführt worden sind: die Zusammenstellung der politischen, der moralisch-literarischen und der naturwissenschaftlichen Enzyklopädien.

Die Enzyklopädien

Die drei Schriften zum politischen Bereich sind eigenständige Werke, auf denen »fast unsere gesamte Vorstellung von der byzantinischen Staatsideologie in ihrer historischen Entwicklung« beruht.[269] Der literarische Bereich wird vor allem durch ursprünglich 50 Bände an »Excerpta« vertreten, Auszüge aus antiken wie aus byzantinischen Werken. Dazugerechnet wird auch ein Lexikon, das auf die persönlichen Arbeiten des Porphyrogennetos zurückgeht, und eine Epigrammsammlung, die jedoch vor diesem Kaiser zusammengestellt worden sein soll. Die naturwissenschaftliche Enzyklopädie war, mit den anderen verglichen, weniger bedeutend.

Im neuen Geschichtsschema wird erkennbar, daß Neuschreibung und Zusammenfassung die beiden Seiten derselben Medaille sind. Und es wird um so deutlicher, daß wir die gesamte frühbyzantinische Epoche und die antike Epoche, soweit sie uns nur über Byzanz und nicht durch Araber und Westchristen tradiert worden sind, ausschließlich durch die Brille von Porphyrogennetos sehen. Wann hätte jemand erfolgreicher den Blick der Zeitgenossen wie der Nachfolgenden beeinflußt?

Interessanterweise soll es frühe Vorstufen dieser Sammelleidenschaft gegeben haben. Um noch einmal P. Schneider zu zitieren: »Der erste, welcher eine Art Privatenzyklopädie anlegte, war der Patriarch Photios mit seiner berühmten ›Bibliothek‹.« Doch Schreiner muß gleich darauf seine früheren Aussagen relativieren, wonach gerade damals die Fähigkeit zum Bücherlesen versandete. Denn diese Persönlichkeit aus vornehmer Familie ist vielleicht »das beste Beispiel dafür, daß die klassische Bildung nie untergegangen war«. Er »erhielt seine Ausbildung genau in jener Zeit, als die Wissenschaften angeblich daniederlagen«.[270]

Also gab es doch Gelehrte, in diesem Fall sogar einen Patriarchen, die der Schriftveränderung und der Bildungsfeindlichkeit der Bilderstürmer Widerstand entgegensetzten. Aber wann lebte er? »Es mag seltsam scheinen, daß wir weder sein Geburts- noch sein Sterbejahr wissen, doch lassen sich seine Lebensdaten zwischen 810 und nach 880 vermuten [...] Die Wirkung der ›Bibliothek‹ auf die byzantinische Nachwelt ist gering gewesen.«[271]

Was hier nicht erwähnt ist: Seine 150 oder auch 280 Buchexzerpte[272] sprechen ausschließlich von Büchern, die vor 614 erschienen sind. Der Patriarch hat die gesamte Gegenwartsliteratur seiner eigenen Zeit ignoriert und ganz in einer Vergangenheit gelebt, die deutlich mehr als 200 Jahre zurücklag.

Diese Beobachtung bringt Photios in eine Zeit kurz vor 614 oder kurz nach 911. Hier kann er, der so ganz dem »Alten« verhaftet ist, gleichwohl den »modernen« Gedanken der Enzyklopädie entwickeln, der nunmehr unmittelbar Früchte trägt.

Wer, wann und wo zum ersten

Damit haben wir für das Vordrehen der Uhr und das Füllen des erfundenen Zeitraums eine ideale Vorgabe. Ein Kaiser, der nicht oder noch nicht regieren darf, wirft seinen Ehrgeiz auf die Wissenschaften. Er bekommt schließlich sogar die alleinige Verfügungsgewalt für alle Entscheidungen; ihm untersteht die beste Verwaltung der damaligen Zeit. Daß sowohl die Verwaltung wie auch die Schreibstuben der Kopisten leistungsfähig waren, ist klargestellt worden. Es gab auch genügend Intelligenz, um nicht nur buchstabengetreu abzuschreiben, sondern dabei auch Qualitätsstandards einzuhalten. Wir haben außerdem erfahren, daß in diesem Jahrhundert die neue Zeitrechnung »nach Schöpfung« eingeführt worden sein muß. Was wäre gewesen, wenn damals beim Übergang von Seleukidenära auf Weltära die Jahreszahl 958 »nach Seleukidenära« durch 6453 »nach Schöpfung« ersetzt worden wäre? Hätte ein damaliger Zeitgenosse schneller als ein heutiger Leser bemerkt, daß hier still und heimlich 297 Jahre hinzugefügt worden sind? In unserer Zeitrechnung stünde 945 n. Chr., das Thronbesteigungsjahr des Porphyrogennetos.

Für unser Rätsel und seine Auflösung gibt es damit zunächst einmal ein Wer, ein Wann und ein Wo. Wie aber steht es mit dem Warum? Warum der ganze Aufwand?

Von christlichen Reliquien und Heiltümern

Nichts Neues unter der Sonne, bemerkte einst Ben Akiba. So gesehen, können wir bei der Suche nach einem Motiv von den Beweggründen ausgehen, die heute wie früher die Gemüter der Menschen bewegt haben: Macht und Einfluß, Haß und Liebe, Neugier und fundamentalistische Absichten. Während das politische Ränkespiel in früheren Zeiten allemal noch weniger

Regeln hatte als heute – Mord und Totschlag, Gift und Dolch waren »üblicher« –, sollten wir einen Einflußfaktor nicht übersehen, den wir meist geringschätzen und nur an den gerade genannten Fundamentalisten mit großem Befremden wahrnehmen: religiöse Beweggründe. Auch wenn wir heute noch mit großer Bewunderung und Ehrfurcht in den alten Domen der Christenheit stehen, können wir uns zum Beispiel schwer vorstellen, daß man einst mit buchstäblich aller Macht versucht hat, für diese heiligmäßigen Orte die Leiche eines ebenso Heiligen beizubringen. Dies konnte durch Schenkung geschehen oder durch eine wundersame Auffindung wie in Santiago de Compostela, wo der Leib des Apostels Jakobus auf dem Meer antrieb; dies konnte durch Diebstahl geschehen, wie es die venezianische Legende für den Stadtheiligen Markus erzählt, der, unter Schweinefleisch verborgen, den Moslems entwendet wird, oder durch eine mysteriöse Überführung, die im Falle des Hl. Benedikts dazu führte, daß der Heilige in zweierlei Leib sowohl in Monte Cassino wie in Saint-Benoît-sur-Loire ruht;[273] dies konnte auch durch Gewalt erreicht werden wie im Falle der Hl. Drei Könige, deren sterbliche Überreste Barbarossa nach Eroberung Mailands (1162) an seinen Kanzler, den Erzbischof von Köln, Rainald von Dassel, übergab.

Gerade weil die Reliquie für die Gläubigen einen ideellen Wert von kaum mehr nachvollziehbarem Ausmaß hatte, wurde sie zu einem ganz realen Gegenstand mit einem marktdefinierten Preis. Im 10. Jahrhundert war es Usus, sowohl die heiligen Gebeine in kleine und kleinste Stücke zu zerteilen als auch Kontaktreliquien durch einfache Berührung eines Gegenstandes mit der heiligen Leiche zu gewinnen und mit derlei Produkten lukrativen Handel zu treiben.[274] Hier berühren sich Merkantilismus und Fetischismus, beide nicht gerade Ausfluß der Evangelien, aber gleichwohl Bestandteile christlichen Glaubens und Hoffens.

Byzantinische Reichsreliquien

Der östlichen Christenheit war dieses Leichengefleddere weniger wichtig als der westlichen. Byzanz hatte seine Reichsreliquien, die noch ganz in der antiken Tradition des Palladiums gesehen wurden: als Kultbild, das den Bestand der Stadt verbürgt. Zu troianischen Zeiten ging es um eine altertümliche Statuette der Pallas Athene mit Speer und Schild, die von Odysseus und Diomedes geraubt wurde, worauf erst Troias Fall möglich wurde. Das geraubte Schutzbild ging dann auf Athen über. Der wundertätigen Kraft wurde vielleicht mißtraut, weil Athen noch weitere Palladien sammelte, weshalb sein Name in manchen Sprachen die Mehrzahl von Athene ausdrückt, während auch Argos, Rom und andere Städte den Besitz des troianischen Palladiums für sich reklamierten. Die späte Gründung von Konstantinopel, die Erhebung zur neuen Hauptstadt wurde mit der heimlichen und doch allgemein bekannten Überführung des Palladiums von Rom vollzogen.

Sicherheitshalber sollte noch eine zweite Jungfrau die Stadt Konstantinopel verteidigen, die »Blachernitissa«. Es handelte sich um den groben, wollenen Mantel der Hl. Maria. Er soll in Jerusalem aus der Truhe einer Jüdin geraubt und hierhergeschmuggelt worden sein; später von den Kreuzrittern geraubt, hat sich ein Stückchen in der Staurothek von Limburg erhalten.[275] Maria soll deshalb die Flottenangriffe von 626 und 860, die ich samt dem zu frühen Einsatz des griechischen Feuers für fiktiv erachte, mit Sturmgewalt abgeschmettert haben.

Für die ausrückende Armee gab es ein spezielles Reichspalladium. Zunächst wurde den kaiserlichen Heeren das Labarum Konstantins I. vorangetragen, also die Fahne mit dem Christusmonogramm. Weil es von Kaiser Iulian Apostata, dem zum Heidentum Abgefallenen, profaniert worden war, benutzte man ab 574 den Schleier von Kamulia. Dafür war dieses Christusbild extra aus dem kleinen kappadokischen Ort in die Hauptstadt gebracht worden.[276] Es versagte bereits 587 gegenüber der eigenen Armee, womit es eigentlich ausgedient haben sollte. Aber es half immerhin, den realitätsfernen Perserfeldzug des Herakleios zum siegreichen Ende samt wundersamem Kreuzgewinn zu bringen, um dann kurz vor 705 aus Konstantinopel zu verschwinden.[277] Wie dieses Reichspalladium einfach verschlampt werden konnte, ist nicht aufgeklärt. Und obwohl Byzanz dringlich auf ein wirkmächtiges Palladium angewiesen gewesen wäre, soll man sich – immer im konventionellen Datenrahmen – für den Ersatz rund 240 Jahre Zeit gelassen haben.

Erst im 10. Jahrhundert überführte das Kaiserreich eine weitere Reichsreliquie nach Konstantinopel. Dafür wurde 943 ein regelrechter Feldzug gestartet, über den uns Ian Wilson unterrichtet.[278] Denn das berühmte Tuchbild von Edessa (Urfa in Südostanatolien) war mitsamt der von ihm beschützten Stadt in die Hände der Muslime gefallen, obwohl es 544 dieselbe Stadt vor den Persern geschützt hatte. Die bilderscheuen Ungläubigen sollten gleichwohl dieses Abbild des Heilands in Ehren halten, das als ein nicht von Menschenhand gefertigtes Porträt, als ein »Acheiropoietos« eingeschätzt wurde. Unter Kaiser Romanos Lakapenos, aber mit Porphyrogennetos und dem Patriarchen Theophylaktos als treibende Kraft,[279] führte General Johannes Kurkuas eine Armee vor die Mauern der Stadt und unterbreitete dem Emir von Edessa ein äußerst ungewöhnliches Angebot: Freilassung von 200 Gefangenen, Zahlung von 12 000 Silberstücken und das Versprechen, nie mehr Edessa anzugreifen. Nach einigem Hin und Her befand schließlich der Kalif von Bagdad den Handel für perfekt.

Nun wurde geprüft, ob das ausgehändigte Bildnis auch das echte sei, worauf es – gegen den Willen der Einwohner von Edessa – in feierlichem Zug nach Konstantinopel geleitet wurde. Am 15. 8. 944 wurde das Tuchbild über Bosporus und Goldenes Horn geschifft und in der Blachernenkirche vom Porphyrogennetos entgegengenommen. Am Tag darauf wurde es als neues Palladium um die Stadtmauern getragen und auf dem Kaiserthron symbolisch gekrönt. Bei Kriegszügen wurde das kostbare Bildnis keinen Gefahren mehr ausgesetzt, sondern in Kopie mitgeführt. Das Original dieses geheimnisvollen Bildnis wurde 1204 von den Kreuzrittern geraubt. In den letzten Jahren wird die These von Ian Wilson diskutiert, daß es sich beim Turiner Grabtuch um das Mandylion und damit um dieses Tuchbild von Edessa handele.

Dieses Heimholen eines christlichen Palladiums im 10. Jahrhundert zeigt uns, wie hoch derartige Reliquien eingeschätzt worden sind. Damit kommen wir erneut zur Hauptreliquie der Christenheit, zum Heiligen Kreuz von Golgotha. Getreu der kirchlichen Überlieferung hat sich Helena, die Mutter von Konstantin d. Gr., auf die Suche nach diesem Kreuz und den beiden Schächerkreuzen gemacht. Sie wurde tatsächlich in Jerusalem fündig. Eines der drei Kreuze zeigte seine Wirkmächtigkeit durch eine Totenerweckung. Als somit das Kreuz des Heilands erkannt war, wurde es in der von Konstantin gebauten Grabeskirche zu Jerusalem verehrt. Das blieb so bis zu jenem Tag anno 614, als die Perser diese Kreuze raubten und die Grabeskirche niederbrannten. Damals soll ein weiteres Bild Christi aus Jerusalem gerettet worden sein, das über Alexandria nach Spanien gelangte und heute als »Sudarium« in der Cámara Sancta der Kathedrale von Oviedo verwahrt wird. Dieses Schweißtuch wird hier erstmals 1075 in einem Verzeichnis erwähnt.[280]

Der Verlust des Heiligen Kreuzes

Was war 614 zu erwarten? In den Geschichtsbüchern steht, daß Kaiser Heraklius mitten in größter Bedrängnis nichts Wichtigeres zu tun hatte, als ins Herz des Perserreiches vorzustoßen, um das Hl. Kreuz in Ktesiphon aufzuspüren und im Triumph zurückzugewinnen. Ich habe bereits darauf hingewiesen, daß diese von einem Engel geleitete Rückgewinnungsaktion meinen Argwohn erregt und meine Scheidung in einen Real- und einen Imaginärteil der Geschichte beeinflußt hat.

Was aber hätten die Byzantiner damals tun sollen, wenn sie weder die militärische Kraft noch die Unbedachtheit hatten, für das Reichsreliquiar die gesamte Existenz ihres Reiches aufs Spiel zu setzen? Und was sollten sie tun, wenn die Muslime das Kreuz unauffindbar versteckt oder gar vernichtet hätten? Dann hätte man auch – am Schreibpult geht das allemal leichter als auf dem Schlachtfeld – die Uhr vordrehen können. In einem künstlich erzeugten Zeitraum ließ sich eine erfundene Kreuzesrückgewinnung unterbringen. Da aber die Moslems darauf beharrt hätten, das Kreuz weiterhin zu besitzen, mußte man dann nolens volens einen weiteren Kreuzverlust an die Moslems anfügen. Doch zuvor ließ man das Kreuzesholz verteilen: ein Fragment für Jerusalem, eines für Konstantinopel, eines für Rom und in der Folge davon so viele weitere Kreuzessplitter, daß schon Otto von Corvin im 19. Jahrhundert gespottet hat: Das Kreuz von Golgotha müsse viele Tonnen gewogen haben, fast genausoviel wie die zahllosen, überall verwahrten Kreuzesnägel.

Und so wurde dann der neuerliche Jerusalemer Kreuzverlust für 637 angesetzt, worauf kaum mehr Schreckensbekundungen laut werden. Auch als ein weiterer Kreuzesteil 1187 Sultan Saladin in die Hände fiel, bevor er Akkon und Jerusalem eroberte, war die Christenheit nicht mehr erschüttert. Sie trat zwar zum 3. Kreuzzug an, wußte aber, daß nach wie vor das wahre Holz in ihren Gotteshäusern gehütet wurde.

Wir haben damit auch ein Motiv dafür gefunden, warum die Zeitachse rückwirkend verlängert worden ist. Das wäre nicht nur in Einklang mit den bislang unbegründeten Kalenderumstellungen und vor allem in Einklang mit den seltsamen kulturellen Tradierungsmethoden von Kaiser Konstantin VII. Porphyrogennetos, sondern würde beide Unternehmungen plausibler machen, als sie es bislang waren. Das wiedererstarkende

Byzanz wäre der richtige Ort gewesen, von dem aus die veränderte Zeitrechnung an die Christen im Westen wie an die Moslems weitergegeben werden konnte.

Offen blieb bislang die Frage nach der Größe des Zeitintervalls. Die Antwort, daß möglichst viel erfundene Zeit zwischen der größten Katastrophe der Christenheit und der eigenen Gegenwart liegen sollte, greift nicht weit genug, weil natürlich auch um so mehr Geschichte zu erfinden war, ein Vorgang, der nun einmal eine zentrale Vorgabe des wesentlichen Zeitgerüsts erfordert. Die detaillierte Ausführung konnte dann zum Teil dezentral fortgeführt werden.

Wieso gerade 297 Jahre?

Man könnte aus dem Bisherigen herauslesen, daß es im Grunde genügt hätte, die Zeit von 614 bis 637 zu erfinden, die 23 Jahre zwischen erstem und zweitem Kreuzverlust. Warum wäre dann mehr als das zehnfache Intervall in die Geschichte eingefügt worden?

Für ein einheitliches Bibelwort

Wir kommen als erstes auf einen Umstand zu sprechen, der nicht nur die Länge definiert, sondern sogar selbst ein Grund für eine Zeitkorrektur gewesen sein könnte. Er stammt direkt vom Buch der Bücher, aus der Bibel. Natürlich gab es einen hebräischen Urtext des Alten Testaments, während das Neue Testament in Griechisch abgefaßt war. Da Hebräisch selbst gar nicht mehr gesprochen wurde, wuchs schon in hellenistischer Zeit das Bedürfnis nach einer Übersetzung ins Griechische. Damals soll die *Septuaginta* entstanden sein, jene Übersetzung, die einem Brief zufolge 70 Gelehrte erstellten, indem jeder für sich allein arbeitete, um beim Vergleich dann festzustellen, daß ihre Fassungen Wort für Wort übereinstimmten. In dieser frommen Epistel steckt möglicherweise nur der Hinweis, daß nach mehreren Übersetzungsversuchen nun so etwas wie eine Einheitsübersetzung ins Griechische vorgelegt wurde.

Der Hl. Hieronymus schuf dann ab 390 eine Übersetzung vom Hebräischen ins Lateinische, die sogenannte *Vulgata.* Nun gibt es Unterschiede zwischen der hebräisch-lateinischen Fassung auf der einen und der griechischen Fassung auf der anderen Seite. In hebräisch-lateinischer Version dauert die Weltgeschichte 270 Jahre länger als in der griechischen Übersetzung, ein längstens bekannter Unterschied. »Schon 798 seufzte ein Kölner Komputist, vom Anfang der Welt bis in dieses 31. Jahr König Karls seien nach der hebräischen Bibel und nach Hieronymus 5998 Jahre vergangen, nach der griechischen Bibel aber 6268, neun Menschenalter mehr. ›Wem das nicht gefällt, der mag schwitzen und lesen und richtiger zählen‹.«[281]

Wann immer dieser karolingische Computist geseufzt hat, er macht uns gleichwohl darauf aufmerksam, daß hier mit 30jährigen Generationen kalkuliert worden ist. Diese Vorgabe resultiert – wiederum ein christliches Motiv – aus der gemutmaßten Lebensdauer Jesu, wie uns Arno Borst berichtet.[282] Wir haben aber schon oben zur Kenntnis nehmen müssen, daß Jesu Sterbealter allenfalls indirekt erschließbar ist, aber in den Evangelien nicht explizit genannt wird. Insofern gab es hier immer neue Lösungsversuche. Einer lief darauf hinaus, daß Christus 12 145 Tage auf Erden weilte[283], andere sprachen von genau 33 Jahren. So die neun Menschenalter nicht mit 30, sondern mit jeweils 33 Jahren angesetzt wurden, ergaben sich nicht mehr 270, sondern »unsere« 297 Jahre Differenz zwischen den beiden grundlegenden Bibelfassungen.

Es war also sogar aus dem Bibeltext heraus zu begründen, daß notwendigerweise die Uhr um 270 oder 297 Jahre vorzudrehen war. Es ist nicht auszuschließen, daß dieser Umstand allein dazu geführt haben könnte, das Rad der Weltgeschichte vorzudrehen.

Schließlich ging es dabei um die eindeutige Formulierung und Befolgung göttlichen Willens. Hier wird deutlich, daß wir es nicht mit Betrügerei und krimineller Energie zu tun haben, sondern mit gottgefälligem Tun, das allenfalls als »pia fraus«, als frommer Betrug bezeichnet werden könnte. Mit diesem Begriff bezeichnen die Mittelalterforscher Manipulationen an geschriebenen Texten, die nicht (direkt) aus Besitzgier oder Machtbedürfnis abgeleitet werden können.

Von Alexander zu Alexander

Gunnar Heinsohn hat im Dialog mit mir die Vermutung vorgetragen, daß die bislang vorgeschlagenen rund drei Jahrhunderte fiktiven Mittelalters dadurch in die Zeitrechnung kamen, daß Zählungen auf den »großen Alexander« einfach auf Christus umgelesen wurden. Es wäre also zu irgendeinem späteren Zeitpunkt vom Startpunkt der Seleukidenära (1. 10. 312 v. Chr.) auf den Startpunkt Geburt Jesu (1. 1. 1) umgestellt worden – wobei die Datierungen einfach anders interpretiert worden wären. Das wäre um so leichter vorstellbar, als die benutzte Ära gewöhnlicherweise nicht eigens bezeichnet wurde. Insofern waren andere, fehlerhafte Zuschreibungen gar nicht auszuschließen.[284]

Dahinter steht die Idee, daß aus Pietätsgründen ein Bezug auf den Heiden Alexander nicht mehr akzeptiert wurde, weshalb die alten Daten einfach als »christliche Daten« gelesen worden seien. So könnten ganz ohne Fälschungsunterstellung drei zusätzliche Jahrhunderte in die Weltgeschichte gelangt sein, die durch Einheirat byzantinischer Prinzessinnen auch in den Westen und in die dortige Zeitrechnung vordrangen.

Mein Gegenargument in dieser Debatte war der Umstand, daß der Osten zwar lange nach der Seleukidenära, später dann nach Weltära, aber niemals nach Christi Geburt gerechnet hat (bei den Ostchristen blieb die Datierung von Jesu Geburt bis ins

14. Jahrhundert umstritten).[285] Heinsohn hat daraufhin sein Argument modifiziert, indem er den Ersatz von Alexander durch Jesus Christus unter Kaiserin Theophanu in den Westen verlegte, wo es den christologischen Bestrebungen zupaß gekommen wäre.[286] In diesem Fall hätte die bessere, nämlich die byzantinische Verwaltung ein korrektes Alexander-Datum an den Westen abgetreten, das dort in ein Christus-Datum verwandelt worden wäre. Damit aber auch im Osten die 297-Jahres-Lücke motiviert würde, hätte die byzantinische Verwaltung den Fehler der Westchristen stillschweigend übernehmen und die Lücke auch noch ausfüllen müssen. Doch dagegen bürgt gerade ihre angesprochene Professionalität.[287]

Wäre eine derartige Vertauschung prinzipiell möglich gewesen? Dazu ein Beispiel, das obendrein die genaue Verschränkung verschiedener Ären im Altertum verdeutlicht. Censorinus erstellte für das Jahr 238 n. Chr., als sein Buch *De die natali* erschien, eine Synchronopse:

»Wenn ich nicht irre, ist nach Varros Rechnung dieses Jahr, das Bezeichnung und Namen nach dem *Konsulat* des V.C. Pius und Pontianus hat, das 1014. Jahr nach der ersten *Olympiade*, freilich von den Sommertagen ausgehend, an denen die Olympiaden gefeiert wurden; das 991. aber nach der *Gründung Roms*, ausgehend von den Parilien [21. 4.], nach denen die römischen Jahre gezählt wurden; das 283. der *julianischen Jahre*, jedoch ausgehend von den Kalenden des Januar, mit denen Caesar das von ihm eingerichtete Jahr beginnen ließ; das 265. Jahr der *nach Augustus* benannten Jahre, ebenfalls vom 1. Januar ausgehend; [...] da einige unserer Autoren in ihren Schriften die Jahre nach den Ägyptern so zählen, daß sie sie *Nabonassars Jahre* nennen, weil sie im ersten Jahr seiner Herrschaft beginnen, so ist danach dieses Jahr das 986.; gleiches gilt für die *Jahre Philipps*, die vom Tode Alexanders des Großen ab gezählt werden und sich bis zu diesem Jahr auf 562 Jahre belaufen.«[288]

In diesem Jahr 238 wurde unter anderem nach zwei uns hier

interessierenden Ären gerechnet. Die *Philippinische Ära* mit dem Startpunkt 12. 11. 324 v. Chr. ist benannt nach Philipp Arrhidaios. Als Epoche galt aber der Todestag seines Vorgängers Alexander d. Gr., der für uns – ohne Umrechnung durch alexandrinische Gelehrte[289] – auf den 10. 6. 323 v. Chr. fällt. Diese Zeitrechnung hieß im damaligen Sprachgebrauch auch *Ära nach dem Tode Alexanders.*

30 v. Chr. eroberte Oktavian die ägyptische Stadt Alexandria und begründete seine fast 50jährige Herrschaft. Als Startpunkt für die *Ära des Augustus* wurde ein Tag kurz nach der Einnahme Alexandrias gewählt, der 30. 8. 30 v. Chr. Mit diesem Sieg war Oktavian nicht nur faktisch Alleinherrscher geworden, sondern trat ideell die Nachfolge Alexanders an, dessen Grab in Alexandria verehrt (wenn auch später niemals gefunden) wurde. Diese Zeitrechnung wurde gern *Alexandrinische Ära* genannt; sie war »im Altertum die am weitesten verbreitete feste Ära, im Orient lange im Gebrauch.«[290] Zum »Augustus« wurde er am 16. 1. 27 v. Chr., 296/7 Jahre nach Alexanders Tod für spätere Kaiser eine bedeutsame Distanz!

Damit haben wir zwei Ären, die sich von ihrer Benennung sehr, sehr nahe kommen. Man könnte sehr gut von den beiden Alexander-Ären sprechen. Die Differenz zwischen der *Ära nach Alexanders Tod* und der *Alexandrinischen Ära* beträgt 294 Jahre. Wenn ein erfindungswilliger Chronologe die Weltgeschichte aufspreizen wollte, um Zeit für zusätzliche Ereignisse zu gewinnen, hätte es sich geradezu aufgedrängt, die beiden Alexander-Ären zu »verwechseln«. Damit wären knapp 300 Jahre als die Frist vorgegeben, um die die Zeit vorzudrehen war. Zusätzlich mußte dem Himmel Rechnung getragen werden, in diesem Falle der astronomischen Konstellation von Sonne und Mond. Diese wiederholt sich mit sämtlichen Details – 7 Wochentage, alle 4 Jahre ein Schalttag und 19jähriger Mondzyklus – nur alle 7 × 4 × 19 = 532 Jahre im sogenannten Osterzyklus. Wurde die Mondphase berücksichtigt, was sicherlich der Fall war, so ging es darum, daß einem 31. 8. 614 mit der ihm eigenen Mondphase ein 1. 9. 911 mit »passender« Mondstellung folgt. Daraus ergäben sich 285 oder 304 Jahre als erfundener Zeitraum. Da kleine Manipulationen möglich sind – einige reale Tage ohne Datumszählung, einige übersprungene Tagesdaten –, können sich die von mir seit langem genannten 297 Jahre bestätigen, können sich aber auch noch ändern. Das Gewicht meiner Argumentation liegt nicht primär auf der exakten Zahl, sondern auf dem revolutionären Umstand, daß mehrere Jahrhunderte als erfunden erkannt werden. Astronomisch versierte Mediävisten halten dagegen, daß entweder 532 Jahre oder kein einziger Tag eingeschoben werden konnten.[291] Dieses Argument würde nur stechen, wenn sämtliche unserer heutigen Rückrechnungen durch die antiken, spätantiken und frühmittelalterlichen Beobachtungen exakt bestätigt würden. Dies ist keineswegs der Fall, wie bereits ausgeführt worden ist.

Um die Sache noch verworrener zu machen, muß auch der *astronomische Kanon* genannt werden. Er wurde laut E.J. Bickerman von alexandrinischen Gelehrten begonnen und in der Folgezeit bis zum Jahr 911 n. Chr. fortgeführt.[292] Dieser Kanon diente als Grundlage für die chronologischen Berechnungen. »Die Daten, die die alexandrinischen Gelehrten vorfanden, paßten sie dem ägyptischen Wandeljahr an, so daß sich die Regierungszeiten der Herrscher jeweils um einige Monate verschieben konnten.«[293] De facto waren aber die Abweichungen noch größer. Alexander d. Gr. und seine beiden Nachfolger liegen mehr als ein Jahr abseits der üblichen Datierungen.

Astronomischer Kanon		Geschichtl. Datierung
Alexander d. Gr.	14. 11. 332 bis 11. 11. 324	1. 10. 331 bis 10. 6. 323
Philipp III.	12. 11. 324 bis 9. 11. 317	323 bis 317
Alexander IV.	10. 11. 317 bis 6. 11. 305	317 bis 310/30

Als Beginn der Seleukidenära galt hier nicht wie sonst der 1. 10. 312, sondern der Startpunkt 2. 4. 311.[294] Da dieser Kanon justament bis 911 lief, scheint es eine seiner Aufgaben gewesen zu sein, astronomische Verwerfungen auszugleichen, die durch das Zeitvordrehen entstanden waren. Da sich die arabische Welt seit dem späten 10., die christliche Welt seit dem frühen 11. Jahrhundert an Rückrechnungen versuchte, hat man mit Sicherheit auch den Zyklus für Sonnen- und Mondfinsternisse zurückgerechnet. Insofern werden sich hier Spezialuntersuchungen anzuschließen haben.

Die Vertauschung der beiden Alexanderären ließ sich noch besser kaschieren, indem weitere Zeitrechnungen benutzt wurden, die ebenfalls Alexander im Namen führten.

So sprachen die maßgeblichen, aus Alexandria stammenden Computisten vom *Alexandrinischen Kalender,* wenn sie den Julianischen Kalender meinten. Ein Unterschied bestand in den ägyptisch benannten Monatsnamen und dem Jahresanfang im August.[295] Die Araber sprachen von der *Alexanderära,* wenn sie die Seleukidenära meinten.[296] Zum dritten haben wir bereits gehört, daß eine Schöpfungsära der Byzantiner als *Alexandrinische Weltära* in Gebrauch war. Gemeinhin werden Namen vergeben, um Verwechslungen möglichst zu vermeiden. Wenn mit derartiger Beharrlichkeit immer wieder gleichklingende Bezeichnungen in Umlauf gebracht werden, muß dringend geschlossen werden, daß die klare Trennung überhaupt nicht gewünscht wurde.

Apokalyptische Datierung

Wir fügen noch einen ganz anderen Beweisgang ein. Im alten Rußland durchlebte Nikolaus Morosow, besser Nikolaj Alexandrowitsch Morozov, alle Tiefen und Höhen des Lebens (1854–1946). Zum Tod wegen Terrorismus gegen das Zarentum verurteilt, tatsächlich fast drei Jahrzehnte inhaftiert, brachte er es bis zum Ehrenmitglied der Akademie der Wissenschaften der UdSSR.[297] Kaum aus der Haft entlassen, publizierte er etliche Texte, die während seiner Gefängnishaft entstanden waren. Ein einziger hat die Sprachbarriere überwunden und ist 1912 auf deutsch erschienen: *Die Offenbarung Johannis.* Das Buch war so vergessen, daß es erst auf dem Umweg über chronologische Forschungen im heutigen Rußland[298] und einen aufmerksamen Vermittler[299] hierzulande wiederentdeckt wurde.

Morosow fand im Text der Johannes-Apokalypse Hinweise auf eine spezielle Himmelskonstellation, die er durch Rückrechnung datierte. Er interpretierte den Text als Beschreibung eines gewaltigen Gewitters, das diesen Sternenhimmel verhüllt und von vier Erdstößen begleitet wird. Dieses Naturschauspiel soll am 30. 9. 395 über jener Insel Patmos stattgefunden haben, auf der Johannes nach eigenem Bekunden anschließend sein Buch geschrieben hat. (Bei der zusätzlich erwogenen Sonnenfinsternis, die aber ohnehin nicht auf Patmos zu sehen gewesen wäre, hat sich Morosow um ein Jahr vertan,[300] fand sie doch am 30. 9. 396 statt.[301])

Die theologische Interpretation, die den Verfasser der Apokalypse nicht mehr als den Jünger Johannes identifiziert, hat sich dagegen für das Ende des 1. Jahrhunderts n. Chr. ausgesprochen: »Diese Situation des Buches läßt sich am überzeugendsten ans Ende der Regierungszeit des Kaisers Domitian (81–96 n. Chr.) datieren, welche Zeit bereits in der kirchlichen Überlieferung des 2. Jahrhunderts als Abfassungszeit des Buches angegeben wird.«[302] Wir finden also ca. 96 gegen 395 oder eine Diskrepanz von etwa 299 Jahren.

Morosow selbst wollte mit seiner Umdatierung keineswegs die Anfänge des Christentums neu bestimmen. Er ordnete vielmehr die Apokalypse innerhalb des christlichen Überlieferungsstranges neu, das heißt deutlich später ein. Deshalb dient die zweite Hälfte seines Buches dem Nachweis, daß die Apokalypse von einem Patriarchen von Konstantinopel, von Johannes gen. Chrysostomus (ca. 354–407), stamme.

Das interessierte den Philosophen Arthur Drews (1865–1935). Er hatte mit seiner zweibändigen *Christusmythe* zu beweisen versucht, daß ein Jesus niemals gelebt habe. Er setzte sich für die Übersetzung von Morosows Buch ein und schrieb ihm ein Geleitwort. Darin bestätigt er, daß alles so gut stimme, »wie man es sich nur irgend wünschen kann«.[303] Doch dem widerspricht, daß die Apokalypse zu den am frühesten und am besten bezeugten Büchern des Neuen Testaments gehört, wobei die Zeugnisse von hoher Beweiskraft sind. Als Lösung aus dieser Fatalität sieht Drews nur zwei Möglichkeiten: »Entweder die Texte der Zeugen vor 395 sind gefälscht, oder aber diese hatten eine andere Offenbarung unter dem Namen des Johannes vor sich, die *Chrysostomus* nur überarbeitet und *Hieronymus* alsdann dem Neuen Testament einverleibt hat, während der ursprüngliche Text verlorengegangen ist.«[304]

Keine der beiden Möglichkeiten konnte so weit unterfüttert werden, daß sie auch nur eine Chance gehabt hätte, sich durchzusetzen. Allzu dicht gewebt ist das Netz der wechselseitigen Verschränkungen zwischen den theologischen Bezügen. Aus diesem Grund wurde Morosows Argumentation völlig vergessen.

Aus meiner Sicht gibt es aber noch eine dritte Möglichkeit. Morosow hat den Abstand zwischen sich und der fraglichen Naturkatastrophe korrekt berechnet. Insofern wird die Apokalypse um knapp 300 Jahre jünger – aber nicht allein sie: Auch die christliche Frühgeschichte und die gesamte Geschichte vor 614 wird um diese drei Jahrhunderte näher zu uns gebracht, indem die später eingeschobenen drei Jahrhunderte ersatzlos gestrichen werden. Dies ist tatsächlich möglich, weil die astronomischen Informationen innerhalb der Evangelien nicht ausreichen, um die Absolutzeit von Christi Geburt, Leben und Sterben widerspruchsfrei zu bestätigen. Das haben wir eingangs bereits nachgeprüft. So bleibt die Datierung Morosows korrekt, ohne daß die wechselseitige Verflechtung der frühchristlichen Schriften neu aufgerollt werden müßte. Vor allem bleibt nunmehr die Nähe zu den apokalyptischen Schriften der Juden erhalten, denen die christliche Offenbarung entstammt.

Daß die Differenz sehr nahe an die von mir genannten 297 Jahre herankommt, ohne daß ich bei der ursprünglichen Kalkulation auch nur den Namen Morosow gekannt hätte, ist eine um so erfreulichere Konkordanz.

Das Szenario im Osten

Damit steht das Szenario. Wir kennen einen Grund, ein Motiv, wir kennen einen Urheber und Auslöser, wir haben den Zeitpunkt der Erfindung bestimmt und auch Gründe für die Länge des Zeitintervalls genannt.

Wer:	Kaiser Konstantin VII. Porphyrogennetos dreht
Wo:	im Byzanz des
Wann:	10. Jahrhunderts
Was:	die Uhr vor und
Wie:	füllt die gewonnene Zeit u. a. mit der
Warum:	fiktiven Rückgewinnung der Reichsreliquie.
Wieviel:	Die Uhr wird aus biblischen, dynastischen und/oder chronologischen Gründen um 297 Jahre vorgestellt.

All das erreicht selbstverständlich nicht die Beweiskraft, die vom Abgleich der Urkunden mit den archäologischen und architektonischen Überresten ausginge. Wir führen hier einen »Indizienprozeß«, dessen Beweisstücke ein stimmiges Bild ergeben, das aber gleichwohl von einem besseren abgelöst werden kann.

Die schwerste Beweislast ist von meinen Schultern geglitten, seitdem sich die Byzantinisten eine solche Aktion in »ihrem« Reich vorstellen müssen (s. o.). Ich werde darauf noch einmal zurückkommen, doch wollen wir uns zuvor mit den einstigen Geschehnissen im mittleren und westlichen Europa befassen.

Zeiterfindung im »wilden« Westen

In Byzanz war es immer selbstverständlich, das eigene Selbstverständnis aus einer ununterbrochenen Regentenliste abzuleiten, die sich im 4. Jahrhundert mit der oströmischen Kaiserliste vereinigte, bis Augustus und Caesar zurückreichte, um über römische Republik, etruskische Könige bis auf Aeneas und Priamos im mythenumrankten Troia zu fußen. So viel Tradition, so viel verklärender Rückblick war sonst nirgends.

In Mitteleuropa ging es ganz anders zu. In herkömmlicher Sicht nimmt es wunder, daß trotz Karls Kaiserkrönung anno 800 das Kaisertum nicht richtig verwurzelt war. Byzanz sollte damals – als mit Kaiserin Irene eine Frau auf dem Thron saß – in einer Schwächeperiode dem zweiten Kaisertitel nicht widersprochen, 812 schließlich zugestimmt haben. Im 10. Jahrhundert entsteht der Eindruck, als müßte sich der legitime Nachfolger dieses Karls, der erste Otto, ganz von neuem um seine Anerkennung durch Konstantinopel bemühen. Zwischen seinem großen Vorbild und ihm selbst waren Kaiser gekrönt worden, die in Vergessenheit geraten sind, obwohl sie mütterlicherseits meist von den Karolingern abstammten: Wido von Spoleto (891–894), Lambert (892–898), Arnulf von Kärnten (896–899), Ludwig der Blinde (901–928) und Berengar I. (915–924).

Der 912 geborene Otto I. wurde zwar mit 24 Jahren zum König gekrönt oder auch von seinem Heer ausgerufen, aber bis zur Akzeptanz durch Byzanz war es ein weiter Weg. Zunächst setzte ein Kräfteringen zwischen seinen Verwandten, den Herzögen und Bischöfen ein, das zeitweilig bürgerkriegsähnliche Dimensionen annahm. Nach außen hin wurde gegen Lombarden, Böhmen, ostelbische Slawen und Dänen gekämpft, vor allem aber ging es um die endgültige Zurückwerfung der Ungarn. Erst 955 mit dem Sieg auf dem Lechfeld wird das Land befriedet, kulturelle Entwicklung kann einsetzen. Es wird mit dem Kirchenbau begonnen: materiell etwa mit der 961 gegründeten Kirche in Gernrode, bei der schon die schlichte Wölbung der Apsis – eine kleine Viertelkugel – so gefährlich erscheint, daß die Apsismauern durch kein einziges Fenster geschwächt werden. Dies angeblich 160 Jahre *nach* der Riesenkuppel der Aachener Pfalzkapelle.[305]

Aber auch die Kirche als Institution wie als geistige Macht wird gefördert: Mit der Reichskirche entsteht die Vorstellung, »daß der Herrscher ›Werkzeug Christi bei der Heiligung der Welt‹ sei«.[306] Otto d. Gr. erinnert nicht nur hierin an Karl d. Gr. Beiden wird die Schaffung der Reichskirche zugeschrieben, beide mühen sich in vorgerücktem Alter auf dem »zweiten Bildungsweg« und ähneln sich in ihrem politisch-militärischen Handeln.[307] Sein Enkel Otto III. wird die Devise vom »Werkzeug Christi« noch stärker betonen.

Der byzantinische Widerstand gegen die Kaiserkrönung zu Rom ist bei Otto I. im Alter von 50 Jahren überwunden; die Zeremonie wird 962 begangen. Die eigentliche Anerkennung – oder soll man Duldung sagen? – ist erst 972 erreicht, als sich der bereits zum Mitkaiser gekrönte Sohn Otto II. mit der byzantinischen Prinzessin Theophanu vermählt. Leider war es nicht die erhoffte Purpurgeborene, insofern auch nicht die wirkliche Gleichstellung mit dem Kaiserhaus. Ihre Abkunft ist wohl aus diesem Grund lange im dunkeln gehalten worden; erst im 20. Jahrhundert wurde nachgewiesen, daß sie keine Tochter von Kaiser Romanos II. gewesen ist. (Daß mit Albert H. Rausch alias Henry Benrath kein Byzantinist, sondern ein Romancier den Schleier ihrer Herkunft lüften konnte, ist von der Zunft noch immer nicht recht bewältigt worden.[308]) Mit Theophanu kam zum ersten Mal griechische Kultur nach Deutschland, von Theophanu wurde ein Kaiser geboren, der in einzigartiger Weise Byzanz, das entstehende Deutschland und das Papsttum verband. Da sein Vater schon mit 28 Jahren verstarb, übernahm zunächst – 983 – seine Mutter für acht Jahre die Vormundschaft, bis auch sie starb. Drei weitere Jahre übte seine Großmutter Adelheid die Vormundschaft aus, bis der Jüngling wohl 994 mündiggesprochen wurde.

Otto III.

So übernahm kurz vor der Jahrtausendwende ein Fünfzehnjähriger für wenige Jahre die Regierungsgeschäfte (Lebenszeit 980–1002). Man könnte meinen, daß hier wieder einmal eine Marionette auf dem Thron saß, die vor lauter Beratern und grauen Eminenzen in ihrem kurzen Leben niemals eine eigenwillige Bewegung gewagt hätte. Tatsächlich handelt es sich um einen höchst eigenwilligen Herrscher, der alle Aufmerksamkeit verdient.

Man geht üblicherweise davon aus, daß Ottos Schwertleite, das Ende der Vormundschaft, im Herbst 994 zu Sohlingen stattgefunden hat. In Wahrheit können wir diesen Zeitpunkt nicht benennen.[309] Auf jeden Fall wurde er am 21. 5. 996 zum »Kaiser der Römer« gekrönt und errang bis zu seinem Tod am 23. 1. 1002 als »Wunder der Welt« einen Ruf, der dem späteren »Staunen der Welt«, sprich Friedrich II., vergleichbar war.

Otto stand buchstäblich im Schnittpunkt der Welt. Von seiner Mutter in byzantinischem, nicht »altfränkischem« Geist erzogen, hatte er sich nach seiner Schwertleite eine für deutsche Kaiser ungewöhnlich gute Bildung erworben, indem er sich – analog zu Karl d. Gr. – Erzieher und Berater aus mehreren Ländern wählte: den Griechen Philagathos, den Italiener Leo von

Vercelli, den Franzosen Gerbert von Aurillac, die Deutschen Bernward von Hildesheim, Heribert von Köln und Willigis von Mainz.

In Ottos Namen wurde Außerordentliches versucht: ein neues Verhältnis zwischen weltlicher und geistiger Macht, sprich Kaiser und Papst, ein neues Verhältnis zwischen »deutschem« und byzantinischem Kaiser und die »endgültige« christliche Missionierung Europas.

Im frühen Bewußtsein seiner Machtposition zerschlug Otto das Gewohnheitsrecht römischer Adelsfamilien, das Pontifikat unter sich »auszuhandeln«. Johannes XIV. hatte ihn aufgefordert, zur Kaiserkrönung nach Rom zu kommen. Als dieser Papst noch vor Ottos Ankunft starb, ließ dieser mit Brun von Kärnten einen kaum älteren Verwandten zum Papst salben, der ihn als *Gregor V.* am 21. 5. 996 zum Kaiser krönte. Damit saß der erste deutsche Papst auf dem Stuhl Petri, dem die Römer bald einen Gegenpapst entgegenstellten. Doch Otto III. fegte diesen zugleich mit dem ungekrönten Herrn von Rom, mit Johannes Creszentius, zur Seite.

Hier ist der geeignete Ort, um zu skizzieren, wie meine These in die mediävistische Diskussion geriet. Johannes Fried[310] hatte 1994 eine große Arbeit über die Ursprünge Deutschlands bis 1024 vorgelegt. Im Jahr darauf attackierte ihn Gerd Althoff,[311] weil zuviel Phantasie in das große Werk eingeflossen sei. Fried parierte im selben Jahr in der *Historischen Zeitschrift.*[312] November 1995 vom *Historischen Kolleg* in München wegen dieses Buches geehrt, wollte Fried mit seiner Dankesrede diesen Streit überwinden, indem er für das unverzichtbare Recht des Wissenschaftlers auf Phantasie eintrat. Allerdings erlaubte ihm Fried nur konstruktive, positive Phantasie, nicht aber eine illusionäre, destruktive. Für diese nachgerade gefährliche Phantasie mußte mein Buch *Das erfundene Mittelalter* Modell stehen. Fried hat diese Rede zweimal veröffentlicht,[313] ohne jedoch ein Kriterium benennen zu können, wie man diese diametralen Phantasieformen unterscheiden sollte. Es gibt auch keines. Insofern konnte dieser Versuch, meine Thesen abzuqualifizieren, nur scheitern.

Gerd Althoff gab im selben Jahr dieser fehlgeschlagenen Verteidigung der Phantasie eine trockene Antwort: eine Biographie Ottos III.[314] In ihr trennte er auffällig genau die Fakten von jedweder Phantasie und rügte Fried beispielsweise wegen folgender dramatischer Schilderung: »Wild schwor er [Otto III.] Rache, er werde ausharren, bis er die Aufrührer gedemütigt sähe. Indessen fiel nicht Rom, sondern er. Fieber packte ihn und vollendete die römische Katastrophe des römischen Kaisers.«[315] Althoff Demonstration machte deutlich, daß bei diesem Vorgehen nur mittelalterliche Kurzbiographien geschrieben werden könnten. Denn das gesicherte Wissen reicht noch in dieser Zeit nicht dafür aus, um mit 20 Jahren Herrschaft ein Buch zu füllen. Althoffs 250 Seiten würden auf 50 Seiten zusammenschrumpfen, hätte er nicht immer wieder die Wesenszüge einer quellenorientierten Darstellung und ihrer Quellenbasis beispielgebend herausgearbeitet.

Althoff hat dann auch mich kritisiert.[316] Dabei interessierte ihn keiner meiner Gründe, keines meiner Argumente. Indem er einige Konsequenzen aus meinen Thesen für unmöglich erklärte, glaubte er die Grundlegung meiner These übergehen zu können; so verzichtete er zum Beispiel auf ein Wort zur Aachener Pfalzkapelle. Dabei war ich auf das Statement »Eine Hochkultur kann man nicht erfinden« schon im *Erfundenen Mittelalter* eingegangen, wie ich in meiner Erwiderung noch einmal ausführte.[317] Tatsächlich zeigt die Aachener Pfalzkapelle, daß man eine fiktive Zeit mit einem realen, umdatierten Bauwerk zur Hochkultur führen kann.

Mein Vorgehen zielt im Gegensatz zu Fried und Althoff auf eine verstärkte Quellenkritik, indem die schriftlichen Quellen immer dort mit archäologischen und architektonischen Befunden konfrontiert werden, wo die Quellen einschlägige Hinweise geben – etwa auf eine Kirchenweihe oder auf eine bestehende Pfalz. Diese Methodik sollte eigentlich selbstverständlich sein. Johannes Fried als gewählter Sprecher der deutschen Historiker sieht das noch nicht so. Er hat ganz bewußt zum Ende dieses Jahrhunderts die Perspektiven seiner Fachrichtung beschrieben, orientiert sich aber nicht an ihren erdverbundenen »Hilfswissenschaften«, sondern unbeirrbar an den Quellen.[318] Doch er weiß, was ihn erwartet: »Ist vielleicht, eine schreckliche Vision, die ganze und, gestehen wir es uns ruhig ein, seit den ›Regesta Imperii‹ für abgeschlossen gehaltene Arbeit der Quellensichtung, weil nur aus einem Fenster gewonnen, von vorne zu beginnen, mit Konsequenzen für das Geschichtsbild, die noch kaum auszumalen sind?«[319] Auch die Gewichtung der Schriftquellen wird uns noch einmal beschäftigen.

Silvester II.

Kehren wir vom Ausblick ins dritte Jahrtausend zurück zum Übergang vom ersten ins zweite.[320] 50 Jahre lang hätten Gregor und Otto gemeinsam regieren können, eine gewaltige Perspektive für Europa. Doch Gregor V. starb bereits mit 27 Jahren. Es muß hier eingeflochten werden, daß die erschreckend raschen Tode ausländischer Titelträger in Rom weniger der »mal aria«, der schlechten Luft, als vielmehr dem Bleiazetat zuzuschreiben sein dürften. Klemens II., einziger in Deutschland bestatteter Papst, starb 1047 nach einem Pontifikat von weniger als zehn Monaten. Sein im Bamberger Dom exhumiertes Skelett wies so viel Blei auf, daß seine Todesursache eindeutig ist. Bei den übrigen Päpsten ist eine solche Prüfung kaum möglich.

Otto ließ nun am 9. 4. 999 seinen Berater Gerbert von Aurillac als ersten französischen Papst wählen. Mit ihm übernahm ein Philosoph und Politiker, Pädagoge und Musikkenner, vor allem aber der größte Gelehrte seiner Zeit das Pontifikat. Wir verdanken seiner Liebe zu Geometrie und Astronomie unsere Zahlen, die im Grunde keine arabischen, sondern die indischen – für Gerbert noch ohne die Null – sind. Als Leiter der Reimser Domschule, die er seit 972 führte, pflegte er nicht nur das antike, sondern auch das islamische Wissen, etwa den Umgang mit dem Astrolabium. »Seine umfassende Gelehrsamkeit, die er zum guten Teil der Berührung mit der arabischen Wissenschaft in Spanien verdankte, erregte schon das Staunen der Zeitgenossen; der Nachwelt erschien sie so übermenschlich, daß man sie nur durch Annahme von Zauberei erklären zu können vermeinte.«[321] Die Faustsage geht auf ihn zurück; nach einer römischen Lokalsage klappern seine in der Laterankirche liegenden Gebeine, wenn ein Papst stirbt. Ob er apokalyptisch ausgerichtet war, ist umstritten: Fried hat sich dafür ausgesprochen, Borst dagegen.[322]

Sein Papstname Silvester II. verkündet selbstbewußte Programmatik. Sie stellt ihn in direkte Nachfolge zu jenem Papst, der Konstantin d. Gr. getauft hat. Zumindest durfte das damals noch geglaubt werden; die Darstellungen von Heilung und anschließender Taufe sind in Sichtweite des Laterans, im Kloster Santi Quattro Coronati, als hochmittelalterlicher Freskenzyklus erhalten. Doch irgendwann wollte sich das Papsttum samt seinem Kirchenstaat nicht mehr von Konstantin I. herleiten und ersann deshalb eine Spätesttaufe Konstantins, vorgenommen auf dem Totenbett durch einen arianischen Bischof. So trennte es sich von der Konstantinischen Fälschung, die später prompt von Klerikern enttarnt worden ist, und erfälschte nach meiner Meinung die zweite Schenkung des Kirchenstaates durch Pippin, anno 754 zu Quiercy. Pippin hätte keineswegs eigenes, sondern byzantinisches Gebiet verschenkt, das er den Langobarden abgenommen hatte, die es ihrerseits erst kurz zuvor erobert hatten. Das Datum birgt Symbolcharakter: Schließlich entsprach der »Gründung des Kirchenstaats 754 n. Chr.« die »Gründung Roms am 21. 4. 753 v. Chr.« – eine fast exakt spiegelbildliche Symbolik,[323] die allerdings die christliche

Zeitrechnung voraussetzt. Aber die »Pippinsche Schenkung«, deren Originalurkunde niemand kennt und deren Inhalt »nur aus sonstigen unklaren und in ihrer Zuverlässigkeit angefochtenen Quellenzeugnissen erschlossen werden« kann,[324] ist nicht vor dem späten 10. Jahrhundert gefälscht worden.[325] Es sei daran erinnert, daß nur so erklärt werden kann, daß die Päpste in diesem Jahrhundert nicht nur ihre geistliche Kompetenz verlieren, sondern sogar ihr eigenes Staatsterritorium vergessen.[326]

Auf alle Fälle rückte Gerbert mit der Wahl seines Papstnamens den jungen Kaiser auf den Platz eines neuen Konstantins, und es muß nicht mehr verwundern, daß auch für den jungen Otto III. bereits »magnus« als Beiwort verwendet wird.[327] Bislang geht man davon aus, daß das Bündnis von Otto und Silvester nicht die Erneuerung eines Jahrtausends kennzeichnete, sondern »die Erneuerung des gleichermaßen christlichen wie römischen Reichs, da der Kaiser in Rom residieren und dort einen Hof nach Art von Byzanz einrichten wollte. Das *dominium mundi* fand damit seinen symbolischen Mittelpunkt gerade in jenem Augenblick wieder, da eine neue Ära anbrach.«[328] Ich werde hier zeigen, daß dieser wiedergefundene Mittelpunkt keineswegs zufällig mit der Jahrtausendwende verknüpft ist.

Alt-neue Traditionen

Im Geiste Konstantins wurde eine »*Renovatio Imperii Romanorum*« eingeleitet, ein Programm zur Machtverteilung in der bekannten Welt. »Die Römische Vergangenheit, bisher nur gelegentlich herangezogen, war zu *einem notwendigen Teil der Rechtfertigungslehre geworden, mit der das abendländische Imperium seine Ansprüche verfocht.*«[329] Es machte unverholen dem byzantinischen Kaiser Konkurrenz. Führte dieser zu Konstantinopel traditionsbewußt den Titel »Imperator Romanorum«, legte auch Otto II. 982 ihn sich zeitweilig zu; Otto III. führte ihn ab 996.[330] Diese Veränderungen und Neuanfänge verlangten Rückgriffe auf eine große Vergangenheit. Die kaiserlichen Machtbezeugungen belegen dies.

Seit dem 28. 4. 998 beglaubigt die kaiserliche Kanzlei nicht mehr mit aufgedrückten Wachssiegeln, sondern mit angehängten Metallbullen, wie es bis dato nur Päpste und oströmische Kaiser taten.[331] Ein doppelter Anspruch artikuliert sich: Die Umschrift »Renovatio lmperii Romanorum« stand in ähnlicher Fassung bereits auf antiken Münzen,[332] buchstabengetreu auf den Münzen Karls d. Gr. Und der Männerkopf der neuen Bulle zeigt nicht Otto III., sondern seinen großen Vorläufer – doch erkannte man das karolingische Urbild erst dank der ottonischen »Kopie«![333] Das Frauenbild der Roma komplettierte den zweifachen numismatischen Rückgriff auf den scheinbar ersten fränkischen und auf die altrömischen Kaiser.

Neben diesem wiederholten Rückgriff auf kaiserliche Vorläufer artikuliert sich der Anspruch auf eine christliche Erneuerung. Für seinen Polenzug im Jahre 1000 fügt Otto seinen bisherigen Titeln »Kaiser des Erdkreises« und »Kaiser der Römer«, Kopien byzantinischer Titulaturen, die neue Bezeichnung hinzu: »Servus Jesu Christi«. Diese Titulatur wurde erstmals am 17. 1. 1000 eingesetzt.[334]

Im selben Jahr 1000 werden beide Ansprüche noch deutlicher herausgestellt. Otto läßt, wie Thietmar von Merseburg berichtet, heimlich die Gruft des ersten Kaisers in der Aachener Pfalzkapelle öffnen; er nimmt Halskreuz und Gewandreste Karls d. Gr. an sich, Reliquien, die er nicht mehr ablegt.[335] Die Chronik von Novarese nennt weitere, eher nekrophile Details. Ihrzufolge findet Otto den unverwesten Leichnam Karls d. Gr. auf einem Thron sitzend, schneidet ihm die Fingernägel, zieht ihm einen Zahn, läßt die lädierte Nasenspitze aus Gold ergänzen und kleidet ihn mit weißen Gewändern.[336] Diese Schilderung lehnt sich an Suetons »Leben der Caesaren« an, derzufolge Augustus verehrend vor Alexanders Leiche und Sarkophag steht. Daß die beiden Gruften in Aachen und Alexandria heute unauffindbar sind, war damals wohl nicht im Blickfeld.

Ottos Reliquiengewinnung behandelt – in ihrer berichteten Form – den alten Kaiser wie einen Heiligen, zu dem ihn erst Friedrich Barbarossa machen ließ, der ein letztes Mal dank einer Vision Karls Gruft fand. Deshalb wird heute vermutet, daß bereits Otto III. seinen großen Amtsvorgänger zur Ehre der Altäre erheben wollte. Von einem realen Geschehen wird nicht mehr ausgegangen,[337] es geht um Kaisermacht und ihre Tradierung, weniger um Historizität. Man könnte vielleicht vermuten, daß die Schilderung nicht aus Ottos eigener Zeit stammt, doch würde das an den verwendeten Siegeln und seinem Bezug auf einen »großen Karl« nichts ändern.

Im Januar 1001, also in den allerersten Tagen des neuen Jahrtausends, wird die Kaiserbulle erneut umgestaltet. Nunmehr kopiert sie eine altrömische Kaisermünze und ist deshalb kleiner als alle vergleichbaren byzantinischen, deutschen und päpstlichen Bullen. Auf dem äußerst kleinen Format ersetzt der antike Begriff »Aurea Roma« das Bild der Roma und die frühere Umschrift.

Im Januar 1001 bezeichnet er sich nicht mehr als Knecht Christi, sondern wie einst Papst Gregor I. als Knecht der Apostel, »Servus apostolorum«, und als »Verbreiter der Kirchen«. »Otto III. hat ein Hofgerichtsprotokoll vom April eigenhändig als ›Otto servus apostolorum‹ unterschrieben, also persönlich auf die Nennung des Kaisertitels verzichtet. So saugt der neue Titel gleichsam alle andern Bestandteile der einst so ausführlichen Intitulatio im Laufe des Jahres 1001 in sich auf.«[338]

Auch Gerbert von Aurillac bietet Bezüge zu Karl und seinem Aachen. Vor seiner Papstzeit erinnert er seltsam an Karls gelehrten Alcuin. Belegte dieser die Aachener Runde auch mit antiken Namen, sich selbst etwa mit Horazius Flaccus, so spricht Gerbert von Legionen statt vom Heer, von Sueben, Helvetiern oder Skythen, womit er mal die Slawen, mal die Ungarn meint. In ihm leben – so Percy E. Schramm – die besten Traditionen der karolingischen Bildung wieder auf.[339] Und Gerbert feiert Otto in derselben Weise, wie die Hofgelehrten ihren Karl feiern.[340] So darf man vermuten, daß der gelehrte Gerbert Ausschmükkungselemente für Karl und seine Tafelrunde geliefert hat. Im Gegensatz zu sich selbst als »Neutestamentler« stattete er sein Ebenbild Alcuin und den Hof mit alttestamentarischen Zügen aus.[341]

»Lehret alle Völker«

Der Auftrag Jesu Christi »Gehet hin und lehret alle Völker« schien 999 fast abgeschlossen zu sein. Da ihre Herrscher die Taufe genommen hatten, waren Europas Völker »im Prinzip« christlich – im Zentrum, im Westen, im Süden (in Spanien hatte die Bevölkerung schon vor dem Islam vom Christentum gehört; außerdem lief die Reconquista) und im Südosten. Soeben war der gesamte Norden hinzugekommen, denn die Könige von Dänemark, Schweden, Norwegen, selbst von Island hatten sich vor der Jahrtausendwende taufen lassen. »Somit ist die Jahrtausendwende durch die Einbeziehung auch der letzten europäischen Länder in die christliche Völkerfamilie gekennzeichnet.«[342]

Es blieb der slawische Osten. Mit seiner Missionierung wäre die »Welt« christianisiert – und dies wurde mit Vehemenz im Jahre 1000 angestrebt. Wie Konstantin d. Gr. und Silvester das Christentum zur Staatskirche erhoben haben, so will nunmehr das Doppelgestirn Silvester und Otto den Osten nicht nur christianisieren, sondern in Staatskirchen organisieren. Im Jahre 1000 läuft eine umfassende Aktion an: Der Kaiser zieht nach Polen und gründet in Gnesen ein Erzbistum, dem die übrigen polnischen Bistümer unterstehen. Ungarn erhält als Kirchenprovinz im Erzbistum Gran seine hierarchische Spitze, Silvester verleiht Stephan I. im selben Jahr die später nach ihm benannte Königskrone. Böhmen beschreitet den Weg zur kirchlichen

Autonomie;[343] das gerade erst ostchristlich gewordene Rußland empfängt eine päpstliche Gesandtschaft, eine sicherlich mit dem Kaiser abgestimmte Aktion, und die römische Kurie ist sofort in Dalmatien präsent, als dieses Küstengebiet im selben Jahre 1000 von Venedig erobert wird.[344]

Diese Missionierung des Ostens zielt keineswegs primär auf eine Vergrößerung des Kaiserreichs ab. Die Mächtigen im »alten« Reich beunruhigt der geplante lockere Anschluß dieser Ostgebiete ebenso wie die neue Zentrierung auf Rom, das erstmals seit der Antike und gegen alle kirchliche Tradition zum Sitz des Kaisers werden soll. Italia (oder Roma) avanciert zur ersten Nation im Reich vor Gallia (Westdeutschland), Germania (Ostdeutschland) und Sclavinia, den slawischen Gebieten.[345]

Peripetie und Sturz

Das Jahr 1000, in dem Otto II. von Gnesen über Aachen nach Rom zieht, sieht also einen äußerst aktiven zwanzigjährigen Kaiser, der zusammen mit »seinem« Papst eine Art Gottesreich auf antiker Basis errichten will. Sein außergewöhnliches Format wird selbst in Byzanz akzeptiert. Basileios II., der eigentlich durch Ottos Machtansprüche am stärksten im kaiserlichen Stolz getroffen sein sollte, stimmt sogar einer Hochzeit der purpurgeborenen Tochter seines Bruders Konstantin mit Otto III. zu. Sein Vater Otto II. hatte noch mit einer kaiserlichen Nichte vorlieb genommen und auf den römischen Kaisertitel wieder verzichtet.[346] Die seit Otto I. angestrebte dynastische Verbindung der beiden stärksten Herrscherhäuser Europas steht unmittelbar bevor, doch der Jüngling starb am 24. 1. 1002 kurz vor Ankunft seiner Braut.

Aber der junge Kaiser mochte sich so aktiv und zukunftsorientiert gezeigt haben wie nur irgend möglich; spätere Forschung hat über ihm den Stab gebrochen, weil sich im Herbst 1001 die römische Bevölkerung gegen ihn erhob und weil er starb, bevor er seine Stellung neu befestigen konnte. Lange blieb er für sie ein »romantischer und überschwenglicher Jüngling« mit einer »exaltierten Religiosität«,[347] ein Bild, das P. E. Schramm vergebens zu facettieren hoffte. Er wies etwa darauf hin, daß Otto durchaus diesseitige Fleischeslust empfand und befriedigte; »Diese Nachricht stellt die einseitig vergröbernde Auffassung richtig, die in Otto einen in Sündenbewußtsein vergehenden, sich selbst zergrübelnden Mönchskaiser sehen will.«[348]

Intensive Religiosität, gepaart gleichermaßen mit Sinn für Realitäten wie für weitreichende Utopien. Jüngst hat Althoff[349] für eine offenere Sicht plädiert, weil die wenigen selbständigen Regierungsjahre einfach keine abschließende Beurteilung zulassen. Für den damaligen Hof findet er zu einer interessanten Einschätzung: »Offenbar handelten die Akteure des 10. Jahrhunderts gemäß einer uns fremden, aber durchaus vorhandenen Rationalität.«[350] Diese fremde Rationalität soll durch dieses Buch verständlicher werden.

1000 – mille – chilioi

Zur Zeitenwende im Jahre 1000 hat Ottos und Silvesters Begeisterung für ein neues Gottesreich erstaunliche Aktivitäten auf Erden gezeitigt. Kann dieses millenare Datum Zufall sein? Ein so intimer Kenner wie P. E. Schramm hat das auffällige Datum nicht kommentiert. Dabei knüpfte sich an diese runde Zahl die ominöse, schwer faßbare Bewegung des *Chiliasmus* oder auch *Millenarismus.*

Beide Begriffe beziehen sich auf die »1000«, im Griechischen oder im Lateinischen. Die zugehörigen Bewegungen gehen auf die Offenbarung des Johannes zurück, die keineswegs nur Tod und Untergang prophezeit. Denn nach dem Fall von Babylon, sprich Rom,[351] legt ein Engel den Satan für 1000 Jahre an die Kette, auf daß er die Völker nicht mehr verführe. Es bricht dann ein tausendjähriges Reich des Friedens an, das als »erste Auferstehung« bezeichnet wird. Erst danach wird der Satan noch einmal kurzzeitig die Völker verführen und bekämpfen (Gog und Magog), bevor er endgültig gestürzt wird und das Jüngste Gericht mit anschließender zweiter Auferstehung stattfindet.[352]

Mit dieser apokalyptischen Vorstellung, erwachsen aus den zeitgleichen jüdischen Enderwartungen, verband sich eine schriftgläubige Kombination: Die Weltgeschichte gliedere sich wie die Schöpfungsgeschichte in sechs Tage,[353] jeder dieser sechs Welttage umfasse 1000 Jahre, denn 1000 Jahre sind vor Gott wie ein Tag;[354] dem Ruhetag des Schöpfers entspreche ein 1000jähriges Friedensreich, das Christus regiert; nach dem letzten satanischen Intermezzo bricht als 8. Tag die neue, ewige Welt an.[355] Aus diesem Grund wurde nicht zuletzt die liegende Acht, die Lemniskate, zum mathematischen Symbol für das Unendliche.

Unter den frühen Kirchenvätern wurden diese Vorstellungen heftig diskutiert. Justinus der Märtyrer spricht schon im 2. Jahrhundert davon, daß die 1000jährige Christusherrschaft im neugebauten Jerusalem zur vollkommenen Rechtgläubigkeit gehöre, obwohl doch der wahre Christ nicht nach Ort und Stunde fragen solle.[356] Augustinus, anfänglich selbst Chiliast, ließ die Dauer der Welttage unbestimmt und benannte nur noch symbolisch die Zeit von der Auferstehung Christi bis zum Ende der Welt als Tausendjähriges Reich.

»Die Frist der tausend Jahre ist also eine Hilfskonstruktion und die Zahl selbst nicht im Sinne einer datierbaren Zeit gemeint. Gleichwohl haben sich an sie in der Alten Kirche mannigfaltige Spekulationen über den Verlauf der Weltgeschichte angeknüpft (›Chiliasmus‹), die seit Augustin aus dem Bereich der kirchlichen Lehrüberlieferung in sektiererische Randströmungen abgedrängt worden sind.«[357] So wäre es der offiziellen Kirche lieb, de facto aber waren diese schlichten Gedanken sehr lange virulent, haben die christliche Geschichtsschreibung entscheidend beeinflußt und verbanden sich mit der Spekulation um Endzeitkaiser und Antichrist.

»Vor allem aber scheint die Weissagung über den großen, in der Endzeit nach Jerusalem ziehenden Kaiser ihre [der Pauperes] Einbildungskraft beschäftigt zu haben, und offenbar steigerten sie sich mit allen ihren Kräften in den Glauben hinein, unter der Führung dieses mysteriösen Herrschers zu stehen. In den ursprünglichen, im Osten zirkulierenden griechischen Weissagungen war dieser letzte Kaiser ein in Konstantinopel residierender römischer Kaiser gewesen. Aber als im achten Jahrhundert der *Pseudo-Methodius* in Paris ins Lateinische übersetzt wurde, entstanden neue Interpretationen. Es ist nicht verwunderlich, daß sich in den abendländischen eschatologischen Spekulationen die Gestalt des Kaisers der Endzeit von dem fernen, schattenhaften Byzanz nach dem Westen verlagerte, wo – wie man sich einreden konnte – das Römische Reich durch die Kaiserkrönung Karls des Großen wiedererstanden war. Die nach der Absetzung des letzten weströmischen Kaisers entstandene Lücke, die dreihundert Jahre unausgefüllt geblieben war, schien durch die im Petersdom zu Rom am Weihnachtstag des Jahres 800 erfolgte Krönung Karls, Königs der Franken und Königs der Lombarden, zum Kaiser aufs beste beseitigt worden zu sein. Von nun an bestand die Möglichkeit, sich einen im Abendland residierenden Herrscher als den Kaiser der letzten Tage vorzustellen; und ungeachtet der Tatsache, daß Karl der Große kein Reich hinterließ, träumten die Menschen sowohl in jenem Teil seines Herrschaftsbereichs, aus dem das spätere Frankenreich, als auch in jenem Teil, aus dem das spätere Heilige Römische Reich Deutscher Nation erwuchs, weiterhin von einem großen Kaiser, der in ihrer Mitte erstehen und in dem sich die sibyllinischen Prophezeiungen erfüllen würden.«[358]

Apokalyptisches Ende oder Erwartung irdischen Heils

Aus heutiger, eher weltlicher Sicht kollidieren hier zwei konträre Vorstellungen: Den Glauben an Apokalypse, Antichrist und Jüngstes Gericht dominieren Furcht und Schrecken, so wie dies Dante für 1300 beschrieben hat und wie es Signorelli vor und Michelangelo nach 1500 (aus-)gemalt haben. Ungetrübte Heilserwartungen sind dagegen mit den Vorstellungen eines 1000jährigen Friedensreiches unter Christus und einem endzeitlichen Kaiser verbunden. Konnten beide Sichtweisen gleichzeitig bestehen?

Inzwischen ist aufgedeckt, daß der furchtbare Aspekt zwar um 1200 dominierte, aber zur Jahrtausendwende noch kaum existierte. Es war der große José Ortega y Gasset, der bereits 1904, aber noch völlig unbeachtet, feststellte: »Die Legende [der Schrecken] über das Jahr eintausend ist vollständig unwahr; ihren Vorstellungen liegen keine wirklichen Tatsachen zugrunde.«[359]

»Die neuere Geschichtsforschung ist sich darüber klargeworden, daß die ›Schrecken des Jahres 1000‹ mindestens zum großen Teil eine bloße Erfindung von Historikern aus viel späteren Zeiten war«, so Jan Dhondt 1990.[360] »Und die Geschichte zeigt, daß es im Jahr 1000 keine chiliastisch gedeuteten Schrecknisse gegeben hat«, befindet Carozzi 1996.[361] Ein angsterfüllter Millenarismus hat nicht stattgefunden, auch wenn immer noch »laut alten Chroniken« kolportiert wird – sie gehen in Wahrheit meist auf Jules Michelets (1798–1874) Vorstellungen von der Jahrtausendwende zurück –, daß sich am Silvesterabend des Jahres 999 eine zitternde Menschenmenge um Papst Silvester II. geschart und den Weltuntergang erwartet habe. So wurde es noch 1982 im Vatikan oder 1998 von Erdoes vertreten.[362] Es soll aber nicht unterschlagen werden, daß um 970 Priester in Paris gepredigt hätten, die Welt werde im Jahr 1000 n. Chr. untergehen.[363]

Hier wurde als ganz selbstverständlich unterstellt, daß auch das erste Jahrtausend nur aus 999 Jahren bestand. Drohte deswegen schon zweimaliges Zittern, wäre die taggenaue Prognose des Weltuntergangs schon aus banal-praktischen Gründen unmöglich gewesen, wie Franco Cardini mit leichter Ironie darlegt.[364] Um nur von Italien zu sprechen, so drohte der Weltuntergang, jeweils in unsere Zählweise umgerechnet,

in Pisa am 25. 3. 999,
in der Republik Venedig am 1. 3. 1000,
in Florenz und Siena am 25. 3. 1000,
in Süditalien am 1. 9. 1000,
in Mailand, Genua, Lucca am 25. 12. 1000,
in Rom am 25. 3. und am 25. 12. 1000;[365]
außerdem ganz nach Gusto jeweils ein Jahr später oder früher.

Wir müßten also mit einem gruppendynamischen Effekt rechnen, der die Bevölkerung von einem Datum zum nächsten beben ließ, worum sich heute Astrologen bemühen, die für 1998, 1999 und 2000 immer neue Horrorszenarien am Himmel ausmachen, worauf ihre Gläubigen aus der schlotternden Angst gar nicht mehr herausfinden. Nur eines ist absolut sicher: Am 31. Dezember des Jahres 999 zitterte zu Rom niemand im alten Petersdom vor dem baldigen Weltuntergang. Dieser Termin hätte in keinem Fall Sinn ergeben.

Gleichwohl wurde um die Jahrtausendwende das Jüngste Gericht erstmals künstlerisch gestaltet. Für Horst Jantzen tritt es in der Buchmalerei in dem Perikopenbuch von Heinrich II. (1002–1024) und in der »Bamberger Apokalypse« auf, in der Wandmalerei bereits Ende des 10. Jahrhunderts in Burgfelden und an der Westapsis von St. Georg in Reichenau-Oberzell.[366]

Die Apokalypse selbst wurde – als Teil des Neuen Testaments – immer beachtet und auch viel illustriert. Zum selbständigen Thema wurde sie aber erst durch die Abhandlung *De ortu et tempore Antichiristi.* Adso von Montiér-en-Der hatte sie um 950 geschrieben und Gerberga, der Schwester Ottos I., gewidmet.

Der Text blieb im Besitz der Ottonen. Der junge Otto III. dürfte ihn gekannt haben; vielleicht erwuchs aus der Lektüre der Wunsch, sich auf seinen Krönungsmantel die Gesichte der Apokalypse in Gold sticken zu lassen, was Albert Hauck so beurteilte: »Es sieht aus wie ein bizarrer Einfall, und es charakterisiert doch den Kaiser.«[367] Da seine Kaiserkrönung 996 stattfand, muß ihn die Offenbarung schon früh beschäftigt haben.

Der millenare Aufbruch ab 1000

Otto III. sprach wohl nicht zufällig von mehreren Aachener Thronen,[368] denn er kannte aus der Offenbarung den Vers »Und ich sah Throne; und Richter nahmen darauf Platz, denen das Gericht übertragen wurde« und die Vorstellung vom Endkaiser.[369] Adsos *libellus* berichtete ihm, daß das Weltende aufhaltbar sei, wenn das letzte der Weltreiche, das römische, durch fränkische Könige weitergeführt werde.[370] Bei ihm und seinen Beratern scheint folgende Vorstellung gereift zu sein: Kaiser Otto III. ist jener Endkaiser, mit dem das Tausendjährige Reich beginnt! Darauf scheinen seine Titulaturen der Jahre 1000/1001 unmißverständlich hinzuweisen.

Unbestreitbar ist der endzeitliche Aspekt seiner Regierung. Die Herrscher und damit im Prinzip auch die Völker sind christianisiert. Der Aufbruch der christlichen Völker mit der Jahrtausendwende ist überwältigend; allerorten wurden Kirchen, Hunderte romanischer Kirchen begonnen. Der Zeitgenosse Radulfus (Raoul) Glaber berichtet in seiner *Chronique:* »Gegen das dritte Jahr nach dem Jahre Tausend wurden die Basiliken fast überall von Grund auf neu gebaut, vor allem aber in Italien und Frankreich. Es war ein allgemeiner Wettstreit, wer die schönsten und prächtigsten Kirchen baute. Man hätte sagen können, daß die ganze Welt in allgemeiner Übereinstimmung ihre Vergangenheit abschüttelte und sich mit einem weißen Mantel von Kirchen bedeckte.«[371]

Überwältigend die Anzahl der begonnenen Bauten, überwältigend Entwurf und Ausmaße, überwältigend noch 1000 Jahre später die Überreste. »Etwa seit 1030 entstand der Speyrer Dom [...] In der Kühnheit der Konstruktion, in der Erfindung neuer Bauformen ließ er alle Werke der bisherigen Baukunst weit hinter sich. Er war das gewaltigste Bauunternehmen des damaligen Europa, neben Alt-St. Peter in Rom die größte Kirchenanlage des Abendlandes bis zum Neubau der dritten Abteikirche von Cluny, langgestreckter und gewaltiger als selbst die meisten Kathedralbauten der Gotik.«[372]

Der allzu pauschal verdammte Oswald Spengler, der die Kulturen von der Antike bis zur Gegenwart in nur drei »Seelenzustände« faßt, beobachtet nach apollinischer (griechischer) und magischer (arabisch-frühchristlicher) Kultur das Aufblühen der »faustischen Seele« des europäischen Abendlandes genau in jener Zeit: »Dagegen beginnt die faustische Baukunst großen Stils mit den ersten Regungen der neuen Frömmigkeit – der cluniazensischen Reform um 1000 – und eines neuen Denkens – im Abendmahlsstreit zwischen Berengar von Tours und Lanfranc (1050) –, und dann gleich mit Entwürfen von einem so riesenhaften Wollen, daß die Dome oft von der ganzen Gemeinde nicht gefüllt werden konnten, wie der von Speyer, oder nie vollendet wurden. Die leidenschaftliche Sprache dieser Architektur wiederholt sich in der Dichtung.«[373]

Das neue Jerusalem

In diesen Großbauten wurde die schon angesprochene Idee des neuerbauten Jerusalems realisiert. Ein Vertrauter von Otto III., Bernward, legte 1010 den Grundstein für die von ihm selbst mitgeplante Hildesheimer Michaelskirche. Ihre hochragenden Türme über Ost- und Westvierung ergaben erstmals, im Verein mit den Treppentürmen, mit den beiden Querhäusern und den beiden Chören, das Bild des »Himmlischen Jerusalems«, das

Hans Sedlmayr als apokalyptische Bauidee der gotischen Kathedrale nachgewiesen hat,[374] das aber bereits der Romanik von ihrem Anbeginn an zugehört; apokalyptisch eben nicht im Sinne letzter Verwüstung, sondern im Sinne der von Gott aus dem Himmel herabkommenden Stadt der 1000jährigen Friedenszeit.

Zum Bild des himmlischen Jerusalems gehören auch die Stadttore,[375] und nicht zufällig werden zwischen 1000 (Mainz unter Willigis) und 1055 (Augsburg) drei beispielgebende Domtüren gegossen. Die beeindruckendste der drei entstand 1015 unter Bernward von Hildesheim, der sie wie jene von Aachen und Mainz in einem Stück gießen ließ.[376] Die von hier ausstrahlende Entwicklung griff bis Palermo und Nowgorod aus. Besonders auffällig an diesem stürmischen Entwicklungsgang ist, daß er am Anfang auf der Stelle tritt: Die zum Verwechseln ähnlichen Türen von Aachen und Mainz sollen durch 200 Jahre getrennt sein.[377]

So irgendwann der Eindruck entstanden sein sollte, daß Otto III. mit Karl zusammen die Historie verlassen könnte, dann ist auf Unterschiede hinzuweisen. Die ottonische Architektur ist vorhanden und gehört zum Entwicklungsgang der frühen und hohen Romanik. So steht im niederösterreichischen Wieselburg noch ein Oktogon von 996, eine »steinerne Urkunde« für 1000 Jahre Österreich. Wer seine Dimensionen, seine lastenden Mauern, seine spärlichen Fensteröffnungen prüft, sieht hier noch Baumeister an der Arbeit, die den Schubkräften ihrer Kuppel mißtrauen und die Mauern nicht schwächen wollen. 200 Jahre nach Aachen sind wir immer noch 100 Jahre vor der Aachener Kuppel.

Wir kennen auch die Bauphasen von St. Pantaleon in Köln, also der Grablege von Kaiserin Theophanu, die gleichfalls in ihre Zeit passen, oder die Bartholomäuskapelle in Paderborn als letztes Zeugnis griechischer Baumeister in Deutschland. Die Ottonenzeit wirkt ab 950 ungleich stimmiger als die Karolingerzeit.

Das Motiv und seine Realisierbarkeit

Der weltbewegende Aufbruch zur Jahrtausendwende ist zwar von Spezialisten wie Außenseitern beobachtet worden, aber seine friedenszeitliche Triebfeder wurde bislang kaum gewürdigt. Nachdem unmittelbar nach Otto und Silvester das christlich bauende Abendland diesem Impuls folgte, ergibt sich folgender möglicher Entwicklungsgang:

In Byzanz wurde die Uhr vorgedreht, ohne daß hier an ein Jahr 1000 gedacht worden wäre. Schließlich rechnete man dort nie nach Christi Geburt, und in der byzantinischen Ära war man 614/911 n. Chr. bereits im 7. Jahrtausend angelangt, ohne daß irgendwo ein markantes Datum »dräute«.

Wer, wann und wo zum zweiten

Dieses Vordrehen der Uhr fand unter Konstantin VII. und damit vor 959 statt. Wahrscheinlich ging die Einführung der Schöpfungsära-Rechnung Hand in Hand. Wir sind damit bereits in der Zeit, in der Otto I. engen, ehelichen Kontakt zu Byzanz suchte. Mit Theophanu kam eine Prinzessin mit ihrem griechischen Hofstaat an den Rhein, die 972 Otto II. heiratete und zur Kaiserin aufstieg. Zu ihrem Gepäck gehörte auch die neue Datierungsweise. Eine erste Rechnung ergab, daß damit der Endpunkt 6000 n. Sch. beziehungsweise 800 n. Chr. einfach übersprungen wäre. Wenn aber die Schöpfungsrechnung des Westens den sechsten Welttag ab 5000 n. Sch. laufenließ, dann ergäbe sich die Chance für ein besonderes Datum: 1000 n. Chr. und zugleich 6000 n. Sch., dazu ein frei verfügbares, gleichwertiges Datum: 800 n. Chr. So könnte demnächst der siebte Welttag unter Christus beginnen, während auf den freien Jahresbeginn von 800/801 n. Chr. ein Ereignis gelegt werden konnte, das für Kaiser wie Papst gleichermaßen nützlich wäre.

Wer:	Kaiser Otto III. und Papst Silvester II. stellen
Wo:	in Rom und Köln
Wann:	im 10. Jahrhundert
Was:	die Uhr so,
Warum:	daß das Reich des Endkaisers beginnen kann und kreieren in der erfundenen Zeit einen »Überkaiser«.
Wieviel:	Die Uhr wird aufs Jahr 1000 justiert.

Wie weit haben Kaiser und Papst selbst ihr Jahrtausend-Datum bestimmt? Diese Frage ist schwer zu beantworten, solange nicht geklärt ist, ab wann im 10. Jahrhundert eindeutig nach Christi Geburt urkundlich datiert worden ist. Obendrein muß eines als Möglichkeit gesehen werden: Es könnte in einer raschen Aktion noch einmal nachgebessert worden sein. Gerbert nahm als Silvester II. nach unserer heutigen Rechnung am 2. 4. 999 auf dem Stuhl Petri Platz. Er hätte also ein dreiviertel Jahr Zeit gehabt, eine Feinjustierung vorzunehmen, die sein Pontifikat direkt ans Jahr 1000 heranbrachte, aber Zeit genug ließ, um das Anbrechen der neuen Ära zu begehen. So wäre das heilsmäßige, eschatologische Jahr eine heilsgeschichtlich erwünschte Korrektur gewesen. Wir landen hier wieder beim frommen Betrug, bei »pia fraus«, der nur für unser heutiges Rechtsempfinden eine arge Herausforderung darstellt.

Mit Feinjustierung ist hier gemeint, daß der Westen die byzantinische Vorgabe um einige Jahre nachgebessert hat. Indiz dafür ist, daß sich die drei Weltschöpfungsären der Oströmer um 16 bzw. 17 Jahre unterscheiden, ohne daß wir einen Grund dafür wüßten. Welche der zwei relevanten Weltären – der alexandrinischen und der byzantinischen dürfte die um ein Jahr zeitversetzte proto-byzantinische vorausgegangen sein – zuerst eingeführt worden ist, ist ebenfalls unklar. Eine Nachbesserung unter Otto III. aus christologischen Gründen hätte in den Osten zurückgegeben werden können. Das ist bislang nicht beweisbar, wäre aber die erste sinnstiftende Begründung für die dreifache, fast zeitgleiche Definition in Byzanz. So bekäme Heinsohn insoweit recht, daß auch vom Westen ein Impuls in den Osten gegangen wäre; von Zufall oder Schlamperei könnte jedoch keine Rede sein.

Unter Otto und Silvester, unter diesen beiden außergewöhnlichen Männern, wäre ein derartiges Einstellen der Uhrzeiger denkbar. Papst und Kaiser förderten gemeinsam die Mission bei den Slawen. Silvester hatte Kenntnis der islamischen Welt und verfügte damit über die beste Mathematik seiner Zeit, konnte also die praktischen Schwierigkeiten einschätzen. Otto war ungestümer und romantischer Utopist genug, um eine derartige Maßnahme zu initiieren. Daß er persönlich – durch Siegel belegte – Vorstellungen einer christologischen Endzeit hatte, ist bekannt. Seine engen Beziehungen zum byzantinischen Kaiserhof, der wiederum seine »eigene« Kirche beherrschte, lassen es möglich erscheinen, daß Byzanz eine letzte Umdatierung aus dem Westen übernommen hätte, obwohl es ansonsten auf die dortigen Barbaren herabsah.

Durchführungsdetails

Eine derartige Zeitumstellungsaktion wäre vom Umfang her realisierbar gewesen. Die Datierung nach der Anno-Domini-Methode setzte sich anerkannterweise erst ab dem Jahr 1000 durch. Ab da erhielten immer mehr Urkunden in ihren Datumszeilen den neuen Vermerk. Wollte man etwas übriges tun, so überarbeitete man jene kaiserlichen Urkunden der letzten Jahrzehnte, die ebenfalls eine Anno-Domini-Datierung tragen sollten. Dies gilt auch für jene Urkunden der ersten Jahrzehnte nach 1000, die ursprünglich noch nicht mit diesem Datum versehen waren. Es liegt nahe, daß sich nach dem überraschend schnellen Tod von Otto und Silvester die Datierung nach Christi Geburt nur mit Verzögerung durchsetzte. Insofern ergab sich auch noch nach dem Jahre 1000 Neudatierungsbedarf. Daß es gerade mit den Datumszeilen damals im argen lag, hat schon der große Diplomatiker Harry Bresslau registriert, Wilhelm Kammeier dann thematisiert.[378]

In den beiden anderen großen Zentren, Rom und Konstantinopel, war vergleichsweise gar nichts zu tun. Denn in beiden Fällen wurden Urkunden nicht nach einer Ära datiert. Im byzantinischen Reich wurden bis zum bitteren Ende Urkunden weder »nach Chr.« noch nach einer der Weltären, sondern allein nach den Regentschaftsjahren des jeweiligen Herrschers datiert.[379] Bei derartigen Urkunden entstanden überhaupt keine Neu- oder Umdatierungsprobleme. Allerdings haben wir oben gehört, daß kaiserliche Erlasse mit dem Datum »n. Sch.« versehen worden seien.[380] Hierauf mußte selbstverständlich achtgegeben werden.

Im Lateran gab es bis ins 15. Jahrhundert keine urkundliche Ära-Datierung, sondern wiederum nur den Bezug auf den jeweils amtierenden Papst und seine Amtszeit. Heinz Quirin unterscheidet in seinem Standardwerk zwei Varianten: Die sogenannte »große Datierung« enthält Ausstellungsort, Nennung des Ausfertigenden, Datum mit Pontifikatsjahren, dazu bis ins frühe 12. Jahrhundert die Scriptumformel mit Nennung des Schreibers. Die sogenannte »kleine Datierung gibt nur Ausstellungsort, -tag und Pontifikatsjahr«.[381] So brachten päpstliche Urkunden keinen unmittelbaren Aufschluß darüber, in welches Schöpfungsjahr, in welches christliche Ärajahr das Schriftstück einzuordnen ist. Dafür war ein zusätzlicher Blick ins *Buch der Päpste* oder in eine weltliche Regentenliste erforderlich. Hier wurde die Synchronisierung besorgt. Mit der Datierung ihrer Urkunden nach Christi Geburt begann die Kurie erst 1431.

Da keine Regel ohne Ausnahme ist, wird aus dem Lateran ein sehr früher Versuch berichtet, die Anno-Domini-Datierung für Urkunden einzuführen. Aus dem Pontifikat Johannes' XIII. (965–972) existieren einige Urkunden mit der neuen Zählung, die früheste trägt die Jahreszahl 967. Merkwürdigerweise ist sie zugleich die erste pergamentene und die erste in diplomatischer Minuskel geschriebene Urkunde.[382] Es fällt weiterhin auf, daß die Päpste einen beachtlichen Papyrusvorrat angelegt haben müssen, schrieben sie doch bis ins Jahr 998 n. Chr. auf Papyrus.[383] Die Versorgung Europas mit diesem ägyptischen Rohstoff ist schon mit dem Perserangriff von 614 abgerissen, weshalb die merowingischen Notare bald zum Pergament übergingen. Hätte der Lateran große Lager besessen, in denen das Papyrus-Material fast 400 Jahre lang vor Fäulnis und Tierfraß geschützt war? Der Vorrat konnte deutlich kleiner dimensioniert sein, wenn er die Zeit von 614 bis 911 nicht bedienen mußte. Aus diesen Gründen müssen die wenigen Urkunden von Johannes XIII. mit großer Vorsicht geprüft werden. Ab der Kreuzfahrerzeit wäre Papyrus wieder greifbar gewesen.

Christologie – Eschatologie – Häresiologie

Wir haben nunmehr drei Eckpunkte christlichen Denkens bestimmt, die alle in Zusammenhang mit dem Vordrehen der Uhr stehen dürften. Auf beiden Seiten kann das Bedürfnis vermutet werden, die verschiedenen Bibelfassungen chronologisch zu vereinheitlichen. Auf oströmischer Seite herrscht Panik über den Verlust der heiligsten Reliquie, des Kreuzes Christi, während zugleich das Reich in höchste Bedrängnis gerät. Auf weströmischer Seite keimt die entschiedene Hoffnung auf den Anbruch einer christlichen Endzeit. Bei ihr kommt es nicht auf Tag und Stunde an wie bei Weltuntergang und Jüngstem Gericht; hier geht es um das Erkennen und das Selbstverständnis des Endkaisers, um den Statthalter Jesu Christi hier auf Erden für das anbrechende letzte Jahrtausend.

Die politische Zukunft stellt sich an den beiden Höfen durchaus unterschiedlich dar. Byzanz muß sich aus der tödlichen Umklammerung der von Nordwesten bis Südosten anbrandenden Feinde befreien, während das weströmische Kaiserhaus Perspektiven für letztlich nie gereifte Vorstellungen entwirft, wonach die personifizierten Völker Roma, Germania, Gallia und Sclavinia in einen nicht näher definierten Bund treten sollten – letztlich die Vorstellung einer christlich vereinten Welt.

Das Hervorheben christlicher Motive drängt sich geradezu auf, wenn man die Bautätigkeit der Zeit ab 1000 begutachtet. Allüberall entstehen Kirchen und Klöster, während der Kaiser sich keinen zentralen Sitz ausbaut. Otto III. will sich zwar in Rom eine Pfalz bauen – eine Parallele zu Karl und seinem Sitz Aachen, an dem ebenso viele ausländische Vertraute zugegen waren wie bei Otto –, ohne daß klar wäre, ob diese Pfalz zum einzigen Sitz erhoben werden sollte.

Der Bau von Gotteshäusern wurde zum Anliegen der Einwohnerschaft des jeweiligen Ortes; schon im 11. Jahrhundert forderte dann abendländischer Ehrgeiz sein »höher und weiter«. Die Kirchenentwürfe wuchsen und wuchsen, ein vieltürmiges Idealbild wurde in immer neuer Fülle realisiert oder oft genug auch nicht mehr realisiert. Welche Mönchsgemeinschaft hätte je den riesigen Bau von Cluny III füllen sollen? Es gab keinen grandioseren Plan innerhalb der Romanik als diesen Bau von 1088 bis 1135: doppeltürmige Westfassade, dreischiffige Vorkirche, fünfschiffige Hauptkirche, zwei Querschiffe, stolze Vierung, insgesamt sieben Türme und fünfzehn angelagerte Kapellen – dafür konnte es keinen adäquaten Konvent geben. Das Kloster zählte nie mehr als 400 Mönche; das Dorf Cluny blieb immer Dorf, Wallfahrten zogen nicht zum Kloster.

Das Christentum dominierte in kaum mehr vorstellbarer Weise. Um so mehr überraschen zwei Umstände. Trotz der immer wieder nachgeprüften Berechnungen für das Ende des Welttages entwickelte die Karolingerzeit keinerlei Ängste vor dem Stichjahr 801 n. Chr. respektive 6001 n. Sch. Eigentlich hätte »alle Welt« vor ihrem Ende zittern und dann um so mehr jubeln müssen, wenn statt des Weltendes die Krönung Karls ein neues Zeitalter einzuleiten schien: ein neuer Welttag und mit der Fortsetzung der römischen Kaiserreihe eine zusätzliche Versicherung gegen den Weltuntergang. Nichts dergleichen findet sich in den »zeitgenössischen« Berichten. Daraus schließt Carozzi, daß »die eschatologische Spannung nachgelassen hatte«, bemerkt er doch: »Karl der Große erscheint nirgendwo explizit als ein Kaiser der Endzeit.«[384]

Doch damit ist nichts erklärt. Wieso vergeht ein jahrhundertelang anvisiertes Datum, ohne daß man sich im entscheidenden Moment daran erinnert hätte, daß Großes bevorstünde? Das blieb bislang unbeantwortbar. Erst die These, daß die Uhr vorgestellt und Zeit rückwirkend erfunden wurde, bringt eine Erklärung: Niemand wußte besser als die Illustratoren dieser Weltwende, daß die Welt nach wie vor Bestand hatte, lebten sie doch lange nach dieser künstlich geschaffenen Wende.

Auch das Fehlen millenarer Ängste im Jahre 1000 läßt sich erstmals verstehen. Wenn erst unmittelbar vor oder während 1000/1001 darauf hingewiesen wurde, daß die Rechnung »n. Chr.« nunmehr das Maß aller zeitlichen Dinge darstelle, konnten sich gar keine Ängste aufbauen.

Hier ist zu beachten, daß der Impuls von Otto III. und Silvester II. zunächst einmal verlorengegangen sein dürfte. Otto starb schon am 24. Januar 1002, Silvester am 12. Mai 1003, beide vielleicht nicht in Folge der schlechten Luft in Latium. Während sich die Reihe der Sachsenkaiser einigermaßen reibungslos fortsetzte, geriet der Stuhl Petri erneut in die Hände des römischen Adels. Erst 1046 spricht mit Heinrich III. ein anderer, nunmehr salischer Regent ein neuerliches Machtwort: Im Dezember setzte er mit Silvester III., Gregor VI. und Benedikt IX. gleich drei rivalisierende Päpste ab, worauf er von Klemens II. zum Kaiser gekrönt wurde – also von jenem Klemens, dessen

Tod durch Vergiftung mittlerweile aktenkundig ist, aber den nunmehrigen Aufstieg des Papsttums als Institution nicht mehr hindern konnte. Daß der schon bei der Synode von Sutri anwesende Mönch Hildebrand schließlich als Gregor VII. 1073 zum Papst gewählt wird und sich daraufhin im Investiturstreit aufs härteste *gegen* das Kaisertum stellt, gehört zur Ironie der Geschichte. Das endzeitliche Zusammenspiel zwischen Kaiser und Papst war demnach zu Ende, bevor es richtig begonnen hatte. Das Leben blieb weiter eine Plage.

Ketzer mit durchschnittnen Wurzeln

Um so mehr Zeit blieb ab dem Jahre 1000 für Ängste aller Art – und von kaum anderem spricht die weitere Geschichte. »Seit dem Beginn des zweiten Jahrtausends treten im Abendland Ketzer auf.«[385] A. Borst beobachtet und präzisiert: »Seit der Jahrtausendwende flammen in West- und Südeuropa hier und dort Ketzereien auf, schwer zu entwirren in ihrem inneren Zusammenhang und doch einheitlich in ihrer enthusiastischen Frömmigkeit und asketischen Weltflucht.«[386] So spricht kurz nach dem Jahre 1000 der Bauer Leuthard aus der Champagne von einer wunderbaren göttlichen Offenbarung, schart Anhänger um sich, wird vom Bischof als Narr bloßgestellt und begeht 1004 Selbstmord; »einer der wenigen Selbstmörder im Mittelalter«.[387]

Nun wuchern die Häresien, als ob sie ganz neue Nahrung fänden. Ob diese Ketzer von apokalyptischen und chiliastischen Visionen umgetrieben wurden, wird teils verneint,[388] teils bejaht.[389] 1022 findet in Frankreich die erste Ketzerverbrennung statt,[390] seit etwa 1140 werden die Massen von Ketzereien ergriffen, und von da an zeigen sich akute Ängste vor Weltuntergang, Antichrist und Teufelsherrschaft, bis hin zur Lehre von den drei Zeitaltern des Joachim da Fiore (ca. 1130–1202). Nach Berechnungen dieses Abtes war das Ende der neutestamentlichen Klerikerkirche bis 1260 zu erwarten, danach sollte »das dritte Reich« einer mönchischen Geistzeit anbrechen.

Diese Prophezeiung wurde mit dem Auftreten des Antichrists verbunden, der mit seinen teuflischen Täuschungsmanövern gerade in den höchsten Machtpositionen zu gewärtigen war. Insofern wurde vor allem Friedrich II. als möglicher Antichrist eingeschätzt. Bekannt ist die Geschichte, daß ihm geweissagt worden war, er werde »sub flore«, »unter Blumen«, sterben. Deshalb betrat er nie jene Stadt mit dem Blumennamen Fiorenza, Firenze oder Florenz. Doch entging er seinem Schicksal nicht, starb er doch im Castel Fiorentino. Sollte die schwere Darmerkrankung tatsächlich auf Gift zurückzuführen sein, starb er vor allem im dunklen Schatten von Joachim von Fiore respektive J. von Floris. Daß bald danach die Staufer mit Konrad IV. als Könige abtreten mußten (1254), trug nicht unbedingt zur Beruhigung der Gemüter bei.

Gerade die Geschichte der Ketzerei liefert einen gewichtigen Hinweis auf die drei erfundenen Jahrhunderte. Wenn Arno Borst den Wurzeln der Katharer, Waldenser und Albigenser nachgeht, dann fällt immer wieder ihre Ähnlichkeit mit viel älteren Ketzergruppen auf. Die direkte Verbindung zu den im 10. Jahrhundert in Bulgarien entstandenen Bogomilen ist noch gut zurückzuverfolgen, aber davor reißt die Verbindungslinie. Borst spottet deshalb: »Als unmittelbare Vorfahren der Katharer gelten die Manichäer bei den nicht unmittelbar über die Katharer unterrichteten Schriftstellern.«[391] Die spätantiken Manichäer gehen auf ihren Gründer, den hochadligen Perser Mani (gest. 277) zurück. Aber dessen »Religion der Gebildeten und Wohlhabenden« verschwindet bereits Mitte des sechsten Jahrhunderts in West- wie in Ostrom.[392] Wer also hätte diesen Glauben über mehrere Jahrhunderte weitergetragen?

Borst weiß, daß sich gerade im 6. Jahrhundert zahlreiche Seitenstränge der Ost- und Westkirche totlaufen oder von der

Hauptkirche aufgesogen werden. Da auch die spanischen Priszillianer nach 563 wieder in der Kirche aufgehen, lassen sich als Vermittler allenfalls zwei Gruppierungen aufbieten: »die schwer faßbaren Messalianer« aus dem Gebiet zwischen Armenien und Mesopotamien, die »nach dem achten Jahrhundert nicht mehr nachzuweisen« sind und damit gleichfalls ausscheiden.[393] Und zweitens die zunächst armenischen Paulikianer, die um 660 gegründet werden und nach 872 als Grenzschutz nach Thrakien, also quer durchs ganze byzantinische Reich, verpflanzt worden sein sollen. Wie die ganze Fülle frühchristlicher Gnosis, alle manichäischen und marcionitischen Lehren durch diesen »Flaschenhals«, nach gleichfalls 100jähriger Unterbrechung, auf den Balkan gekommen wären, ist in keiner Weise geklärt.

Immerhin ist einzuwenden, daß die Paulikianer in Erinnerung blieben, obwohl sie nur innerhalb der Phantomzeit auftraten und damit substanzlos sein sollten. Borst muß hier mitteilen, daß frühere Kenner den Anfang dieser Sekte bereits im 4. Jahrhundert gesehen haben.[394] Insofern braucht es keine illusionäre Phantasie für die Aussage, daß diese Sekte bereits vor 614 bestanden hat und um 614/911 auf den Balkan transferiert wurde. Die Zeitkürzung um die 297 Jahre ermöglicht es endlich, daß die ketzerischen Erinnerungen, die im 6. Jahrhundert alle noch in Umlauf waren, auch im nun direkt angrenzenden 10. Jahrhundert noch virulent sein konnten. So sind endlich die spätantiken Häresien mit ihren so überaus verwandten Ausprägungen des Mittelalters verknüpft.

Millenarismus ab 1300

Erstaunlicherweise weckte das Jahr 1300 viel mehr an millenaristischen Ängsten als das doch »eigentlich« viel bedeutsamere Jahr 1000. Es läßt sich nicht beweisen, daß hier noch der ursprüngliche, rund 300 Jahre kürzere Kalender erinnert worden wäre, der erst jetzt die eigentliche Jahrtausendwende erreicht hätte. Für das Jahr 1300 verkündete auf alle Fälle Papst Bonifaz VIII. ein erstes Heiliges Jahr. Mit dieser Proklamation war ein vollkommener Ablaß für Rompilger verknüpft, was Ströme von Pilgern nach Rom brachte. Seitdem wird dieser Brauch fortgeführt, sündergerecht in kürzeren Abständen, und so hat auch Papst Johannes Paul II. das Jahr 2000 zum Hl. Jahr ausgerufen, für das in den Hauptkirchen die zugemauerten Hl. Pforten geöffnet werden und die Pilger noch immer vollkommenen Ablaß von ihren Sünden gewinnen können. Dante verlegte seinen atemberaubenden Weg – durch die Hölle, über den Läuterungsberg bis ins Paradies – in den März des Heiligen Jahres 1300. War Otto III. der Jahrtausendkaiser ohne Fortune, brachte Bonifaz VIII. als überhaupt mächtigster Kirchenfürst den Kalenderimpuls jedes Jahrhundert mindestens einmal zum Tragen. Er könnte als der Jahrhundertpapst bezeichnet werden.

Weil sich der Weltuntergang weder 800 noch 1000 noch 1300 einstellen wollte, hat man keineswegs die Rechnung in Welttagen eingestellt, sondern »zukunftssicher« modifiziert. Man blieb nunmehr beim Stichjahr 5001 für den Beginn des 6. Welttages wie für die Geburt Christi, beschränkte ihn aber nicht mehr auf 1000 Jahre. Da er nun beliebig lang werden konnte, spricht noch Hartmund Schedel davon, daß seine Chronik »nach der gepurt Christi unßers Haylands« 1493, im »sechst alter der werlt«, veröffentlicht worden sei. So groß die Hoffnung auf die Ewigkeit im Himmel gewesen sein mag, so klein wurde begreiflicherweise das Bedürfnis, den Lauf der Weltgeschichte vorzeitig durch die Abgrenzung von Welttagen zu hemmen und zu stoppen. Und so verliert sich diese Rechenart schließlich ganz.

Die Ängste vor dem Jahr 1500 waren aber immer noch erdrückend. Florenz erlebte das christliche Endzeitregime eines puristischen Savonarola, in Orvieto gestaltete Signorelli sein Weltgericht mit Antichrist, Höllensturz und neuer Fleischwerdung, während Michelangelo sein Jüngstes Gericht in der Sixtinischen Kapelle erst 1541 zum Abschluß bringen konnte. Da störte aber nicht mehr das Jüngste Gericht, sondern die Nacktheit einiger Malefikanten. Der große Impuls war erloschen; zu den nächsten Jahrhundertwenden zitterte nicht mehr die Christenheit, sondern nur noch einzelne Gruppierungen.

Auf Pergament erzeugte Zeit

Wir haben gesehen, daß es relativ einfach war, die Uhr vorzudrehen, wenn die beiden großen weltlichen Herrscher und der Papst dahinterstanden. Damit waren im Grunde alle Personen erfaßt, die Lesen und Schreiben konnten, die öffentliche Verwaltung wie die Klosterstuben. Wir können in diesem Zusammenhang klarstellen, daß es sich bei meiner Interpretation der Geschichte keineswegs um eine Verschwörungsthese handelt – der wohl häufigste, weil Emotionen schürende Einwand –, wie ihn etwa Flachenecker vorgetragen hat.[395]

Von einer Verschwörung wird dann gesprochen, wenn sich Personen finstere Mittel und Wege ausdenken, um an die Macht zu kommen oder zumindest einen Mächtigen zu fällen. Wir erinnern uns an die Verschwörung gegen Caesar zur Abwendung neuen Königtums oder an die Pazzi-Verschwörung in Florenz, mit der die herrschenden Medici gestürzt werden sollten. Was aber ist, wenn die Mächtigen selbst anordnen, daß die Uhr neu justiert wird? Gegen wen hätten sie sich verschworen? Gegen ihr Volk? Oder vielleicht gegen Gott, obwohl sie vermutlich glaubten, gerade etwas besonders Gottgefälliges einzuleiten? Ein Herrschererlaß, eine Regierungsentscheidung kann definitionsgemäß keine Verschwörung sein, wohl aber eine Dummheit oder ein Verbrechen. Wenn angeordnet wird, die Jahreszählung in Zukunft nach einem neuen Startpunkt auszurichten und eine andere Jahreszahl einzusetzen, dann fällt das schlicht und einfach in das Ermessen der zuständigen Behörde.

Die Abqualifizierung der Phantomzeit-These als eine der »üblichen« Verschwörungstheorien wollte sie von vornherein mißverstehen und diskreditieren.

Nun monieren die Mediävisten immer wieder, daß unmöglich die Geschichte dreier Jahrhunderte erfunden worden sein könne.[396] Dieser Einwand ist wesentlich gewichtiger, weshalb wir eine umfassende Antwort geben. Im hier entwickelten Szenario finden wir drei unterschiedliche Auslöser, die alle möglich sind:

Wenn die Bibel mit ihren unterschiedlichen Zeitangaben seit Schöpfung justiert werden sollte, mußte die Uhr umgestellt werden.

Wenn die Byzantiner die entsetzliche Schmach des Kreuzesverlusts durch eine fiktive Rückgewinnung tilgen wollten, dann brauchten sie für die zu erfindende Heldentat erst fingierte Zeit.

Wenn Otto III. und der Papst das Millennium herbeiführen wollten, dann bestand zunächst der Wunsch nach einem neuen Datum, nach vorgerückter Zeit; erst dann dürfte das Bedürfnis auftreten, diese Zeit auch zu füllen. Da wir wissen, daß sich Otto erstmals 998 auf Karl bezieht, kann aber zugleich das Bedürfnis Pate gestanden haben, sich auf einen noch Größeren beziehen zu können. Beides ging ineinander, denn die »gewonnene« Zeit war leer und wollte gefüllt sein.

Otto sah das Problem, daß die Reihe durchweg römischer Kaiser des Ostens feststand, selbst wenn sie bereits um eine Anzahl ergänzt worden war. Wollten sich die sächsischen Kaiser nicht als Dependance des byzantinischen Kaisertums erleben, mußten sie an den weströmischen Kaiserstrang anknüpfen, der sich aber nicht in den Merowingerkönigen fortsetzte. Es wurde eine wirkliche Renovatio, eine Wiederbelebung der Spätantike notwendig.

Wir kennen sie in doppelter Gestalt: eine fulminante unter Karl dem Großen und eine relativ bescheidene unter den Ottonen. Wir wissen inzwischen, daß sich die ältere als Strohfeuer entpuppte, das sehr schnell erlosch und nur zum Teil unter den Ottonen, ansonsten erst unter den Staufern neu entfacht wurde. Das Strohfeuer erklärt sich im Licht meiner These dadurch, daß spätere Zeiten viele zeitgenössische Errungenschaften auf Karl zurückprojizierten: Buchmalerei, Kalenderreform, Ansätze zum wissenschaftlichen Schreiben, Architektur, Anfänge der Scholastik, fast beliebig viele Errungenschaften, von der schweren Reiterei bis zum Weinbau und zum Femegericht.

Vom Schriftverkehr

Wir kommen hier wieder zu dem Phänomen, daß Karl der Große eine effiziente Verwaltung eingerichtet hatte, die so gut war, daß kein waffenfähiger Mann des Reiches sich dem Wehrdienst entziehen konnte.[397] Ottonische Herrschaftspraxis zur Jahrtausendwende muß so dargestellt werden: »Es gab so gut wie keine Verwaltung, kaum Institutionen und eine verschwindend geringe Intensität von Schriftlichkeit auf allen Gebieten öffentlichen Lebens.«[398]

Dementsprechend stellt sich die Urkundensituation dar. Die Verschriftlichung war auf einem sehr niedrigen Niveau, sprich, es gibt auffällig wenige Urkunden. Diese Situation ändert sich erst im späteren 11., gravierend sogar erst im 13. Jahrhundert. Die Erfinder von Geschichte mußten nicht besonders viel schreiben lassen.

Im Gegensatz zu Byzanz und seiner hochberühmten, schwerbefestigten Hauptstadt kannte der Westen nur ein Reisekönigtum. Nomadenhaft zieht der kleine Hofstaat von Pfalz zu Kloster, von Kloster zu Pfalz, um so an vielen Orten Präsenz zu zeigen. Da die Kanzlei nicht beliebig viel Archivmaterial mitführen kann, ist wohl davon auszugehen, daß Urkunden von zentraler Bedeutung z. B. auf der Reichenau aufbewahrt wurden, aber nicht in ständig strapazierten Reisetruhen. Nur Karl der Große soll – anachronistischerweise – Aachen zu einer Art Hauptstadt emporgehoben haben. Die Urkunden und archäologischen Belege zur Stadt Aachen sprechen allerdings eine ganz andere Sprache: die Ansiedlung tritt erst im 11. Jahrhundert allmählich ins Licht der Geschichte.[399]

Wir können demnach das Zentrum der Geschichtsschreibung in einem Kloster dieser Zeit vermuten. Dort lebten jene, die Schreiben gelernt hatten. Dort wurde die Vorlage gemacht, gewissermaßen das Skelett entworfen, über das dann »das Fleisch der Geschichte« gelegt wurde. Dieses Grundgerüst muß möglichst eindeutig definiert worden sein, die Details konnten dann auch dezentral, in wechselseitiger Abstimmung weiterentwickelt werden.

Klösterliche Einsamkeit?

Nun haben mir die Spezialisten vorgeworfen, daß es ausgeschlossen gewesen sei, irgendwelche Abstimmungen zwischen den so isolierten Klöstern vorzunehmen. Um mich zu widerlegen, verwiesen sie auf Namenslisten, sogenannte Verbrüderungsbücher, in denen Tausende von Namen aufgeführt sind. Derartiges könne zum einen nicht gefälscht sein, zum anderen würden Listen in anderen Klöstern die Namen eins zu eins bestätigen. Hier ist – im festen Bemühen, mich zu widerlegen – der beste Beweis *für* die Möglichkeit der »konzertierten Aktion« geführt worden. Aber sehen wir zu.

So schreibt Gerd Althoff: »Nur ein Beispiel unter Hunderten: Auf der Reichenau findet man in einem ›Buch des Lebens‹ neben weiteren 40 000 Namen eine Liste von 603 Mönchen des Klosters Fulda, angeführt von Abt Hrabanus Maurus. In Fulda entdeckt man diese Mönche in sog. Totenannalen mit Todesjahr und Todestag wieder. Die Angaben passen genau zueinander. Die ersten Mönche der Liste, d. h. die älteren, starben bald nach der Abfassung der Liste; die jüngeren lebten teilweise noch Jahrzehnte. In fuldischen Listen der gleichen Zeit begegnen die Personen überdies in teilweise derselben Reihenfolge. Man findet sie zudem als Zeugen in Urkunden, erwähnt in Briefen und in der Geschichtsschreibung.«[400]

Althoff bringt diese Listen gegen mich vor, weil sie zu umfangreich und zu stimmig seien, um gefälscht zu sein. Doch bestätigt er mit ihnen, wie gut diese seltsamen Namensansammlungen mit ihrem lediglich lokalen Wert über die verschiedensten Klöster verteilt wurden. Die Abstimmung zwischen der Reichenau und Fulda – Luftlinie über 300 km – ist keineswegs von mir postuliert, sondern sie wird durch die vorhandenen Schriftstücke bewiesen! Und genauso ist das in all den anderen, »Hunderten« von Fällen auch.

Die Schreibarbeit dafür war von einem durchschnittlichen Skriptorium zu bewältigen. Der Einwand, daß es Chroniken aus der »dunklen Zeit« gäbe, die von verschiedenen Händen geschrieben worden und deshalb zweifelsfrei echt seien, trägt dabei auch nicht weit.[401] Schließlich entstanden alle Chroniken genauso, durch monatliche oder jährliche Einträge von diesem oder jenem Mönch. Wer eine entsprechende fingierte Chronik zu erstellen hatte, richtete sich nach dem realen Vorbild in seinem Skriptorium. Jedes Kloster hatte es in der Hand, sein vermeintliches einstiges Blühen genauso zu bestätigen, wie zahllose Heilige dank erfundener Vita im frühen Mittelalter leben durften (weit über die Hälfte der katholischen Heiligen stammt aus dieser Zeit), oder Bischofssitze Amtsinhaber bis in älteste Zeiten erhielten.

Carlrichard Brühl hat die Kontinuität in 31 gallischen und germanischen Städten untersucht und dabei auch die jeweilige Bischofsliste herangezogen. Trotz der Dürftigkeit des frühmittelalterlichen Befundes zweifelt der sonst sehr kritische Brühl nicht an dieser Zeit und ihren Bischöfen, sondern nur an den Anfängen dieser Listen. Schon in der ersten dieser Städte, in

Paris, zeigt sich das zweifelhafte Zeugnis für ein uraltes Christentum: »Es stimmt aber doch sehr bedenklich, wenn man unter den ang. vierzehn Vorgängern des Bischofs Heraclius, der 511 auf dem Konzil von Orléans anwesend ist, nur einen einzigen historisch fassen kann.«[402] Für Limoges ist eine Bistumsgründung noch vor Konstantin d. Gr. »dokumentiert«, »aber die durch Adhemar überlieferte Bischofsliste [aus dem 11. Jahrhundert] taugt nichts«, denn: »Es ist klar, daß gerade Adhemar, der eifrige Kämpfer für die Apostolität des hl. Martialis, eine besonders lange Namensliste erfinden mußte.«[403] Zum 8. Jahrhundert wird derselbe Adhemar von Chabannes »angesichts seiner notorischen Unzuverlässigkeit für die frühe Zeit« noch einmal gerügt.[404]

Die Frage kann nur sein: Wann wurden die klösterlichen Namenslisten geschrieben und abgestimmt? Ihre Verbreitung spricht keineswegs für klösterliche Isolation; nur deshalb können die Lebensdaten einer Heiligen, so sie zu Hause vergessen wurden, in ganz anderen Klöstern zusammengesucht werden. Dabei treten seltsame Verschränkungen zwischen Lokaltradition, Schriftquellen und Architekturbestand auf.

Nehmen wir die in Frauenchiemsee verehrte Sel. Irmengard.[405] Ihr Leben zur Karolingerzeit wird durch eine einzige Tauschurkunde, erhalten im *Wirtembergischen Urkundenbuch,* belegt. Mit ihrem Ableben wird sie in den Totenbüchern süddeutscher Abteien existent. Der 16. 7. ist als ihr Todestag aus dem Kalendarium des Klosters St. Gallen bekannt, das zugehörige Jahr 806 aus den Annalen des Klosters Weingarten. Es liegt 200 Kilometer vom Chiemsee entfernt, die Reichenau noch weiter. Die Benediktinerabtei Weingarten ist obendrein erst 1053 errichtet worden, kann also in kein karolingerzeitliches Informationsnetz eingebunden gewesen sein. Im 11. Jahrhundert könnte das vermeintliche Wissen um die ohnehin fast unbekannte Selige wesentlich leichter kursiert sein. Doch wen hätten damals noch uralte Belegungslisten so interessiert, daß sie von Kloster zu Kloster verfrachtet wurden?

»Das ist nun das Eigen- und Einzigartige im Leben der Königstochter Irmengard, daß es so im verborgenen geblieben ist, vielleicht auch bleiben wollte, und doch verherrlicht wurde in stets wachsendem Maß über die Jahrhunderte hin bis auf unsere Zeit.« Angesichts dieser Verborgenheit, die Hans Pörnbacher der »Heiligen des Chiemgaus« bescheinigt,[406] kann es nicht verwundern, daß auch ihr Grab die längste Zeit verschollen war. Erhalten hatte sich nur ein Zinksarg, in den ihre oder eine Leiche 1613 gebettet worden ist. Doch 1961 wurde bei Restaurationsarbeiten im Fundament der Frauenchiemseer Kirche ein Sarkophag gefunden. Sofort wurde kombiniert: Bei der Erhebung von 1613 ist ein bleiernes Schrifttäfelchen mit dem Namen Irmengard entdeckt worden; es wird zwar auf die Zeit zwischen 1000 und 1020 datiert, gleichwohl mußte nun der Sarkophag einer Bestattung von 806 gedient haben.

Ein schriftliches Datum kann gar nicht auf so schwachen Füßen stehen, daß es nicht trotzdem zur Datierung von Architekturresten herangezogen wird. Obwohl diese viel besser für sich selbst sprechen könnten, werden wegen des Sarkophags, des nicht in ihm gefundenen Namenstäfelchen und der Daten von Reichenau und Weingarten die Frauenchiemseer Kirchenfundamente in die Zeit vor 806 eingestuft. So werden scheinbar jahrgenaue »karolingische« Datierungen erzeugt.

Sonnenfinsternisse – flächendeckend

Es läßt sich ein weiterer Beweis für überregional abgestimmte Schriftquellen antreten. Robert R. Newton hat 1972 fast sämtliche mittelalterlichen Texte herangezogen, um möglichst alle Einträge auf Sonnenfinsternisse in der Zeit zwischen 400 und 1250 aufzuspüren. Seine Suche zielte gleichermaßen auf Annalen, Chroniken und Geschichtsschreibungen. Die Quellen stammen von England, Irland, Schottland, Wales, von der Isle of Man, von Belgien, den Niederlanden, von Österreich, von der

Tschechoslowakei, der Schweiz, von Frankreich, Deutschland, Italien, Dänemark, Schweden, Island, Norwegen, Spanien, Byzanz und vom Heiligen Land. Diese flächendeckende Suche erbrachte über 2000 Berichte von Sonnenfinsternissen. »Über zwei Drittel von ihnen waren so offensichtlich Kopien, daß ich mir keine Notizen über sie machte. Ich listete 629 Berichte zur weiteren Prüfung auf. In den folgenden Kapiteln werde ich darlegen, daß 379 von ihnen vermutlich unabhängig von anderen bekannten Quellen sind.«[407]

Geprüft wurde astronomisch – Abgleich differierender Daten mit Rückrechnungen – und textkritisch. Wann immer eine (fast) identische Wortwahl zu verzeichnen ist, kann mit einer dann speziell zu bestimmenden Wahrscheinlichkeit auf eine gemeinsame Quelle oder ein befruchtendes Nacheinander geschlossen werden.[408] Ein Beispiel: »891 Aug. 8 [...] Referenz: Corbeienses (ca. 1148 [Kloster Corvey an der Weser]). Unter 891 vermerkt die Quelle: ›Komet und Sonnenfinsternis.‹ Wie ich den Herausgeber verstehe, hält er dies für einen Originalteil der Annalen. Aber dieser Eintrag ist fast identisch mit dem Bericht 891 Aug. 8 [...] aus der Schweizer Quelle *Sangallensis* (ca. 926 [Sankt Gallen]), den ich in Sektion IX.3. diskutiert habe. Deshalb gebe ich dem Bericht aus *Corbeienses* den Zuverlässigkeitskoeffizienten 0.«[409]

Bei sicherer Unabhängigkeit hätte Newton den Wert 1 vergeben. Insofern ist hier Abhängigkeit über annähernd 500 km Luftlinie aufgedeckt. Bei dieser geduldigen Aufarbeitung der Quellen ergibt sich beispielsweise für die *Annales Fuldenses*, die ins Jahr 901 datiert werden, folgende Kurzübersicht für ihre sieben Sonnenfinsternisberichte:

16. 9. 787 vermutlich nicht original
14. 5. 812 gemeinsame Quelle mit *Annales Laurissenses* [Lorsch]
5. 2. 817 als Sonnenf. berichtet, tatsächlich Mondfinsternis
7. 7. 818 gemeinsame Quelle mit *Annales Laurissenses*

?. ?. 832 kann mit keiner Finsternis identifiziert werden
5. 5. 840 Originalbericht.
29. 10. 878 Originalbericht.[410]

Wir erkennen aus dieser kurzen Liste, daß zwei Klosterchronisten über eine Distanz von 140 km Kontakt hielten und daß ihre Angaben durch heutige Rückrechnungen keineswegs immer bestätigt werden. Newton hat also für knapp 60 überlieferte Sonnenfinsternisse lediglich 379 voneinander unabhängige Berichte gefunden, die dann im Schnitt *jeweils viermal* von anderen Chroniken oder Annalen wiederholt worden sind. Das wirft ein helles Licht auf die Abhängigkeit der Quellen zwischen Island und Jerusalem.

Genauso klar ist, daß die Chroniken keineswegs permanent begleitender Berichterstattung entstammen. Dagegen sprechen die vielfältigen, aussagekräftigen Fehler: »Insgesamt beträgt die Standardabweichung der Sonnenfinsternisdaten in den mittelalterlichen Berichten etwa 30 Jahre für alle Berichte. Wenn die zwei Fehler, die direkt mit dem großen Osterzyklus von 532 Jahren verknüpft sind, eliminiert werden, beträgt die Standardabweichung ungefähr 3 Jahre. Die vorliegende Studie hat sich nur mit den Fehlern bei der Jahresangabe von Finsternissen befaßt. Es gibt aber auch Fehler der Tagesangabe innerhalb der Jahre. Ich habe diese Fehler nicht aufsummiert; sie sind zahlreich, aber sie sind vermutlich nicht so zahlreich wie die Irrtümer bei der Jahresangabe.«[411]

Wenn Jahreszahlen häufiger als die Tagesdaten falsch sind, dann sind diese Chroniken weder Tag für Tag noch Monat für Monat, nicht einmal Jahr für Jahr geschrieben worden, sondern deutlich später, im Rückblick. Wenn sogar Fehler enthalten sind, die 533 bzw. 550 Jahre vom richtigen Datum entfernt liegen, so ist eine derartige Chronik eben sehr, sehr viel später geschrieben und wohl auch mit rückgerechneten Daten versehen worden. Nachdem etliche Finsternisse berichtet werden, die heute durch Rückrechnung nicht bestätigt werden können, muß offen bleiben, ob sie falschen Rückrechnungen früherer Zeiten geschuldet sind, oder ob die Berichte heute deshalb nicht bestätigt werden können, weil heutige Rückrechnungen keine Phantomzeit berücksichtigen.

So eng standen die klösterlichen Schreiber im wechselseitigen Kontakt. Es kann keine Rede davon sein, daß mitteleuropäische Klöster als einsame Rodungsinseln inmitten von Urwäldern ihr Dasein fristeten. Aber die Forscher wissen das natürlich, sonst stünde nicht in Quirins Standardwerk der lapidare Satz zu karolingischen Annalen: »Man lieh sich die Aufzeichnungen untereinander aus und schrieb sie fleißig ab.«[412]

Biographische Notizen im frühen Mittelalter?

Wir können getrost davon ausgehen, daß die schreibkundigen Mönche eine gemeinsame geschichtliche Vorgabe kannten und sich an sie hielten. Sie entwarfen dann ihre lokale Ortsgeschichte, die in vielfältiger Gestalt an andere Klöster weitergegeben worden ist. Auf diese Weise konnten Gestalten in einem einzigen Kloster fiktives Leben gewinnen, das sich dann relativ schnell vervielfältigte. Selbstverständlich entstanden daraus keine »stimmigen Biographien«, wie Althoff unterstellt,[413] sondern allenfalls Streiflichter auf einzelne Namen.

Ansonsten wäre man »in der Provinz« produktiver als bei Hofe gewesen. Es ist an jene Tausende von Karls Vasallen zu erinnern, von denen nur ein jammervoll geringer Teil namentlich bekannt ist. Kannte Donald Bullough 1966 gerade zwei Namen, so schraubte Walther Kienast in lebenslanger Arbeit bis 1990 die Zahl auf 24 hoch – ein furchtbares Armutszeugnis für zeitgenössische Hofberichtserstattung, aber ein schlagender Beweis für effiziente Erfindung. Niemand hat versucht, die mindestens 1000 »vassi dominici« und die vielleicht 30 000 adligen Vasallen von Karl auch nur zu erinnern, geschweige ihnen eine Biographie zu verschaffen. Es wurde lediglich eine leere Staffage errichtet, der jegliches Leben abgeht.[414] Auch Geschichtserfinder müssen an Ökonomie und Effizienz denken.

Wir können auch Althoff gegen Althoff zitieren. Seine Biographie von Otto III. ist ein durchgehender Beweis dafür, wie wenig wir gegen 1000 vom Kaiserhof und seinen Protagonisten wissen.[415] Wenn im 8. und 9. Jahrhundert über x-beliebige Privatpersonen oder auch Mönche mehr berichtet worden ist als über die zeitgleichen Vasallen Karls oder mehr als über die Figuren an Ottos Hof, dann haben die Verwalter karolingischer Schriftlichkeit wesentliche Fragen noch gar nicht gestellt.

Zur Urkundenlage

Hier ist anzufügen, daß uns keineswegs Hunderttausende von Handschriften vorliegen. Natürlich gibt es fast zahllose Urkunden, aber wie viele stammen nun wirklich aus der fraglichen Zeit? Die meisten von ihnen sind längst als spätere Abschriften eingestuft. Damit ist die für sie notwendige Schreibarbeit ohnehin später, außerhalb der erfundenen Zeit, aufgebracht worden, wobei man in allzu vielen Fällen überhaupt nicht weiß, aus welchem Grund manche zeitgebundene Urkunde etliche Jahrhunderte später überhaupt noch einmal abgeschrieben worden sein sollte. Erst mit der Phantomzeit-These wird eine Antwort möglich.

Die dem 7., 8. und 9. Jahrhundert zugerechneten Originale sind keineswegs so erfaßt, daß ihre Zahl zweifelsfrei feststünde. Anfänglich geisterten sogar fünf- und sechsstellige Zahlen durch die Diskussion; laut A. Borst geht es um etwa 7 000 Handschriften der Karolingerzeit.[416] Wenn wir der rechnerischen Einfachheit halber von der fünffachen Anzahl, also von 35 000 ausgingen, um die verlorenen einzuschließen, und von lediglich 350 Klöstern in Europa, dann entfielen auf jedes Kloster 100 Urkunden. Wieviel Jahre, Jahrzehnte oder Jahrhunderte standen für ihre Schaffung zur Verfügung?

Die merowingischen Königsurkunden

Um diese Frage beantworten zu können, müssen wir uns erst über den Unterschied zwischen »originaler Urkunde« und »Originaltext« sowie über die Fälschungsmengen klarwerden. Ich bin 1997 von Theo Kölzer verhöhnt worden, daß ich jene merowingischen Königsurkunden, die er gerade ediere, zu »vermeintlichen Phantomen« degradieren würde.[417] 1998 ließ sich Kölzer dann als jener untäuschbare Geist feiern, der immer mehr dieser vermeintlichen Phantome in wissenschaftlich geprüfte Phantome verwandle.[418]

Dabei geriet er in zu helles Licht. Denn sein Triumph, daß nun mehr als 60 % als Fälschungen entlarvt seien, ist deutlich zu relativieren. Schon vor zehn Jahren galt etwa die Hälfte der merowingischen Königsurkunden als Fälschungen. Da es um einen Gesamtbestand von 194 Urkunden geht, hat Kölzer rund weitere 20 Urkunden als Fälschungen entlarvt. Bei meinem Ansatz, der die Merowinger zwischen 476 und 614 und damit immerhin in der ersten Hälfte gelten läßt, müßten keineswegs alle ihre Königsurkunden tatsächlich Fälschungen sein. Ob aber aus diesen frühesten Zeiten überhaupt ein Original überlebt hat, wird Kölzer sicher bald beantworten können.

Da seine Edition noch nicht abgeschlossen ist, ziehen wir einen vergleichbaren Corpus an Urkunden heran: die langobardischen Königsurkunden. Sie sind von Carlrichard Brühl herausgegeben worden und ermöglichen uns einen erstaunlichen Einblick in die Tätigkeit der Fälscher und ihrer Verfolger.[419]

Die langobardischen Königsurkunden

Die Langobarden drangen 568 unter ihrem König Alboin in Italien ein, wo sich ihre Königsreihe von 574 bis 774 fortsetzt. Damals wurden sie von Karl d. Gr. besiegt und dem fränkischen Reich eingegliedert.

Brühl hat von den insgesamt 70 vorliegenden Schriftstücken 22 gelehrte Fälschungen des 19. Jahrhunderts und 2 spätmittelalterliche Fälschungen abgetrennt und die verbliebenen 46 Urkunden ediert.[420] Sie wurden erkannt als 11 Ganzfälschungen, 5 Grobfälschungen, die immerhin eine echte Vorlage erkennen lassen, 10 verfälschte und interpolierte Urkunden, 4 nicht im vollen Wortlaut überlieferte Präzepte und 2 aus anderen Gründen ausgeschiedene Diplome. So blieben schließlich 14 Urkunden übrig, »die inhaltlich echt und in der Textüberlieferung als einwandfrei bezeichnet werden können«.[421]

Bedeutet diese Aussage, daß die Urkunden nun wirkliche Originale sind und aus der fraglichen Zeit vor 774 stammen? Auf diese schlichte Frage gibt die Diplomatik, also die Urkundenlehre, eine komplexe Antwort. Eine Urkunde mit einwandfreiem Text muß keineswegs als Original vorliegen, sondern kann ebensogut eine viel, viel spätere Abschrift sein, bei der sich die Wissenschaft überzeugt hat, daß sie den Originalwortlaut wiedergebe. Das aber ist ohne ein wirkliches und vergleichbares Original sehr schwierig. Hier zieht diese Wissenschaft alle Register. Da müssen die Datierungen genauso der jeweiligen Zeit entsprechen wie das Eingangsprotokoll mit Invocatio, Intitulatio und Inscriptio oder das abschließende Eschatokoll mit Subscriptio und Apprecatio. Uns geht es hier nicht um diese Fachbegriffe, sondern nur um die Vergleichbarkeit.

Bei den langobardischen Königsurkunden fällt zunächst auf, daß die erhaltenen Stücke mit einer einzigen Ausnahme aus Zeiten stammen, in denen das langobardische Königreich bereits untergegangen war. Nachfolgendes Tableau nennt in

Zeile (A) die Anzahl von Urkunden, die laut Datierung oder Zuweisung aus dem 7. und 8. Jahrhundert stammen, in Zeile (B) hingegen die erhaltenen Abschriften in ihren ermittelten Entstehungsjahrhunderten.

Jh.:	7.	8.	9.	10.	11.	12.	13.	14.	15.	16.	17.
(A)	7	39	–	–	–	–	–	–	–	–	–
(B)	–	1	7	8	11	10	5	–	–	1	3

Bei der einzigen zeitlichen Überschneidung, also bei der einzigen Chance auf ein Original, versagt die Methode zwangsläufig: »Es gibt nur eine einzige Urkunde, über die man sich in der Forschung immerhin streitet, ob es sich um ein Original handelt oder nicht. Aber weil es nur eine Urkunde ist und somit die entscheidende Möglichkeit des Vergleichens fehlt, wird sich dieser Streit niemals mit letzter Gewißheit entscheiden lassen, obwohl mit recht hoher Wahrscheinlichkeit gesagt werden kann, daß nur eine etwa gleichzeitige Abschrift vorliegt. Einen einleuchtenden Grund für das völlige Fehlen von Originalen langobardischer Königsurkunden wüßte ich nicht zu nennen, denn langobardische Privaturkunden sind in großer Zahl original überliefert.«[422]

Wie ist Brühl nun vorgegangen, um unter den Abschriften jene herauszufinden, die den Originaltext bringen? Er prüft nicht nur die erhaltenen Pergamente, sondern auch die einschlägige Sekundärliteratur sehr genau. Er erkennt Überarbeitungen und Daten auf Rasur, also auf ausgekratztem Text stehend, bemerkt eine absichtlich ausgebrannte Datierungszahl und sieht unglaubliche Abschreibefehler. Aus diesen unterschiedlichen Befunden schließen manche Forscher bei einem Stück auf glatte Fälschung, während andere einen echten Kern nicht ausschließen; oder sie entlarven eine Fälschung, die immerhin nach echter Vorlage erstellt worden sein müßte. Manchmal lassen sich sogar die Fälscherhände identifizieren: »Die Monte Cassineser

Fälschungen haben schon lange internationalen Ruf«,[423] oder: Das Kloster S. Vincenzo al Vulturno »war wie S. Pietro in Ciel d'Oro zu Pavia, wie Monteamiata und Nonantola und schließlich auch wie Montecassino [...] ein bedeutendes Fälschungszentrum, in dem man sich keineswegs auf die Fertigung langobardischer Königsurkunden beschränkte«.[424]

Die Einzelprüfung bringt ganz erstaunliche Befunde, die den Glauben an verbürgte Echtheit arg strapazieren. So hakt es gleich bei D1, dem vermutlich ältesten Dokument. Seine Datierung steht nur vage für den 24. 7. 613, weil die Datierung »hoffnungslos korrumpiert« ist; es ist »stark überarbeitet«, ohne Subscriptio, mit höchstens einem echten Kern. Insofern wird die Abschrift ins 9., aber auch ins 10. oder 11. Jahrhundert datiert, wobei Brühl auch noch Korrekturen des 15./16. Jahrhunderts erkennt.[425]

Was soll man von Exemplar D6 halten, das in der zweiten Hälfte des 13. Jahrhunderts geschrieben worden sein muß, aber einen Text vom 23. 10. 674 wiedergibt. Es ist »sehr verderbt überliefert«, mit »unglaublichen Abschreibefehlern«.[426] Und doch gilt: »An der Echtheit von D6 [kann] nicht gezweifelt werden. Das Stück ist nur lückenhaft in sehr schlechter Abschrift überliefert. Das macht zahlreiche Emendationen [= Aussondern nachweisbarer Fehler] erforderlich – die Lücken lassen sich leider nicht ergänzen –, ändert aber nichts daran, daß D6 die älteste echte, d. h. nicht überarbeitete langobardische Königsurkunde ist.«[427] Hier wird aus einem mehr als 500 Jahren späteren Text ein uraltes Original geschlußfolgert, wobei die Frage völlig offen ist, warum eigentlich nach so langer Zeit überhaupt noch eine Abschrift notwendig geworden wäre. Schließlich hatten sich die langobardischen Könige seit mehr als 400 Jahren aus der Geschichte verabschiedet.

Die Urkunde D7 vom 9. 11. 688 ist nur aus einer Abschrift von 1627 bekannt, die ihrerseits nicht nach dem Original, sondern nach einer Abschrift zwischen 774 und 780 gefertigt worden sei. Gleichwohl haben »wir es somit überraschenderweise mit einer ungewöhnlich guten Überlieferung zu tun«, obwohl im 8. Jahrhundert »im Sinne der Zeit ›modernisiert‹, d. h. überarbeitet«.[428]

Da gibt es auch D24. Ihr Original soll aus den Jahren 749 bis 751 stammen, die interpolierte, also veränderte und verfälschte Abschrift aus dem 11. Jahrhundert; die Datierung fehlt, die Subscriptio ist fragwürdig, aber der Inhalt gilt als unbezweifelbar echt![429]

Und ab D31 gelten offenbar ganz besonders mildernde Umstände. Diese Abschrift aus dem 12. Jahrhundert gibt in interpolierter Form bei nur etwa zur Hälfte überliefertem Text ein Original vom Januar 759 wieder. Das »oft völlig aus den Fugen geratene Latein« geht zu Lasten der Abschreiber, nicht der Kanzlei des Langobardenkönigs – genauso wie bei den Exemplaren D33, D36–42 und D44. Für all diese Stücke gilt, daß ihre substantielle Echtheit »ganz außer Zweifel« steht, obwohl sie nicht gut überliefert sind. Deshalb sind sie von grundlegender Bedeutung für unsere Kenntnis der langobardischen Königsurkunden.[430]

Die Reihe schließt mit den Dokumenten D45 und D46, beides Ganzfälschungen aus der Zeit um 1120/25, wobei im ersten Fall als Fälscher der Verfasser des Chronicon Vulturense erkannt worden ist, der vielleicht mit Abt Johann VI. des Klosters S. Vincenzo al Vulturno identisch ist.[431]

Schließlich sollte man noch bedenken, wie die Forschung weiterschreitet: »Mit Recht betont Classen, daß erst 739, d. h. mit D14, eine ›Reihe von 20 sicher echten Urkunden‹ beginnt, die die Grundlage unserer Kenntnis der langobardischen Königsurkunden bildet.«[432] Brühl selbst läßt aber nur noch 14 Urkunden als inhaltlich echt gelten. Was bleibt da noch von unserer Kenntnis dieser Königsurkunden?

So zerbröckelte dieser erhabene Urkundenbestand den Forschern unter den Händen. Es ist nicht voreilig zu behaupten, daß auch die verbliebenen Reste an Authentizität auf Null gehen werden, wenn man sie im Lichte der Phantomzeit-These erneut prüfen wird. Dann hätte man sofort den bislang vermißten Grund, warum sich keine originale Königsurkunde erhalten hat. Bei den von Brühl erwähnten Privaturkunden wäre als erstes die Frage zu stellen, inwieweit ihre Datierungen richtig zugeordnet werden, da es sich nur um relative handelt. Dann käme man den einst so emsigen Fälschern weiter auf die Schliche, obwohl schon bislang die Ausbeute sehr beachtlich ist:

»In engem Zusammenhang hiermit steht die Frage nach der Arbeitsweise des Petrus [Diaconus], die in vieler Hinsicht der des Johannes von S. Vincenzo ähnelt. Auffällig ist bei beiden, wie häufig sie sich doppelte und dreifache Arbeit machen: eine Fälschung genügt nicht, es müssen auch noch eine oder gar mehrere ›Bestätigungen‹ hinzugefälscht werden. So ist D30 nur eine ›Bestätigung‹ der gleichfalls gefälschten Gisulf-Urkunde, D45 eine langatmige ›Begründung‹ für D46; umgekehrt enthält DD Karol. I $^{+}$255 praktisch nichts, was nicht auch in D34 stünde, und aus den vier Fälschungen auf den Namen Karls hätte ein ›ökonomischer‹ Fälscher bequem ein Diplom gemacht. Diese Großzügigkeit im Schaffen ständig neuer Spuria [lat. ›Hurenkinder‹] läßt andererseits die ohnehin starke Vermutung fast zur Gewißheit werden, daß es für alle diese Stücke nie ein angebliches Original oder auch nur eine beglaubigte Abschrift im Klosterarchiv gegeben hat. Einziges Beglaubigungsmittel war eben die Chronik oder das Register, und was diesen an rechtlicher Beweiskraft fehlte, wurde durch die Masse des gebotenen Materials wettzumachen versucht. Im Falle von Montecassino hat Petrus mit diesem System einen vollen Erfolg bei Kaiser Lothar verbuchen können, den er zu der umfangreichsten Besitzbestätigung, die sein Kloster je erhalten hat – sie enthält nach *Caspar* 659 Kirchen, Klöster, Burgen und Höfe –, mit Hilfe seiner zahlreichen Fälschungen zu bewegen vermochte. Nach diesen Ausführungen über die vielleicht interessanteste, gewiß aber produktivste Fälscherpersönlichkeit des Mittelalters verlassen wir den Bereich der Fälschungen.«[433]

Diplomatiker stellen regelrechte Guinness-Rekordlisten auf, in denen sie die Findigkeit und Produktivität der Fälscher-Klöster klassifizieren. All diese Bewertungen geschehen aber grundsätzlich in der Meinung, daß es in den alten Zeiten tatsächlich Originale gegeben hat, auch wenn man kein einziges kennt. Nach bislang geübtem Usus nimmt sich der Diplomatiker einen Stapel von Urkunden vor und bildet nun nach bestem Wissen und Gewissen vier Häufchen: ein besonders kleines für die unbezweifelten Originale, ein kaum größeres für unverfälschte Abschriften, ein größeres für teilweise Originalinhalte und ein letztes, stetig wachsendes für erwiesene Fälschungen. Im Licht meiner These kann es keine Originale aus der Dunkelzeit gegeben haben; folglich scheidet der Spezialist nur verschieden gute Fälschungen voneinander, die er ruhig auf ein und denselben Stapel zurücklegen kann.

Für die Mediävistik ist im Zweifelsfall immer die Urkunde das entscheidende Mittel zum Erkennen einstiger Wahrheit. Diese Zunft hat aber längst durch geduldige Untersuchungen bewiesen, daß nichts leichter fälschbar ist als Geschriebenes. Damit verglichen hat ein tief im Boden entdeckter Fundamentstein als Argument tonnenschweres Gewicht. Denn wohl niemand wird heimtückisch einen Fundamentstein legen, nur um einen vormaligen Kirchenbau vorzutäuschen – das ist mit einer Urkunde ungleich leichter, eleganter und effizienter zu bewerkstelligen. Dasselbe gilt natürlich für das Fehlen eines solchen Steines, denn selbst bei einem Neubau an gleicher Stelle bleibt fast immer das alte Fundament im Boden, wird vielleicht sogar mit dem neuen Fundament verbunden, um die Stabilität noch zu erhöhen.

Obwohl die Mediävisten keine derartigen evidenzbezogenen Prüfungen vornehmen, schmilzt die Zahl der Originale aus dem erfundenen Mittelalter stetig und unaufhaltsam. Wir sehen eine

Wissenschaft bei der emsigen Arbeit, den sie tragenden Ast unentwegt zu schwächen und in Mißkredit zu bringen. Sie wird eines Tages zwangsläufig mitsamt ihren Schriftbelegen abstürzen.

Gleichwohl wird mir immer wieder vorgeworfen, daß ich die Urkunden nicht achte, nichts von Diplomatik und Paläographie, also von den alten Schriften verstünde und vor allem nicht dem Credo zustimmen würde, wonach »die schriftlichen wie archäologischen Quellen nicht in Gänze nachträglich gefälscht sind und so als Zeugnisse ihrer Zeit betrachtet werden müssen«. Natürlich kann ein Wissenschaftler einem solchen Credo, wie es Helmut Flachenecker gegen mich formuliert hat,[434] nicht zustimmen. Skeptisch, wie er von Berufs wegen sein muß, wird er allemal prüfen, ob ein Zeitabschnitt nicht nur auf Pergament, Papyrus oder Papier existiert, sondern auch weniger leicht fälschbare Spuren hinterlassen hat.

Die Mediävistik und ihre aktuellen Probleme

Nun hat mich die Fakultät zwar über wie unter der Gürtellinie attackiert und kaum ein gutes Haar an mir und meinen Arbeiten gelassen, aber zumindest hat sich einer ihrer führenden Köpfe Gedanken gemacht. Johannes Fried hat nicht nur mein Buch wegen negativer, destruktiver, ja gefährlicher Phantasie in Mißkredit gebracht,[435] sondern auch an einer Übersicht für die Mediävistik zum Jahrhundertende mitgearbeitet.[436]

Dort hören wir nichts mehr von der unzulässigen »›Karlslüge‹« eines »›Karlsleugners‹« und von dräuenden Katastrophen, sondern ganz andere Töne. Zunächst gibt J. Fried selbst einen weiteren Hinweis für das von mir aufgedeckte »Pilgerschrittverfahren«, bei dem im 10./11. Jh. noch einmal entdeckt wird, was im 8./9. Jh. schon selbstverständlich war: »Herbert Grundmann, der als einer der führenden Repräsentanten dieser Richtung

[Kenntnisnahme von Texten, die zuvor ein eher randseitiges Dasein fristeten] genannt werden muß, verwies unter anderem auf die Quedlinburger Annalen als Exempel für einen generellen Trend im ottonischen Reiche, daß ›deutsche Klöster gleichsam noch einmal von vorn mit der Aufzeichnung sporadischer Notizen‹ begonnen und bald ›mehr und mehr Zeitgeschichte‹ aufgenommen hätten.«[437]

Fried bringt mit dieser Verdopplung einen Fund, der sich nahtlos in meinen Argumentationsstrang einfügt. Er hatte sich auch bei Attacken gegen meine These ein Hintertürchen offengehalten, einen Fluchtweg hin zu einem ganz neuen Geschichtsbild: »Ich muß daran erinnern, daß gegenwärtig mit großem wissenschaftlichen Aufwand eine These diskutiert wird, die das Gros der bislang für original überliefert, also unzweifelhaft echt gehaltenen karolingischen, ottonischen und salischen Königsurkunden zu Fälschungen der ersten Hälfte des 12. Jahrhunderts erklärt. Unsinn? Irrtum? Oder der erste Schritt zu grundstürzendem Umdenken?«[438]

Zweifel ringsum

Die These stammt von dem Rechtsgelehrten Hans Constantin Faußner, der sie 1986 zweimal vertreten hat. Diskutiert worden ist sie aber in den letzten zehn Jahren offenbar nirgends, sonst hätte der exakte Fried hier eine Zitation angefügt, wie er es auf derselben Seite getan hat, wenn er über den uns bekannten »Fall Benedikt« spricht.[439]

Es hat auf dem Kongreß über Fälschungen eine kurze Diskussion gegeben, in der aber lediglich festgestellt wurde, wer über echt und falsch entscheiden darf. Carlrichard Brühl konstatierte damals, 1986, gegen Faußner: »Eben darum muß ich mit allem Nachdruck auf dem Primat der Diplomatik bei allen Untersuchungen beharren, zu denen Urkunden herangezogen werden. *Erst* kommt das Urteil des Diplomatikers, *danach* das Votum des Rechts-, Verfassungs- oder Wirtschaftshistorikers und nicht umgekehrt.«[440]

Weil der Rechtshistoriker Faußner zeitlich *nach* dem Urteil der Diplomatiker einfach sein eigenes Urteil aus rechtshistorischer Sicht abgegeben hatte und nicht verstehen wollte, daß er grundsätzlich kein primäres Urteil abgeben könne, wurde der Stab über ihm gebrochen. Nach Frieds Äußerung fertigt ihn Heide Dienst im Rückblick mit böser Ironie ab: »Da die Argumentation für diese absurden Behauptungen die Niederungen paläographisch-diplomatischer Gefilde völlig vermied, ist jede fachliche Diskussion verunmöglicht.«

Faußner zitiert abschließend Rudolf Schieffer, um danach selbst zu resümieren: »›Einwände gegen die Echtheit sind in letzter Zeit mit allgemeinen Theorien, jedoch ohne jede Würdigung des diplomatisch-paläographischen Befundes erhoben worden.‹ Auf die *rechtshistorischen* Befunde einzugehen erübrigt sich für *Schieffer,* da sie ja von vornherein für die Echtheitsfrage unerheblich sind. »So hat es im Grunde keine Diskussion gegeben, sondern nur die Ausgrenzung der rechtshistorischen Position aus der Diskussion der Diplomatiker.«

Frieds Fluchtweg führt über eine zweite These »Könnten nicht nur diese [Königs-]Urkunden, sondern überhaupt die fraglichen Chroniken und Artefakte Fäden im Gespinst von ›Karlslügen‹ sein? Zumal die berühmtesten aller Annalen, die karolingischen ›Reichsannalen‹, die – auch das eine aktuelle wissenschaftliche These – eine am Hofe Karls des Großen verfälschte Geschichte notierten und die Historiker bis heute in heftige Kathederkämpfe treibt?«[441]

Diese aktuelle These stammte von Matthias Becher und von 1993, war also damals erst drei Jahre alt, weswegen vielleicht noch keine Diskussion zu gewärtigen war. Beide Hinweise wirkten so, als ob schon Material bereitgestellt würde, um die Priorität im Dorf zu behalten, sprich dem unliebsamen Herausforderer zumindest die Priorität seiner Idee abzusprechen.

Patrick J. Geary findet im selben Buch wie Fried zu einem ganz anderen Blick auf die Fiktionalität von Quellen, wenn er die Abgenzung der »›neuen amerikanischen Schule der Sozialgeschichte‹« vornimmt: »Diese [ihre] Arbeiten sind zu einem großen Teil der französischen sozialgeschichtlichen Forschung verpflichtet, unterscheiden sich davon aber sowohl durch die Anwendung anthropologischer Methoden auf die Untersuchung mittelalterlicher Kulturen und Gesellschaften, als auch dadurch, daß sie bestrebt sind, historische Quellen – archivalische ebenso wie narrative – als ›literarisches‹ Konstrukt, als verschriftlichte Fiktion anzusehen, durch die ein Weltbild geschaffen werden soll, das mit der spezifischen Wirklichkeit nicht übereinstimmt, die aber diese Wirklichkeit so sehr vorspiegeln, daß sie sie geradezu herbeirufen und existent erscheinen lassen. Diese Art von Geschichtsbetrachtung ist keine politische, sondern vielmehr, Foucault folgend, eine, die mehr an den (dem sozialen Beziehungsgeflecht innewohnenden) Machtfaktoren interessiert ist als an den formalen Institutionen der Herrschaft.«[442]

Hier wird, zwei Jahre nach Erscheinen meines eigenen Buches, den heißgeliebten Schriftquellen bereits mit gehöriger Skepsis entgegengetreten, die sich vermutlich kaum von der meinen unterscheidet: Verschriftlichte Fiktion zum Vorspiegeln von Wirklichkeit ist eine deutliche Sprache. Und Fried steht Geary plötzlich in nichts nach: »Das Thema ›Fiktionalität beim Umgang mittelalterlicher Geschichtsschreiber mit historischen Fakten‹ wirkt noch heute auf manch einen Historiker vom Fach wie ein rotes Tuch: man raube ihm den Widukind von Corvey.«[443]

Frieds Panoramablick

Und dann zeichnet Fried eine ganz große Perspektive über fast zwei Jahrhunderte Geschichtswissenschaft und fünf Entwicklungsstufen:

1) Handschriftenstudien und kritische Editionen (19. und frühes 20. Jahrhundert);
2) Kenntnisnahme von bislang randseitigen Texten (ab 1920);
3) Entwicklung der funktionsgeschichtlichen Quellenanalyse;
4) Beachtung von Dingen, »die auch mit Hilfe der geistesgeschichtlichen und funktionalistischen Brille nicht zu sehen waren«. Unter vielen massenhaft auftretenden Phänomenen nennt Fried sogar Scherben und Pollendiagramme;
5) der wissenssoziologische Zugriff der jüngsten Zeit, der sogar Bildzeugnisse und Kunstwerke einbezieht.

Daraus gewinnt Fried ganz neuen Einblick in den alten, wohlvertrauten und gutbehüteten Elfenbeinturm, den kein verschlossenes Portal, sondern plötzlich eine Reihe offener Fenster auszeichnet:

»Ziehen wir eine Zwischenbilanz: Fünf höchst divergierende Zugangsweisen, die ich als Stufen wachsender Fähigkeit zur Analyse komplexer Sachverhalte, als unterschiedliche Fenster eines Aussichtsturmes begreife, folgten einander. Isoliert genutzt, gewährt keines von ihnen einen annähernden Überblick über das Ganze der Vergangenheitslandschaft; starr lenkt es den Blick in eine Richtung, hält ihn auf ein Segment und eine Horizonthöhe fixiert. Gemeinsam und abwechselnd einbezogen fordern sie hohe Flexibilität, immer neue Orientierung, belohnen aber die Mühe mit Horizonterweiterung. Methodologische Verbindungstreppen zwischen den Fenstern erleichtern den Wechsel vom einen zum anderen und erlauben, das jeweils Wahrgenomme[ne] mit den Wahrnehmungen aus allen anderen zu vereinen. Zugegeben, nicht jeder Historiker bewegt sich mit gleichem Geschick über die Stiegen, der eine oder andere stolpert wohl auch, irritiert von der Fülle und Komplexität der Informationen, die er nun vor sich hat, gerät ob dem Hin und Her gar außer Atem und richtet sich erschöpft oder behaglich hinter einem einzigen Fensterchen ein, zufrieden mit der kleinen Welt, die er von dort erkennt. [...] Mißverständnisse, aber auch Fehldeutungen sind unvermeidlich. [...] Ist vielleicht, eine schreckliche Vision, die ganze und, gestehen wir es uns ruhig ein, seit den ›Regesta Imperii‹ für abgeschlossen gehaltene Arbeit der Quellensichtung, weil nur aus einem Fenster gewonnen, von vorne zu beginnen, mit Konsequenzen für das Geschichtsbild, die noch kaum auszumalen sind?«[444]

Fried wagt hier den Blick auf die versteinernde Medusa und tritt perseusgleich an die Spitze jener unerschrockenen Gelehrten, die bereit sind, auch das Ärgste zu ertragen, nämlich das völlige Umkrempeln ihres Geschichtsbildes. Das ist sehr mutig und ungemein zu begrüßen, hatte er doch nur Monate früher die Parole ausgegeben: »Die Garde stirbt und ergibt sich nicht.«[445]

Unverständlich bleibt allerdings, warum Fried nicht gleich noch ein paar weitere Fenster öffnet. Das liegt wohl daran, daß sein simultaner Blick durch fünf Fenster hindurch noch immer zu 95 % auf Urkunden fällt. Da bin ich weiterhin voraus. Bei meinem Vortrag an der Universität Paderborn sprach ich über dieselbe Problematik und führte als meine »Fenster« unter anderem an:

Architekturbefund contra Architekturgeschichte,
Architekturbefund contra Quellen,
Archäologie contra Quellen,
Bereitschaft, Axiome als solche zu erkennen,
Zuziehung anderer Wissenschaftsdisziplinen.[446]

Erst wenn Fried und die Seinen endlich den verkannten »Hilfswissenschaften« den ihnen zustehenden Platz einräumen, wird sich der Aussichtsturm vor neuen Erkenntnissen kaum mehr retten können. Ob Elfenbeinturm oder Quellenkuckucksheim – solange sich die Insassen gegen jeden Abgleich zwischen Pergament und steinharter Realität sperren, so lange werden sie nur entsetzt und verständnislos beobachten können, wie ein scheinbar festgefügtes Werk zu Staub zerfällt.

Die Ausgestaltung des erfundenen Mittelalters

Wir kommen damit zu der wichtigen Frage: Wie lange? Der Entschluß, die Uhr vorzudrehen, war relativ leicht zu bewerkstelligen, gewissermaßen direkt nach der Entscheidung umsetzbar. Es galt »lediglich«, in den Chroniken nach einem neuen Startpunkt zu rechnen. Für viele offizielle Schriftstücke war das ohnehin kein Problem, nur im Westen wurden Urkunden nach Christi Geburt datiert, mußten also nach dem neuen Schema datiert werden.

Unter Otto III.

Wir finden vor wie nach der Jahrtausendwende Urkunden, die entweder falsche Datierungen tragen oder deren Datumszeilen geändert worden sind. Die Diplomatiker, also die Urkundenforscher, wissen das längst, Standardwerke wie jenes von Harry Breslau berichten seit vielen Jahrzehnten, daß die damaligen Notare größte Mühe mit dem kleinen Einmaleins und mit der aktuellen Jahreszahl gehabt haben müssen. Als das ein Außenseiter, Wilhelm Kammeier, hervorhob und zur Basis einer Verschwörungsaktion der Kirche gegen das deutsche Kaisertum machte, war erst die Verunsicherung und später die Empörung der Fachleute groß.[447] Seitdem behilft sich die Fachwelt so: Wer unsere Urkunden derart bezweifelt, wird als rechtsnational eingestuft.[448] Eine solche Diffamierung offenbart aber nur die eklatante Schwäche ihrer Position.

Doch mit dem Vordrehen und Umstellen der Uhr war es nicht getan. Viel aufwendiger war das Füllen der erfundenen drei Jahrhunderte. Wir haben davon gesprochen, daß eine Rohform vorgegeben und dann ausgefüllt wurde. Ich gehe nicht davon aus, daß dieser Vorgang binnen weniger Jahre abgeschlossen wurde. Wenn wir uns Karl den Großen als wichtigste Bezugsperson des Mittelalters herausgreifen, dann erkennen wir, daß dem ersten Impuls unter Otto III. weitere gefolgt sind. Sie mußten auch erfolgen, weil der zu schnelle Tod von Otto und Silvester dem Unternehmen zunächst die Stoßkraft nahm. Der sich seit 1060 anbahnende und seit 1075 offen ausgetragene Streit um die Investitur der Bischöfe und Äbte, *dem* Streit der beiden mittelalterlichen Großmächte Papst und Kaiser um die Macht, ließ beide Seiten auf Karl zurückgreifen.

Karls Krönung aus dem Blickwinkel des Investiturstreits

Seine Kaiserkrönung wurde zum Dreh- und Angelpunkt. Für die deutschen Regenten war es von größter Bedeutung, möglichst viele Errungenschaften auf Karls Schultern zu laden, wurde doch damit ihre wichtigste Bezugsperson übermenschlich groß, saßen sie selbst auf den Schultern eines Riesen. Gleichwohl war er in Rom vom Papst gekrönt worden: Hatte demnach selbst er das weltliche Schwert aus der Hand von Petri Nachfolger erhalten? Ging trotz aller Kriegskunst die eigentliche Macht vom Papst aus?

Wir wissen längst, daß aus gutem Grund drei Versionen in Umlauf gesetzt wurden: Krönung wohlvorbereitet, Krönung hinterrücks und schließlich keine Krönung.[449] Der angebliche Zeit- und Hausgenosse Karls, sein Biograph Einhard, spricht in Abschnitt 28 ein klares Wort zu Karls Romaufenthalt: »Bei dieser Gelegenheit erhielt er den Kaiser- und Augustus-Titel, der ihm anfangs so zuwider war, daß er erklärte, er würde die Kirche selbst an jenem hohen Feiertage nicht freiwillig betreten haben, wenn er die Absicht des Papstes geahnt hätte.« So spricht die kaisertreue Fraktion über die unvermeidliche Krönung.

Paderborn blickt 1999 auf den 1200. Jahrestag seiner vermeintlichen Gründung als Bistum zurück. Damals, 799, sollen Karl und Papst Leo bereits die Modalitäten für die Krönung im nächsten Jahr festgelegt haben. Auch die Schlüssel von Jerusalem, die ihm angeblich zur Krönung überreicht wurden, und die

Wasserorgel, die ihm Harun al-Raschid zuschickte, sollten rechtzeitig auf die Reise geschickt worden sein, zumal das Mittelmeer im Winter ungern befahren worden ist. Diese Indizien sprächen für eine lang vorbereitete Krönung.

Die dritte Richtung schließlich wußte weder von einer vollzogenen Krönung noch von ihrer gerade noch vermiedenen Zurückweisung, sondern gar nichts von einem Krönungsakt.[450] Sie trifft sich mit den Vertretern der unvermeidlichen Krönung.

Wie gesagt, auf dem Höhepunkt des Investiturstreits wäre es den »Kaisertreuen« am liebsten gewesen, wenn sich Karl selbst gekrönt hätte wie später Friedrich II. oder Napoleon. Nach meinem Ansatz gehört in dieses späte 11. Jahrhundert der Bau der Aachener Pfalzkapelle.[451] Hier sollte ein Raum geschaffen werden, der dem Herrn über Deutschland und Italien entsprach, die Herzkammer für ein zweites Rom, das selbstverständlich in Konkurrenz zum ersten stand. Deshalb orientierte man sich bei der äußeren Form – nicht bei der technischen Ausführung – nicht an einem römischen, sondern an einem byzantinischen Vorbild, an San Vitale in Ravenna. Dort sind obendrein Kaiser Justinian und seine Gattin, beide ausgezeichnet mit dem byzantinischen Nimbus, in der Apsis als Mosaikbild verewigt. Die Kirche als Mittel kaiserlicher Machtdemonstration: Das war das optische Vorbild.

Angeschlossen hat sich Frankreich unter seinem zeitweiligen Regenten, Suger von Saint-Denis, Abt von 1122 bis 1151. Unter Karls mythischem Banner, der Oriflamme, startete er einen regelrechten Propagandafeldzug für Charlemagne, mit dem die Kapetinger zu den echten Erneuerern des karolingischen Staatsgedankens wurden. Das Entstehen der französischen Nation war unmittelbar mit dem Karlsmythos verbunden.[452] Und so profitierte auch die zweitstärkste Macht vom großen Karl, genauso wie England, dessen Hochadel sich genauso von Karl herleitet wie der übrige europäische. Wo alle profitieren – das Fußvolk wird auch hier übergangen – wird keine Klage über den »pia fraus« laut werden.

Unter Friedrich I. und Friedrich II.

Aachen als kaiserlicher, karlsglorifizierender Platz: So hat es – in der dritten Entwicklungsstufe der Karlslegende – Friedrich I. Barbarossa verstanden. Möglicherweise ist erst zu Beginn seiner Herrschaft die Aachener Pfalzkapelle mit seinem Kuppelmosaik ausgestattet und damit vollendet worden.[453] Unter dieser Kuppel sollte der Karlsschrein stehen, den Barbarossa in Auftrag gab und den erst sein Enkel Friedrich II. zeremoniell verschloß. Damals bekämpften sich Kaiser und Päpste aufs erbittertste. Barbarossa inthronisierte einen Gegenpapst für die Heiligsprechung von Karl und propagierte die Wallfahrt weg von Rom nach Santiago; Friedrich II. ist zweimal mit dem Kirchenbann belegt worden. In der Stauferzeit sind wesentliche Bestandteile, nicht nur Ergänzungen der Karlsfigur erfunden worden. Ich habe bereits die Vermutung geäußert, daß Reichsannalen und Biographie Einhards erst dieser Zeit zuzuschreiben sind.[454] Beda Venerabilis, der die karolingische Renaissance auch im Kalenderwesen so gut vorbereitet haben soll, gehört ebenfalls in diese Zeit (s. o.).

Gerade das Leben Friedrichs II. spiegelt sich im Leben Karls wider. Christlicher Kaiser mit einem Harem, Besitzer eines gerade nördlich der Alpen ausgesprochen exotisch wirkenden Elefanten, Besitzer eines Zoos mit seltenen Tieren – zu Karl soll sich selbst ein Nashorn verirrt haben –, der Freund vieler ausländischer Berater, Freund auch der Juden, der Freund präziser Vorschriften mal zur Apothekerordnung, mal zum Pflanzen von Apothekenpflanzen – all das tritt nur zweimal mit großer Deutlichkeit in der deutschen Regentenliste auf: unter Karl I. und unter Friedrich II.

So setzt ein Mythos Jahresringe an, wird immer mächtiger,

um schließlich zur beherrschenden Sagengestalt des gesamten Mittelalters zu werden. Nachdem Friedrich II. 1250 stirbt, standen seit Otto III. rund 250 Jahre zur Verfügung, um die Karlsfigur mit immer mehr Leben zu füllen. Da sich bei unserer kleinen Überschlagsrechnung für jedes Kloster 100 Urkunden des frühen Mittelalters ergaben, hieße das, wieder in einem statistischen Mittel gerechnet, daß jedes Kloster alle zweieinhalb Jahre eine »alte« Urkunde erfunden und niedergeschrieben hat. Mit dieser Arbeit kann kein Skriptorium überfordert gewesen sein. Selbst bei nur 100 Jahren kreativer Fälschungszeit könnte unser Durchschnittskloster ein ganzes Jahr mit der Erzeugung einer einzigen Urkunde verbracht haben.

Zur Verschriftlichung im Abendland

Eines ist festzuhalten: Gegen 1130 wandeln sich die Textvorlagen für »fromme Murmler«, wie sich Ivan Illich ausgedrückt hat,[455] in Texte für aktive Leser. Sie erhalten Zwischentitel und Marginalien, ihr Inhalt wird mit alphabetischen Registern und anderen Indices aufgeschlüsselt und leicht zugänglich gemacht. Nicht viel früher setzt eine Welle der Verschriftlichung auch im juristischen Sinn der Eigentumsfixierung ein. War bis dahin der Immobilienbesitz weitgehend Gewohnheitsrecht, hergestellt durch die Erinnerung an frühere Zeiten, wurden jetzt die Besitzverhältnisse schriftlich fixiert, wobei Urkunden um kleinerer Ergänzungen willen verunechtet worden sind.[456] Die Wissenschaft hat kein Problem damit, daß bei dieser Gelegenheit in vielen Fällen die Karolinger und vor allem Karl d. Gr. bemüht worden sind. Wie konnte der eigene Besitz besser begründet werden, als wenn er aus einer Schenkung durch den allergrößten Kaiser herrührte? Insofern werden auch die 104 enttarnten Urkunden, die sich fälschenderweise auf Karl d. Gr. beziehen, nicht als heimtückische Fälschung angesehen. Hier wurde häufig legitimer Besitz durch die Zitation des Allergrößten in eine juristisch unanfechtbare Form gebracht.

So weit besteht Konsens. Wenig hinterfragt worden ist jedoch, warum bereits zur Karlszeit relativ viele Besitzurkunden ausgestellt worden sein sollen, warum gerade in dieser Zeit die Verzeichnisse bereits so ungeheuer viele Ortsnamen enthalten, deren Besitz damals festgeschrieben worden sein soll. Wir stehen vor dem Phänomen, daß nicht nur die Verwissenschaftlichung der Texte, sondern auch die Verschriftlichung von Eigentumsfestlegung zweimal begonnen hätte: einmal gegen 790 und – nach dem jähen Vergessen – einmal ab 1100. In einer speziellen Arbeit werden Gerhard Anwander und ich den quantitativen Nachweis für Bayern führen, daß zur Karolingerzeit sehr viele, allzu viele Orte urkundlich präsent sind, die aber erst Jahrhunderte später erneut genannt werden, während die faktischen, architektonischen Zeugnisse schon vor unserer Prüfung dicht bei Null liegen.[457]

Diese Verdopplung mit dazwischenliegendem völligem Vergessen, die sich genauso in der Architektur, in der Wehrtechnik oder in der astronomischen Präzision der Beobachtung zeigt,[458] tritt einfach zu oft auf, als daß wir immer noch davon ausgehen dürfen, daß die Franken gewissermaßen einen Frühstart ausgelöst hätten, von dem sie so gründlich zurückgepfiffen worden wären, daß der zweite Versuch erst 200 bis 300 Jahre später gewagt worden wäre.

Von diesem Konstrukt müssen wir uns trennen. So schön es ist, den ganz alten Karolingern zum Beispiel eine zukunftsweisende Kalenderreform oder eine aktive Plinius-Rezeptionsgeschichte zuzuschreiben, wie dies Arno Borst gerade erst getan hat[459] – es kann so nicht gewesen sein. Zwei überaus ähnliche Entwicklungsbögen, von denen der erste jäh beginnt und jäh endigt, während der zweite dann zur Basis für die mittelalterliche Fortentwicklung wird, sind ein zu unwahrscheinliches Modell.

Mit erfundener Zeit – oder ohne?

Dieses Buch belegt die erfundenen 297 Jahre mit faktischer Evidenz, die Zahl der Jahre mit Ärarechnungen, Bibelvergleichen und Kaiserabfolge, die Urheber und die Motive der Erfindung mit einer Fülle von Indizien. Wir sind den Fakten und Indizien allerorten begegnet: als archäologischen Befunden in der Alten Welt zwischen Island und Indonesien, als Hinweisen in Architektur, Kalenderrechnung und Archäoastronomie, bei Ketzern, Fegefeuer und Reliquienkult, bei apokalyptischen Ängsten und Millenarismus. Wir haben die Naturwissenschaften befragt und sind einem Kaiser Karl begegnet, der taggenau mit seiner Krönung ein neues Millennium beginnt, ohne deshalb Beachtung zu finden. Wir haben uns den vermeintlichen Kronzeugen dieser fraglichen Zeit zugewendet, also den Urkunden, und ihre immanenten Schwächen aufgedeckt. Daß sie mit den archäologischen und architektonischen Befunden nicht in Einklang gebracht werden können, war Generalthema des letzten wie auch dieses Buches. Daß der Gang abendländischer Verschriftlichung endlich verstanden wird und die Verwissenschaftlichung der Texte nicht mehr – wie so vieles andere – zweimal nacheinander einsetzen muß, sind erfreuliche Bestätigungen.

Immer wieder stießen wir auf Phänomene, die allein mit der Annahme einer Phantomzeit, mit Hilfe dreier erfundener Jahrhunderte verstanden werden können. Als finalen Aperçu führen wir zwei Phänomene zusammen, die auch beim zweiten Blick scheinbar nichts miteinander zu tun haben: Einmal die asturischen Bauten, die für ihre Qualität viel zu früh datiert sind, spielen sie doch bereits optisch mit der damals noch erdrückenden Last der Gewölbe (s. S. 107–110); zum anderen Kaiser Otto III. mit seiner Titulatur »servus Jesu Christi« aus dem Jahre 1000 (s. S. 193).

Die Mediävisten halten wenig von einem Endzeit- oder einem »Jahrtausendkaiser«[460] und relativieren deshalb Ottos einschlägige Titulaturen. So empfahl unlängst Odilo Engels, »die beiden Devotionsformeln erst in ihrer verzweigten Überlieferung« zu verfolgen, »bevor man sie zur Erklärung ihres Gebrauchs durch die ottonische Kanzlei heranzieht«. Er kann berichten, daß sich der asturische König Alfons II. (792–842) nach 800 nicht mehr als »famulus«, sondern als »servus Christi« betitelte.[461] So hätte Otto III. lediglich einen abgelegenen und veralteten Brauch imitiert.

Damit wird allerdings das Problem nur verschoben und erschwert, weil nun die 200jährige Tradierung vom asturischen zum »deutschen« Herrscherhaus begründet werden muß. Im Licht der hier präsentierten Thesen wird nicht Ottos erstaunliche Titulatur relativiert, sondern die asturische »Neuerung« in den rechten Bezug gebracht. Wir haben bereits die Bauten des asturischen Königreiches (718–910) aus Gründen architektonischer Evolution ins 10. und 11. Jahrhundert umdatiert. Dementsprechend erweist sich König Alfons II. als Erfindung, wohl des 11. Jahrhunderts. Das asturische Königreich wurde als allzufrühes Bollwerk gegen den Islam direkt vor 911 in die »dark ages« eingefügt und erhielt Bauten Leóns auch in einer Qualität zugesprochen, wie sie erst nach 1050 erwartet werden kann. Der scheinbar viel frühere Alfons erhielt die Titulatur Ottos und bestätigt so die verdoppelte Symbolik der Jahre 800 und 1000.

Es läßt sich abschließend eine Frage behandeln, die häufiger von Skeptikern aufgeworfen wird. Diese gestehen gerne zu, daß die Indizienlage sehr stark gegen ein Karolingerreich und eine karolingische Renaissance spreche. Gleichwohl gehe die These der obendrein erfundenen Zeit einfach zu weit; die Zeitachse dürfe nicht angetastet werden. Was geschieht mit unserem Szenario, wenn wir uns diesem Argument für einen Moment beugen? Dann wären die 297 Jahre wieder real, aber die auf Pergament so herrlich sprossende Karolingerzeit würde sich von der architektonischen und archäologischen Evidenz dieser Zeit nach wie vor dramatisch unterscheiden: keine Aachener Karlskapelle mehr, keine blühenden Landschaften mit Kirchen, Klöstern und Pfalzen, kein lebhafter Handel und Wandel, kein geistiger Aufschwung, keine Renaissance ...

Mit anderen Worten: Auch wenn die drei Jahrhunderte auf der Zeitachse blieben, ist die für sie berichtete und gelehrte Geschichte als Erfindung erkannt. Auch in diesem Fall wären alle Glanzpunkte, aber auch die Rückschläge einfach Erfindungen späterer Zeiten. So wäre in bezug auf die damals geleistete Erfindungsarbeit nichts einfacher geworden, im Gegenteil. Denn nun muß es in diesen drei Jahrhunderten reale Geschichte mit realen Menschen gegeben haben. Deren ursprünglich vorhandene Spuren müßten vollkommen verdeckt worden sein – ein Unternehmen, fast so mühsam und aufwendig wie die Erfindung selbst. Erst jetzt kämen wirklich Orwellsche Dimensionen hinzu. Und der Skeptiker müßte heute begründen können, warum die große Karolingerzeit so klein gewesen wäre, daß sie mit so vielen schönen Erfindungen geschmückt werden mußte.

So phantastisch die These vom erfundenen Mittelalter, von den nachträglich eingefügten Jahrhunderten anfangs klingt, so fruchtbar wirkt sie sich für die weitere Forschung aus, so furchtbar ist sie für all jene, die immer schon wußten, wie alles gewesen ist.

All jene, die sich fürs Mittelalter interessieren, ohne seine Rätsel lösen zu müssen, können gelassen beobachten, wie der

Streit ausgehen wird. Für sie stellt sich eine andere Frage viel dringlicher: Wann feiern wir? Dieses Buch hat neben vielem anderen Wissen auch eine alte Lebensweisheit umgestürzt: Feiern wir die Feste, wie sie fallen? Wer einmal verstanden hat, daß wir selbst unsere Zeitachse konstruiert haben, wird einem »seit ewigen Zeiten« tradierten Festtermin gründlich mißtrauen. Wir feiern das millenare Silvesterfest, wie wir es fallen lassen.

Anhang

Anmerkungen

(1) Isidor von Sevilla (ca. 560–636), um 630 n. Chr., besser um 930 n. Chr.; Borst 1990, 31
(2) Papke 1995, 112
(3) Borst 1998, 42
(4) Hans Maier 54
(5) Hans Maier 67
(6) Dionysius nach Hans Maier 72 f.
(7) Papke 1995, 113 f.
(8) Pedersen 27
(9) Dies sagt Johannes nicht explizit, sondern Papke addiert die bei Johannes genannten Passahfeste zusammen: Johannes 2, 13, 23; 6, 4; 11, 55; 13, 1; 18, 28; 19, 14, 31; Papke 1995, 70
(10) Papke 1995, 92 f.
(11) Borst 1998, 713
(12) Locquin 1998, 249
(13) Papke 1995, 93
(14) Ferrari d'Occhieppo [2]1977
(15) Papke 1995
(16) hierzu Herrmann 1998, 15–21
(17) Papke 1995, 184
(18) Papke 1995, 41–45
(19) Herrmann 1998, 42
(20) Papke 1995, 81 ff.
(21) Mucke, chronol. geordneter Katalog 1992

(22) Zu den regelmäßigen Störungen s. *Earth Rotation* 30 f.
(23) Papke 1995, 102, 123
(24) Herrmann 1998, 52 ff.
(25) Herrmann 1998, 72
(26) Wilckens 217
(27) Anonymus nach Hans Maier 87 f.
(28) Borst 1998, 86
(29) Ekrutt 51
(30) Der aus dem Sothis-Zyklus konstruierte Sothis-Kalender mit seiner Periode von 1 460 Jahren ist ein ägyptologisches Konstrukt, dessen Hinfälligkeit andernortes gezeigt wird: Heinsohn/Illig 1997, 20–33.
(31) Robert Musil (1913): Der mathematische Mensch; zitiert nach Kracke 230
(32) Earth Rotation 31
(33) Velikovsky 1950/1951
(34) Seleschnikow 57
(35) vgl. Bickerman 47
(36) North 80
(37) Buchner 10
(38) Buchner 13
(39) Buchner 76; Buchner überarbeitet gegenwärtig seine Rekonstruktion.
(40) McMann 25 f.
(41) Illig 1988
(42) Heinsohn/Illig 1997
(43) 8° laut Neugebauer 188 und Ulansey 114; 0° und 15° laut Papke 1989, 16
(44) Ulansey 1998, 68
(45) Reefschläger 1997
(46) Borst 1995, 203 f.
(47) Bleicken 1998, 516
(48) vgl. Illig 1991 b, 43
(49) Buchner 36
(50) Borst 1995
(51) Newton 1972, 26 f.
(52) Borst 1995, 203; 1998, 344

(53) Harvey 20; in diese Richtung auch Pedersen 42
(54) Borst 1995, 205
(55) Borst 1995, 216
(56) Borst 1998, 339
(57) Zemanek 29
(58) Borst 1998, 767
(59) Borst 1998, 764
(60) Ekrutt 63
(61) Chauve-Bertrand 87, 89
(62) Pedersen 40–46
(63) Newton 1977; Fomenko et al. 1993
(64) vgl. Coyne et al. 1983
(65) Pedersen 42 f.
(66) Pedersen 44
(67) Hans Maier 24
(68) Borst 1998, 86, 641, 647; die drei Hervorhebungen des Wortes »angeblich« von H. I.
(69) vgl. Borst 1990, 75
(70) Gregorovius 103, 113, 136
(71) Gregorovius 158
(72) Gregorovius 160
(73) Gregorovius 231
(74) vgl. Illig 1994
(75) Gregorovius 241
(76) Gregorovius 291
(77) Gregorovius 291
(78) Gregorovius 498
(79) Gregorovius 486
(80) Gregorovius 697
(81) vgl. Illig 1994; zur Hauptquelle Clark 1987
(82) Mango 1975, 364
(83) Mango 1986, 93
(84) Mango 1986, 113
(85) Mango 1986, 113
(86) Mango 1986, 114
(87) Hotz 127

(88) Mango 1986, 117
(89) Hotz 25, 119
(90) Mango 1975, 366
(91) Mango 1986, 121
(92) Niemitz 1994
(93) Irving Stone (1955): Zur See und im Sattel; engl: Sailor on Horsebag; 1938
(94) Horn 1999
(95) Die in *Das erfundene Mittelalter* [Illig 1998 b, 139] genannte, zu hohe Zahl »jeder zweite Deutsche« war einem Vorab-Zeitungsbericht entnommen, die die CD-ROM-Publikation von Herbert Stoyan nicht bestätigt hat.
(96) Prof. Dr. Rudolf Schieffer, Präsident der *Monumenta Germaniae Historica* und Prof. emer. Dr. Friedrich Prinz 1996 bei B. Müller-Ullrich
(97) Die Eckdaten 614 und 911 erstmals Illig 1992 c, die 297 Jahre erstmals Illig 1994, 93, 20
(98) Illig 1998 b, 19
(99) Binding 1996: Aachen, Bodman, Broich bei Mülheim, Frankfurt, Ingelheim, Paderborn und Zürich
(100) Van der Meulen in EuS 495; vgl. Illig 1997 f.
(101) Schieffer 615; vgl. Illig 1997 e
(102) Borst 1995; 1998
(103) vgl. Illig 1997 c; Illich 1991
(104) vgl. Illig 1997 d
(105) Borst 1998, 300
(106) vgl. Illig 1998 b, 270
(107) vgl. Illig 1998 a, 125
(108) Heinsohn/Illig 1997, 144
(109) Hermanns-Auðardóttir 1989
(110) vgl. Angenendt 147
(111) Campbell 39
(112) Niemitz 1992
(113) Niemitz 1992, 63; Übersetzung Niemitz
(114) Thacker bei Hodges/Hobley laut Niemitz 1992, 64; Übersetzung Niemitz

(115) Hall bei Hodges/Hobley laut Niemitz 1992, 64
(116) Hodges/Hobley 1988 (Bericht über die Tagung von 1986)
(117) Peiser 1994, 8
(118) Baillie 1994
(119) Herzfeld I, 66
(120) Langosch 94
(121) Heyen 1988
(122) Bodsch 112, Borger zitierend
(123) Al-Bakri laut Koestler 71
(124) Koestler 36 f.
(125) Koestler 253
(126) Koestler 98
(127) Koestler 131
(128) Koestler 147
(129) Koestler 241 f.
(130) Collins 1998
(131) Collins 73
(132) Collins 73
(133) Collins 119
(134) Collins 120
(135) Collins 129
(136) Collins 143
(137) Collins 145
(138) Collins 172
(139) Collins 194
(140) Collins 202
(141) Collins 217
(142) Collins 304
(143) Encarta Enzyklopädie 1998
(144) vgl. Illig 1995
(145) Hänsel/Karge 15 f.
(146) Hänsel/Karge 22
(147) Illig 1998, 249 ff.
(148) Kubach 9
(149) Hänsel/Karge 20
(150) Hänsel/Karge 48

(151) Adam 36
(152) Adam 32
(153) Schaffran 1941, 20
(154) Adam 32
(155) etwa Adam 36; Kubach 10, 32
(156) seit Illig 1992 b, heute 1998 b
(157) Litschauer 551
(158) Adam 32
(159) Heinsohn 1998
(160) zum weiteren s. Heinsohn 1996
(161) Bulst/Pfeiffer 33
(162) Mnazakanjan 61 f.
(163) Mnazakanjan 72
(164) Brockhaus Enzyklopädie 1966
(165) vgl. Illig 1992 a
(166) Illig 1992 a, 9
(167) Heinsohn 1997
(168) Rade 1999
(169) Rade 1998
(170) dazu erstmals Illig 1991 b
(171) Gernet 318
(172) bei Gernet; Chronologische Tafeln ab S. 564
(173) Topper 1998
(174) Kuhn 173 f.
(175) Der weitere Abschnitt geht auf Illig 1996 a zurück.
(176) Beda 33
(177) Hans Maier 79; Illig 1993 b
(178) ausführlich Illig 1994
(179) Le Goff 1990, 120; Illig-Niemitz 1991, 40
(180) Le Goff 72, 84, 110, 287
(181) Le Goff 14
(182) Le Goff 117
(183) Clark 650
(184) Carozzi 68
(185) Borst 1995, 102
(186) Borst 1995, 105

(187) Borst 1998, 726 f.
(188) Beda 299
(189) Borst 1998, 439 f.
(190) Borst 1995, 217
(191) Pedersen 58; vgl. Illig 1998 b, 89
(192) Borst 1990, 41 f.
(193) Borst 1990, 41 f.
(194) Borst 1991, 58
(195) Ginzel III 288 f.
(196) Bickerman 73
(197) Ginzel III, 292
(198) Mazal 191
(199) Heinsohn 1991
(200) Roth/Levine 5
(201) Pearl 1996, »calendar«
(202) Borst 1990, 112
(203) vgl. Illig 1998 a, 133 – 140; 1991 e
(204) vgl. Illig 1998 a
(205) Carozzi 46
(206) Hippolyt laut Carozzi 48 f
(207) Carozzi 49
(208) Carozzi 51
(209) Borst 1998, 731
(210) Borst 1995, 70 f.; 1998, 731, 741
(211) Borst 1998, 727, 741
(212) Borst 1998, 162
(213) Benno Krusch laut Borst 1990, 33
(214) Borst 1998, 460, 734
(215) Topper 1994
(216) Müller 1992
(217) Lüling 1981, 150, 411
(218) ausführlicher Illig 1992 b
(219) Schoeps 138, 167, 188, 196, 329
(220) Schoeps 141, 329
(221) Lüling 364 ff.
(222) Lüling 132 – 150

(223) Schoeps 342
(224) vgl. Illig 1997 f., 663
(225) vgl. Simmering
(226) Mucke/Meeus 1992, Finsterniskatalog
(227) Schlosser in EuS 1997, 506 f.
(228) Newton 1977; Zitatübersetzungen von H. I.
(229) Newton 1977, 237 ff., 254 ff.
(230) Newton 1977, 129
(231) Newton 1977, 115
(232) Newton 1977, 87 f.
(233) Newton 1977, 317 ff., 325 ff.
(234) Newton 1977, 378
(235) Newton 1977, 318
(236) Borst 1995, 81
(237) Fomenko et al. 1993
(238) Herrmann 1999
(239) Herrmann 1999, 33
(240) Herrmann 1999, 25
(241) Peiser 1990
(242) Pauly: »Thales. Von Milet«
(243) Demandt 1970; Peiser 1990, 91
(244) Herrmann 1998, 23
(245) Borst 1998, 398
(246) Heinsohn 1988, 144
(247) Papke 1995, 25
(248) vgl. Illig 1998, 18–28, 132–138
(249) Blöss/Niemitz 1997
(250) Niemitz 1995
(251) Niemitz 1995, 306
(252) Lambert/Lavier laut Niemitz 1995, 310; Übersetzung: Niemitz
(253) vgl. Illig 1997 c, 264–272
(254) Blöss/Niemitz 170–175
(255) Illig 1994
(256) Ostrogorsky 66
(257) Ostrogorsky 70
(258) Ostrogorsky 73, 80

(259) Collins 180 ff.
(260) vgl. Cohen 116 f.
(261) Schreiner 9
(262) Schreiner 11
(263) Schreiner 11
(264) Beck 48
(265) Ostrogorsky 81
(266) vgl. Illig 1992 e
(267) Schreiner 13
(268) Schreiner 13
(269) Schreiner 14
(270) Schreiner 13, 16 f.
(271) Schreiner 16
(272) Borst 1995, 82
(273) Illig 1994
(274) Bodsch 123
(275) Sir Galahad 120
(276) Bulst/Pfeiffer 21 f.
(277) Bulst/Pfeiffer 100
(278) Wilson 208 f.
(279) Bulst/Pfeiffer 145
(280) Bulst/Pfeiffer 73
(281) Borst 1995, 152
(282) Borst 1998, 716
(283) Borst 1998, 742
(284) Heinsohn 1993; 1996, 58 f.
(285) Bickerman 74
(286) Heinsohn in EuS 1997, 490 f.
(287) Illig in EuS 1997, 517
(288) Deißmann 20 f; Hervorhebung durch H. I.
(289) Deißmann 31; Bickerman 67
(290) Brockhaus: »Ära«
(291) Bergmann 485
(292) Bickerman 109
(293) Deißmann 31
(294) Bickerman 71

(295) Ekrutt 82
(296) Bickerman 72
(297) Gabowitsch 1997
(298) Fomenko 1994
(299) Gabowitsch 1997
(300) Morosow 104 – 107
(301) Mucke 1992
(302) Wilckens 876
(303) Drews in Morosow XVII
(304) Drews in Morosow XVII
(305) Abb. 47 – 48 bei Schütz/Müller
(306) Herzfeld III, 251
(307) vgl. Illig 1998 b, 80, 346
(308) vgl. Konstantinou 7; v. Euw/Schreiner 385 – 396
(309) Althoff 1996, 73
(310) Fried 1994
(311) Althoff 1995
(312) Fried 1995
(313) Fried 1996 a; Fried 1996 b
(314) Althoff 1996
(315) Althoff 1996, 181
(316) Althoff 1997
(317) Illig in EuS, 516 f.
(318) Fried 1996 c
(319) Fried 1996 c, 58 f.
(320) vgl. Illig 1991 d
(321) Seppelt/Löffler 127
(322) Fried 1989, 425 ff.; Borst 1995, 207
(323) Wedekind 1814, in einem speziell angefügten »Welthistorischen Erinnerungsblatt«, 295; entdeckt dank Ewald Ernst
(324) Seppelt/Löffler 80
(325) Illig 1991 d, 89
(326) Illig 1998 b, 146 f.
(327) Schramm 123
(328) Carozzi 83
(329) Schramm 1975, 101

(330) Schramm 83, 90
(331) Schramm 117
(332) Althoff 1996, 116 f.
(333) Schramm 117, 42, 17; Illig 1991 d, 89
(334) Schramm 1975, 141; Althoff 1996, 136
(335) Schramm 140
(336) Beumann 1967, 10 f.
(337) Althoff 1996, 151
(338) Schramm 158; vgl. Seibert in Schneidmüller/Weinfurter 251
(339) Schramm 97
(340) Schramm 101 f.
(341) Illig 1998 d, 72
(342) Zimmermann 289
(343) Dhondt 214
(344) Schramm 138
(345) Schramm 119
(346) Franz G. Maier 221
(347) Dhondt 213
(348) Schramm 107
(349) Althoff 1996
(350) Althoff 1996, 19
(351) Geheime Offenbarung 18
(352) Geheime Offenbarung 20, 1 – 12
(353) Exodus 10, 11
(354) Psalm 89,4; 2. Petrusbrief 3,8
(355) Besson 169
(356) Klauser: »Chiliasmus«
(357) Wilckens 923
(358) Cohn 72 f.
(359) Ortega y Gasset 5
(360) Dhondt 1990, 263
(361) Carozzi 62
(362) Pedersen 24 f.; Erdoes 1998, I
(363) Borst 1998, 735
(364) Cardini 1995, 18
(365) Grotefend 1991, 13

(366) Jantzen 79
(367) Hauck, zitiert nach Althoff 4
(368) Beumann 1967, 26
(369) Offenbarung 20,4; 17,10
(370) Zimmermann 1971, 114
(371) Radulfus Glaber nach Aubert 22
(372) Adam 80
(373) Spengler 237 f.
(374) Sedlmayr 1950; Offenbarung 21
(375) Offenbarung 21, 12
(376) Leisinger 1956, o. S.
(377) vgl. Illig 1998 b, 283–286
(378) Bresslau 1958; Kammeier 1935
(379) Klauser: »Chronologie«
(380) Ginzel III 292
(381) Quirin 67
(382) Zimmermann 160
(383) Beumann 1987, 141
(384) Carozzi 62
(385) Borst 1991, 17
(386) Borst 1991, 64
(387) Borst 1991, 65
(388) Borst 1991, 211
(389) Carozzi 1996, 83
(390) Borst 1991, 66
(391) Borst 1991, 206
(392) Borst 1991, 59
(393) Borst 1991, 60
(394) Borst 1991, 60, 207
(395) Flachenecker in EuS, 487
(396) etwa Weinfurter nach Illig 1997 a, 127
(397) Illig 1998 b, 178
(398) Althoff 1996, 19
(399) Illig 1998 b, 290–296
(400) Althoff 1997, 484
(401) R. Schieffer nach Müller-Ullrich 1996

(402) Brühl 1975, 15
(403) Brühl 1975, 185
(404) Brühl 1975, 178
(405) vgl. Illig 1997 b
(406) vgl. Illig 1997 b, 253 f.
(407) Newton 1972, 125; hier und im folgenden Übersetz. H. I.
(408) vgl. Blöss 1995
(409) Newton 401
(410) Newton 381
(411) Newton 126
(412) Quirin 55
(413) Althoff 1997, 484
(414) vgl. Illig 1998 b, 137 f.
(415) Althoff 1996
(416) Borst 1998, 15
(417) Kölzer in EuS, 491
(418) Boecker; Schulz
(419) Brühl 1970
(420) Illig 1993 a
(421) Brühl 1970, 12
(422) Brühl 1970, 13
(423) Brühl 1970, 184
(424) Brühl 1970, 174
(425) Brühl 1970, 206, 238, 19, 32, 26 f., 206
(426) Brühl 1970, 238, 50
(427) Brühl 1970, 54 f.
(428) Brühl 1970, 64, 69 f., 76
(429) Brühl 1970, 146 – 149
(430) Brühl 1970, 238, 196, 201 f.
(431) Brühl 1970, 238, 173, 183
(432) Brühl 1970, 106
(433) Brühl 1970, 192 f.
(434) Flachenecker in EuS, 488
(435) Fried 1996 b
(436) Fried 1996 c
(437) Fried 1996 c, 51

(438) Fried 1996 b, 312
(439) Fried 1996 b, 312 f.; vgl. Illig 1994
(440) Faußner 1997, 56 f.; dort auch die beiden nächsten Zitate.
(441) Fried 1996 b, 312
(442) Geary 1996, 94 f.
(443) Fried 1996 c, 54
(444) Fried 1996 c, 58 f.
(445) Fried 1996 a
(446) Illig 1996 b; vgl. Illig 1996 c, 332 f.
(447) vgl. Fuhrmann 244
(448) vgl. Fuhrmann 1996; Fried 1996 b; hierzu Illig 1997 c, 277 ff.
(449) Illig 1998 b, 41 – 44
(450) vgl. Illig 1998 b, 43
(451) Illig 1998 b, 298
(452) vgl. Illig 1998 b, 370 – 380
(453) Illig 1998 b, 259 f.
(454) Illig 1998 b, 345 f.
(455) Illich 1991; vgl. Illig 1997 d
(456) Weinfurter nach Illig 1997 a, 128
(457) bislang Anwander 1998
(458) vgl. Illig 1998 b, 296 f., 116 ff., 95 f.
(459) Borst 1995; 1998
(460) Richard Dübell hat 1998 das erfundene Mittelalter samt fiktivem Karl d. Gr. in Romanform gebracht.
(461) Odilo Engels in Schneidmüller/Weinfurter 325

Zitierte Literatur

Adam, Ernst (1968): Vorromanik und Romanik; Frankfurt/M.

Althoff, Gerd (1995): »Von Fakten zu Motiven. Johannes Frieds Beschreibung der Ursprünge Deutschlands«; in *Historische Zeitschrift*, Bd. 260 (1) 107

– (1996): Otto III.; Darmstadt

– (1997): »Kann man eine Hochkultur erfinden?«; in *EuS*, 483

Angenendt, Arnold (1990): Das Frühmittelalter. Die abendländische Christenheit von 400 bis 900; Stuttgart

Anwander, Gerhard (1998): »Oberbayern als virtueller Urkundenraum oder Karl der Spurenlose im frühmittelalterlichen Oberbayern«; in *Zeitensprünge* X (1) 83

Aubert, Marcel (1973): Romanische Kathedralen und Klöster in Frankreich; Wiesbaden

Baillie, Mike G. L. (1994): »Dendrochronology raises questions about the nature of the AD 536 dust-veil event«; in *The Holocene* IV (2) 212

Beck, Hans-Georg (Hg. 1982): Byzantinisches Lesebuch; München

Beda der Ehrwürdige (^{2}1997): Kirchengeschichte des englischen Volkes. Herausgegeben von Günter Spitzbart; Darmstadt

Besson, Waldemar (Hg., 1961): Das Fischer Lexikon Geschichte; Frankfurt/M.

Beumann, Helmut (1967): Grab und Thron Karls des Großen zu Aachen; in: Karl der Große. Lebenswerk und Nachleben, Band 4, hrsg. von W. Braunfels und P. E. Schramm; Düsseldorf

– (1987): Die Ottonen; Stuttgart

Bickerman, E. J. (^{2}1980): Chronology of the ancient world; London

Binding, Günter (1996): Deutsche Königspfalzen von Karl dem Großen bis Friedrich II. (765 – 1240); Darmstadt

Bleicken, Jochen (1998): Augustus. Eine Biographie; Berlin
Blöss, Christian (1995): »Sonnenfinsternisbeobachtungen in Mitteleuropa von 600 bis 900«; in *Zeitensprünge* V (3) 315
Blöss, Christian/Niemitz, Hans-Ulrich (1996): »Der Selbstbetrug von C14-Methode und Dendrochronologie«; in *Zeitensprünge* VIII (3) 390
– (1997): C14-Crash. Das Ende der Illusion, mit Radiokarbonmethode und Dendrochronologie datieren zu können; Gräfelfing
Bodsch, Ingrid (1991): »Kölner Kirchenpatrone und Heilige bis zur Jahrtausendwende«; in v. Euw/Schreiner, I 111
Boecker, Alexander (1998): »Theo Kölzer untersucht Urkunden der alten Könige. Bonner überführt Fälscher aus dem Mittelalter«; in *Bonn Express* vom 14. 7. 1998
Borger, H. (1984): »Zu den Ausgrabungen unter den Kölner Kirchen«; in H. Kier/U. Krings (Hg.): Köln. Die Romanischen Kirchen. Von den Anfängen bis zum Zweiten Weltkrieg; Köln
Borst, Arno (1990): Computus. Zeit und Zahl in der Geschichte Europas; Berlin
– (1991): Die Katharer; Freiburg ([1]1953)
– ([2]1995): Das Buch der Naturgeschichte. Plinius und seine Leser im Zeitalter des Pergaments; Heidelberg
– (1998): Die karolingische Kalenderreform; Hannover
Bresslau, Harry ([3]1958): Handbuch der Urkundenlehre für Deutschland und Italien. Band 2; Berlin
Brockhaus Enzyklopädie in zwanzig Bänden ([17] ab 1966); Wiesbaden
Brühl, Carlrichard (1970): Studien zu den langobardischen Königsurkunden; Tübingen
– (1975): Palatium und Civitas. Band I: Gallien; Köln
Buchner, Edmund (1982): Die Sonnenuhr des Augustus; Mainz
Bulst, Werner/Pfeiffer, Heinrich (1991): Das echte Christusbild; Frankfurt/Main
Campbell, James (Hg. 1991): The Anglo-Saxons; Harmondsworth ([1]1982)
Cardini, Franco (1995): Zeitenwende. Europa und die Welt vor tausend Jahren; Darmstadt
Carozzi, Claude (1996): Weltuntergang und Seelenheil. Apokalyptische Visionen im Mittelalter; Frankfurt/Main

Chauve-Bertrand, Abbé (1936): La Question de Paques et du Calendrier; Paris
Clark, Francis (1987): The Pseudo-gregorian Dialogues; 2 Bände in der Reihe *Studies in the History of Christian Thought;* Leiden
Cohen, Claude (1991): Der Islam I (Reihe Fischer Weltgeschichte); Frankfurt/Main
Cohn, Norman (1988): Das neue irdische Paradies. Revolutionärer Millenarismus und mystischer Anachronismus im mittelalterlichen Europa; Reinbek
– (1997): Die Erwartung der Endzeit. Vom Ursprung der Apokalypse; Frankfurt/Main
Collins, Roger (1998): Spain. An Oxford Archaeological Guide; Oxford
Coyne, G. V. S. J./Hoskin, M. A./Pedersen, O. (Hg., 1983): Gregorian Reform of the Calendar. Proceedings of the Vatican Conference to Commemorate Its 400th Anniversary 1582 – 1982; Città del Vaticano
Deißmann, Marieluise (1990): Daten zur antiken Chronologie und Geschichte; Stuttgart
Demandt, Alexander (1970): Verformungstendenzen in der Überlieferung antiker Sonnen- und Mondfinsternisse; Mainz
Dhondt, Jan (1990): Das frühe Mittelalter (Fischer Weltgeschichte, Bd. 10); Frankfurt ([1]1968)
Drews, Arthur (1909/11): Die Christusmythe. 2 Bände; Berlin
Dübell, Richard (1998): Der Jahrtausendkaiser. Roman von der verlorenen Zeit; München
Earth Rotation = Research Group For Space Geodesy (= FGS, Hg. 1998): Earth Rotation; Frankfurt/Main (Bundesamt für Kartographie und Geodäsie)
Ekrutt, Joachim (1972): Der Kalender im Wandel der Zeiten. 5000 Jahre Zeitberechnung; Stuttgart
Erdoes, Richard (1988): A. D. 1000. Living on the Brink of Apocalypse; San Francisco
EuS (1997) = eine Anfrage mit Stellungnahmen und Replik in *Ethik und Sozialwissenschaften* VIII (4) 481 – 520: ANFRAGE: Heribert Illig: Enthält das frühe Mittelalter erfundene Zeit? STELLUNGNAH-

ME: Gerd Althoff, Werner Bergmann, Michael Borgolte, Helmut Flachenecker, Gunnar Heinsohn, Theo Kölzer, Dietrich Lohrmann, Jan van der Meulen, Wolfhard Schlosser. REPLIK: Heribert Illig; Opladen

Euw, Anton v./Schreiner, Peter (1991): Kaiserin Theophanu. Begegnung des Ostens und Westens um die Wende des ersten Jahrtausends. Gedenkschrift des Kölner Schnütgen-Museums zum 1000. Todesjahr der Kaiserin. 2 Bände; Köln

Faußner, Hans Constantin (1997): Königsurkundenfälschungen Wibalds von Stablo im bayerisch-österreichischen Rechtsgebiet aus diplomatischer und rechtshistorischer Sicht; Sigmaringen

Ferrari d'Occhieppo, Konradin ([2]1977): Der Stern der Weisen – Geschichte oder Legende?; Wien München

Fomenko, Anatolij T. (1994): Empiro-Statistical Analysis of Narrative Material and its Applications to Historical Dating. Vol. 1: The Development of the Statistical Tools. Vol. 2: The Analysis of Ancient and Medieval Records; Dordrecht – Boston – London

Fomenko, Anatolij, T./Kalashnikov, V. V./Nosovsky, G. V. (1993): Geometrical and Statistical Methods of Analyses of Star Configurations. Dating Ptolemy's Almagest; Boca Raton et al.

Fried, Johannes (1989): »Endzeiterwartung um die Jahrtausendwende«; in *Deutsches Archiv für Erforschung des Mittelalters,* Jg. 45, S. 381

– (1994): Der Weg in die Geschichte. Die Ursprünge Deutschlands bis 1024; Hamburg

– (1995): »Über das Schreiben von Geschichtswerken und Rezensionen«; in *Historische Zeitschrift,* Bd. 260 (1) 120

– (1996 a): »Die Garde stirbt und ergibt sich nicht. Wissenschaft schafft die Welten, die sie erforscht«; in *Frankfurter Allgemeine Zeitung* vom 3. 4. 1996

– (1996 b): »Wissenschaft und Phantasie. Das Beispiel der Geschichte«; in *Historische Zeitschrift,* Bd. 263 (2) 291 – 316

– (1996 c): »Vom Zerfall der Geschichte zur Wiedervereinigung. Der Wandel der Interpretationsmuster«; in Otto Gerhard Oexle (Hg. 1996): Stand und Perspektive der Mittelalterforschung am Ende des 20. Jahrhunderts; Göttingen, 47 – 72

Fuhrmann, Horst (1996): Überall ist Mittelalter; München

Gabowitsch, Eugen (1997): »Nikolaj Aleksandrowitsch Morozow. Enzyklopädist und Wegweiser der Chronologierevision«; in *Zeitensprünge* IX (4) 670
Gernet, Jacques (1988): Die chinesische Welt; Frankfurt/Main (franz. 1972)
Ginzel, F. K. (1914): Handbuch der mathematischen und technischen Chronologie. Das Zeitrechnungswesen der Völker. III. Band; Leipzig
Gregorovius, Ferdinand (1978): Geschichte der Stadt Rom im Mittelalter vom V. bis zum XVI. Jahrhundert; München; Band 1 u. 2 (= 7 b bis 12. Buch; [1]1859 – 1872)
Grotefend, Hermann (1891): Zeitrechnung des deutschen Mittelalters und der Neuzeit. 1. Band; Hannover
– ([13]1991): Taschenbuch der Zeitrechnung des deutschen Mittelalters und der Neuzeit; Hannover ([1]1898)
Hänsel, Sylvaine/Karge, Henrik (1992): Spanische Kunstgeschichte. Eine Einführung. Band 1: Von der Spätantike bis zur frühen Neuzeit; Berlin
Harvey, O. L. (1976): Time Shaper: Day Counter. Dionysius and Scaliger; Silver Spring
Heinsohn, Gunnar (1988): Die Sumerer gab es nicht; Frankfurt/M.
– (1991): »Jüdische Geschichte und die Illig-Niemitzsche Verkürzung der christlichen Chronologie des Mittelalters. Eine Notiz«; in *Vorzeit- Frühzeit-Gegenwart* III (5) 35
– (1993): »Astronomical Dating and Calendrics«; Vortrag am 6. 6. 1993 auf dem 22. Jahrestreffen der *International Society for the comparative Study of Civilizations*, Universität Scranton, Pennsylvania
– (1996): »Die Wiederherstellung der Geschichte Armeniens und Kappadokiens«; in *Zeitensprünge* VIII (1) 38
– ([2]1997): Wer herrschte im Industal? Die wiedergefundenen Imperien der Meder und Perser; Gräfelfing
– (1998): »Byblos von +637 bis +1098 oder Warum so spät zum Kreuzzug?«; in *Zeitensprünge* X (1) 113
Heinsohn, Gunnar/Illig, Heribert ([2]1997): Wann lebten die Pharaonen? Archäologische und technologische Grundlagen für eine Neuschreibung der Geschichte Ägyptens und der übrigen Welt; Gräfelfing ([1]1990)

Hermanns-Auðardóttir, Margarét (1989): Islands Tidiga Bosättning. Umeå Universitel. Studie med utgångspunkti merovingertida – vikingatida gårdslämningar; Herjólfsdalur, Westmannaeyjar, Island (Dissertation, die mir durch den Vortrag der Autorin am einschlägigen Münchner Institut indirekt zugänglich wurde)
Herrmann, Dieter (^{2}1998): Der Stern von Bethlehem. Die Wissenschaft auf der Spur des Weihnachtssterns; Berlin
– (1999): 11. August 1999. Die Jahrhundertfinsternis; Berlin
Herzfeld, Hans (Hg. 1963): Geschichte in Gestalten; Frankfurt/Main (4 Bände)
Heyen, Franz-Josef (1988): »Fälschung und Legende. Das Beispiel der Trierer Märtyrerlegende«; in: *Fälschungen im Mittelalter.* Kongreßdaten und Festvorträge. Internationaler Kongreß der Monumenta Germaniae Historica, 1986; Hannover, V 403 – 415
Hodges, Richard/Hobley, Brian (1988): The rebirth of towns in the west AD 700 – 1050. CBA Research Report No 68; Oxford
Horn, Heinz Günter (1999): »Zeitzeichen«; in *Archäologie in Deutschland* 1 – 99, 1
Hotz, Walter (^{2}1978): Byzanz · Konstantinopel · Istanbul. Handbuch der Kunstdenkmäler; München – Berlin
Illich, Ivan (1991): Im Weinberg des Textes. Als das Schriftbild der Moderne entstand. Ein Kommentar zu Hugos [von St. Viktor] »Didascalicon« Frankfurt am Main (engl. 1990)
Illig, Heribert (1988): Die veraltete Vorzeit. Eine neue Chronologie der Prähistorie; Frankfurt/Main
– (1991 a): »Die christliche Zeitrechnung ist zu lang«; in *Vorzeit-Frühzeit-Gegenwart* III (1) 4
– (1991 b): »Halley, Novae, China. Zur Synchronisierung der Alten Welt«; in *Vorzeit-Frühzeit-Gegenwart* III (2) 33
– (1991 c): »Augustus auf dem Prüfstand«; in *Vorzeit-Frühzeit-Gegenwart* III (2) 43
– (1991 d): »Väter einer neuen Zeitrechnung: Otto III. und Silvester II.«; in *Vorzeit-Frühzeit-Gegenwart* III (3 – 4) 69
– (1991 e): »Jüdische Chronologie. Dunkelzonen, Diskontinuitäten, Entstehungsgeschichte«; in *Vorzeit-Frühzeit-Gegenwart* III (5) 21

– (1992): »Wann starb Buddha? Indien am Beginn der Eisenzeit«; in *Vorzeit-Frühzeit-Gegenwart* IV (2) 7
– (1992 a): »Wann lebte Mohammed? Zu Lülings ›judenchristlichem‹ Propheten, zur Frühzeit des Islam und zur Orthodoxiebildung in Judentum, Christentum und Islam«; in *Vorzeit-Frühzeit-Gegenwart* IV (2) 26
– (1992 b): »614/911 – der direkte Übergang vom 7. ins 10. Jahrhundert«; in *Vorzeit-Frühzeit-Gegenwart* IV (4) 79
– (1992 c): »Alles Null und richtig. Zum Verhältnis von arabischer und europäischer Kultur«; in *Vorzeit-Frühzeit-Gegenwart* IV (4) 119
– (1992 d): »Vom Erzfälscher Konstantin VII. Eine ›beglaubigte‹ Fälschungsaktion und ihre Folgen«; in *Vorzeit-Frühzeit-Gegenwart* IV (4) 132
– (1993 a): »Langobardische Notizen I. Urkunden, Stuckfiguren und kaiserlose Städte«; in *Vorzeit-Frühzeit-Gegenwart* V (2) 41
– (1993 b): »Kalender und Astronomie. Marginalien zu antiker und mittelalterlicher Chronologie«; in *Vorzeit-Frühzeit-Gegenwart* V (3) 46
– (1994): »Doppelter Gregor – fiktiver Benedikt. Pseudo-Papst erfindet Fegefeuer und einen Vater des Abendlandes«; in *Zeitensprünge* VI (2) 20
– (1995): »Spaniens Wirrungen im frühen Mittelalter. Architektur – ERA-Rechnung – Reconquista«; in *Zeitensprünge* VII (1) 36
– (1996 a): »Kalender mit beschränkter Haftung. Frühmittelalterliche Phantomzeit auf schwebenden Fundamenten«; in *Gegenwart,* Innsbruck (29) 7 (April 1996)
– (1996 b): »Hat Karl der Große je gelebt?«; Vortrag an der Universität-Gesamthochschule Paderborn am 4. 6. 96 (im Rahmen der Vortragsreihe: *›Spuren der Moderne‹)*
– (1996 c): »Von der Karlslüge. Über die Fortsetzung einer wissenschaftlichen Debatte«; in *Zeitensprünge* VIII (3) 327
– (1997 a): »Ein Schwelbrand breitet sich aus. Zur Fortführung der Mittelalter-Debatte«; in *Zeitensprünge* IX (1) 125
– (1997 b): »›Karolingische‹ Torhallen und das Christentum. Rings um Lorsch und Frauenchiemsee«; in *Zeitensprünge* IX (2) 239
– (1997 c): »Von Wenden und schrecklichen Visionen. Die Mittelalterdebatte wird umfassend«; in *Zeitensprünge* IX (2) 260

– (1997 d): »Arno Borst contra Ivan Illich und eine Schlichtung«; in *Zeitensprünge* IX (3) 330
– (1997 e): »Sonnenwenden – Äquinoktien. Ein weiteres Kapitel ›Kalenderrechnung‹«; in *Zeitensprünge* IX (3) 344
– (1997 f): »Aachens Pfalzkapelle gerät in Bewegung. Ein Wendepunkt in der Mittelalterdebatte«; in *Zeitensprünge* IX (4) 657
– (1998 a): »Hauen und Stechen auf breiter Front. Wie ein Kampf ums frühe Mittelalter«; in *Zeitensprünge* X (1) 122
– (1998 b): Das erfundene Mittelalter; München – Düsseldorf (aktualisierte Taschenbuch-Fassung der Econ-Ausgabe von 1996; die allererste Fassung ist als ›Karl der Fiktive, genannt Karl der Große‹; Gräfelfing 1992, die zweite Fassung als ›Hat Karl der Große je gelebt‹, Gräfelfing 1994, erschienen)
Illig, Heribert/Niemitz, Hans-Ulrich (1991): »Hat das dunkle Mittelalter nie existiert?«; in *Vorzeit-Frühzeit-Gegenwart* III (1) 36
Jantzen, Hans (1959): Ottonische Kunst; Reinbek
Kammeier, Wilhelm (1935): Die Fälschung der deutschen Geschichte; Leipzig
Klauser, Theodor (1957): Reallexikon für Antike und Christentum. Bd. 3; Stuttgart
Koestler, Arthur (1977): Der dreizehnte Stamm; Wien
Konstantinou, Evangelos (Hg. 1997): Byzanz und das Abendland im 10. und 11. Jahrhundert; Köln et al.
Kracke, Helmut (^{3}1972): Aus eins mach zehn und zehn ist keins; Reinbek
Kubach, Hans Erich (1986): Romanik; Stuttgart
Kuhn, Dieter (Hg. 1993): Chinas Goldenes Zeitalter. Die Tang-Dynastie (618 – 907 n. Chr.) und das kulturelle Erbe der Seidenstraße; Heidelberg
Langosch, Karl (1990): Mittellatein und Europa. Führung in die Hauptliteratur des Mittelalters; Darmstadt
Leisinger, Hermann (1956): Romanische Bronzen. Kirchentüren im mittelalterlichen Europa; Zürich
Locquin, Marcel (1998): Chronik der Vor- und Frühgeschichte; Frankfurt/Main
Lüling, Günter (1981): Die Wiederentdeckung des Propheten Muhammad. Eine Kritik am »christlichen« Abendland; Erlangen

Maier, Franz Georg (1988): Byzanz (Fischer Weltgeschichte Bd. 13); Frankfurt/M. ([1]1973)
Maier, Hans (1991): Die christliche Zeitrechnung; Freiburg
Mango, Cyril (1975): Byzantinische Architektur; Stuttgart
– (1986): Byzanz; Stuttgart
Mazal, Otto (1989): Handbuch der Byzantinistik; Graz
McMann, Jean (1990): Rätsel der Steinzeit; Augsburg
Mnazakanjan, Stepan (1982): »Architektur«; in B. Brentjes/S. Mnazakanjan/N. Stepanjan (1982): Kunst des Mittelalters in Armenien; Wien
Morosow, Nikolaus (1912): Die Offenbarung Johannis. Eine astronomisch-historische Untersuchung; Stuttgart (russ. 1907)
Mucke, Hermann/Jean Meeus ([2]1992): Canon of Solar Eclipses -2003 to +2526; Wien
Müller, Angelika (1992): »Karl der Große und Harun al-Raschid. Kulturaustausch zwischen zwei großen Herrschern?«; in *Vorzeit-Frühzeit-Gegenwart* IV (4) 104
Müller-Ullrich, Burkhard (1996): »Ist das Mittelalter drei Jahrhunderte zu lang oder Wie man die Rechnung ohne Karl den Großen macht (Einstündige Diskussion zwischen Prof. F. Prinz, Prof. R. Schieffer und Dr. H. Illig; Moderation B. M.-U; am 12. 1. 1996 im *Südwestfunk 2*, Baden-Baden)
Neugebauer, Otto ([2]1957): The Exact Sciences in Antiquity; Providence
Newton, Robert R. (1972): Medieval Chronicles and the Rotation of the Earth; Baltimore
– (1977): The crime of Claudius Ptolemy; Baltimore
Niemitz, Hans-Ulrich (1992): »Archäologie und Kontinuität. Gab es Städte zwischen Spätantike und Mittelalter?«; in *Zeitensprünge* IV (3) 55
– (1994): »Byzantinistik und Phantomzeit«; in *Vorzeit-Frühzeit-Gegenwart* VI (1) 56
– (1995): »Die ›magic dates‹ und ›secret procedures‹ der Dendrochronologie«; in *Zeitensprünge* VII (3) 291
North, J. D. (1984): »The Western Calendar – ›Intolerabilis, Horribilis et Derisibilis‹; Four Centuries of Discontent«; in *Coyne et al.* 75

Ortega y Gasset, José (1992): Die Schrecken des Jahres eintausend. Kritik an einer Legende; Leipzig ([1]1904)
Ostrogorsky, Georg (1996): Byzantinische Geschichte 324–1453; München
Papke, Werner (1989): Die Sterne von Babylon; Bergisch Gladbach
– (1995): Das Zeichen des Messias. Ein Wissenschaftler identifiziert den Stern von Bethlehem; Bielefeld
Pauly, Der Kleine. Lexikon der Antike in fünf Bänden (1979); München
Pearl, Chaim (Hg. 1996): The Encyclopedia Of Jewish Life And Thought; Jerusalem
Pedersen, Olaf: The Ecclesiastical Calendar and the Life of the Church; in *Coyne et al.* 17–74
Peiser, Benny (1990): »Der Thales-Mythos oder ›How to believe six impossible Things before Breakfast‹«; in *Vorzeit-Frühzeit-Gegenwart* II (2) 85
– (1994): »›Cometary Collisions‹. Bericht über eine Tagung der *Royal Astronomical Society*«; in *Vorzeit-Frühzeit-Gegenwart* VI (3) 4
Quirin, Heinz ([5]1991): Einführung in das Studium der mittelalterlichen Geschichte; Stuttgart
Rade, Claus Dieter (1998): »Indonesiens mittelalterliche Chronologielücken«; in *Zeitensprünge* X (2) 276
– (1999): »Das ceylonesische Mittelalter im Spiegel der ›Großen Chronik‹«; in *Zeitensprünge* XI (1) 97
Reefschläger, Helmut (1997): »Wann war was?« in *Hörzu* vom 21.3. 1997
Roth, Cecil/Levine, I. H. (Hg. 1966): The Dark Ages. Jews in Christian Europe 711–1096; Band 11 der *World History of the Jewish People*; London
Schaffran, Emerich (1941): Die Kunst der Langobarden in Italien; Jena
Schedel, Hartmund (1933): Buch der Chroniken; Leipzig (Faksimile-Druck der Ausgabe 1493)
Schieffer, Rudolf (1997): »Ein Mittelalter ohne Karl den Großen, oder: Die Antworten sind jetzt einfach«; in *Geschichte in Wissenschaft und Unterricht;* Seelze, 10/97, 611–617

Schneidmüller, Bernd/Weinfurter, Stefan (Hg. 1997): Otto III. – Heinrich II. Eine Wende?; Sigmaringen
Schoeps, H. Joachim (1949): Theologie und Geschichte des Judenchristentums; Tübingen
Schramm, Percy Ernst ([2]1975): Kaiser, Rom und Renovatio. Studien zur Geschichte des römischen Erneuerungsgedankens vom Ende des Karolingischen Reiches bis zum Investiturstreit; Darmstadt ([1]1929)
Schreiner, Peter (1991): »Die byzantinische Geisteswelt vom 9. bis zum 11. Jahrhundert«; in *v. Euw/Schreiner*, II, 9
Schütz, Bernhard/Müller, Wolfgang (1989): Romanik. Die Kirchen der Kaiser, Bischöfe und Klöster; Freiburg
Schulz, Matthias (1998): »Schwindel im Skriptorium«; in *Der Spiegel* vom 13. 7. 1998
Sedlmayr, Hans (1950): Die Entstehung der Kathedrale; Graz
Seleschnikow, Semjon Issakowitsch (1981): Wie viele Monde hat ein Jahr?; Leipzig
Seppelt, Franz Xaver/Löffler, Klemens (1933): Papstgeschichte von den Anfängen bis zur Gegenwart; München
Simmering, Klaus (1997): »300 Jahre erstunken und erlogen?«; Film im MDR (Mitteldeutscher Rundfunk), Leipzig, am 19. 2. 1997 (Unter Beteiligung von Prof. Werner Bergmann, Dipl. Phys. Christian Blöss, Prof. Gunnar Heinsohn, Prof. Hans-Ulrich Niemitz, Prof. Rudolf Schieffer, Prof. Wolfhard Schlosser, Dr. Burghard Schmidt, Dr. Matthias Wemhoff, Dr. Bernhard Weninger)
Sir Galahad (alias Bertha Eckstein-Diner, 1937): Byzanz. Von Kaisern, Engeln und Eunuchen; Leipzig
Spengler, Oswald (1963): Der Untergang des Abendlandes. Umrisse einer Morphologie der Weltgeschichte; München ([1]1922)
Topper, Uwe (1994): »Zur Chronologie der islamischen Randgebiete. Drei Betrachtungen«; in *Vorzeit-Frühzeit-Gegenwart* VI (3) 50
– (1998): »Chinas Geschichtsschreibung. Prüfstein für oder gegen Illigs Mittelalterkürzungsthese?«; in *Zeitensprünge* X (2) 259
Ulansey, David (1998): Die Ursprünge des Mithraskults. Kosmologie und Erlösung in der Antike; Darmstadt
Unger, Georg (1892): Chronologie; Teil F der 1. Hälfte des 1. Bandes

des Handbuchs der klassischen Altertums-Wissenschaft in systematischer Darstellung: Einleitende und Hilfsdisziplinen (Hg. Iwan von Müller); München
Velikovsky, Immanuel (1951): Welten im Zusammenstoß; Zürich (amerik. »Worlds in Collision« 1950)
Wedekind, Anton Christian (^{2}1814): Chronologisches Handbuch der Welt- und Völkergeschichte; Lüneburg
Wilckens, Ulrich (1971): Das Neue Testament, übersetzt und kommentiert von U. Wilckens; Hamburg
Wilson, Ian (1999): Das Turiner Grabtuch. Die Wahrheit; München
Zehnder, Adalbert (1996): »Absturz eines Deko-Wunders. Ein Berliner Astronomieprofessor bezweifelt, daß es den Stern von Bethlehem wirklich gegeben hat«; in *Süddeutsche Zeitung* vom 24. 12. 1996
Zemanek, Heinz (^{2}1981): Kalender und Chronologie. Bekanntes & Unbekanntes aus der Kalenderwissenschaft; München Wien

Sachregister

Personenregister